Studientexte zur Soziologie

Herausgegeben vom Institut für Soziologie der FernUniversität in Hagen, repräsentiert durch

D. Funcke
F. Hillebrandt
U. Vormbusch
S. Marlene Wilz

Hagen, Deutschland

Die „Studientexte zur Soziologie" wollen eine größere Öffentlichkeit für Themen, Theorien und Perspektiven der Soziologie interessieren. Die Reihe soll in klassische und aktuelle soziologische Diskussionen einführen und Perspektiven auf das soziale Handeln von Individuen und den Prozess der Gesellschaft eröffnen. In langjähriger Lehre erprobt, sind die Studientexte als Grundlagentexte in Universitätsseminaren, zum Selbststudium oder für eine wissenschaftliche Weiterbildung auch außerhalb einer Hochschule geeignet. Wichtige Merkmale sind eine verständliche Sprache und eine unaufdringliche, aber lenkende Didaktik, die zum eigenständigen soziologischen Denken anregt.

Herausgegeben vom Institut für Soziologie der FernUniversität in Hagen, repräsentiert durch

Dorett Funcke
Frank Hillebrandt
Uwe Vormbusch
Sylvia Marlene Wilz

FernUniversität in Hagen, Deutschland

Walther Müller-Jentsch

Strukturwandel der industriellen Beziehungen

‚Industrial Citizenship' zwischen Markt und Regulierung

2., völlig überarbeitete Auflage 2017

Walther Müller-Jentsch
Ruhr-Universität Bochum
Deutschland

Studientexte zur Soziologie
ISBN 978-3-658-13727-4   ISBN 978-3-658-13728-1 (eBook)
DOI 10.1007/978-3-658-13728-1

Die Deutsche Nationalbibliothek verzeichnet diese Publikation in der Deutschen Nationalbibliografie; detaillierte bibliografische Daten sind im Internet über http://dnb.d-nb.de abrufbar.

Springer VS
© Springer Fachmedien Wiesbaden 2007, 2017
Das Werk einschließlich aller seiner Teile ist urheberrechtlich geschützt. Jede Verwertung, die nicht ausdrücklich vom Urheberrechtsgesetz zugelassen ist, bedarf der vorherigen Zustimmung des Verlags. Das gilt insbesondere für Vervielfältigungen, Bearbeitungen, Übersetzungen, Mikroverfilmungen und die Einspeicherung und Verarbeitung in elektronischen Systemen.
Die Wiedergabe von Gebrauchsnamen, Handelsnamen, Warenbezeichnungen usw. in diesem Werk berechtigt auch ohne besondere Kennzeichnung nicht zu der Annahme, dass solche Namen im Sinne der Warenzeichen- und Markenschutz-Gesetzgebung als frei zu betrachten wären und daher von jedermann benutzt werden dürften.
Der Verlag, die Autoren und die Herausgeber gehen davon aus, dass die Angaben und Informationen in diesem Werk zum Zeitpunkt der Veröffentlichung vollständig und korrekt sind. Weder der Verlag noch die Autoren oder die Herausgeber übernehmen, ausdrücklich oder implizit, Gewähr für den Inhalt des Werkes, etwaige Fehler oder Äußerungen.

Lektorat: Dr. Cori Mackrodt, Daniel Hawig

Gedruckt auf säurefreiem und chlorfrei gebleichtem Papier

Springer VS ist Teil von Springer Nature
Die eingetragene Gesellschaft ist Springer Fachmedien Wiesbaden GmbH

Inhaltsverzeichnis

Einleitung 1

1. Begriff und Gegenstand 3
    Übungsaufgaben 8

2. Historische Entwicklung der industriellen Beziehungen ... 9
    2.1 Arbeitsmarkt und Fabriksystem 9
    2.2 Gewerkschaften und Arbeitgeberverbände 13
    2.3 Von unilateralen zu bilateralen Regelungen 18
    2.4 Zusammenfassung 20
        Übungsaufgaben 23

3. Interessenvertretung im dualen System 25
    3.1 Gewerkschaften 26
    3.2 Arbeitgeberverbände 35
    3.3 Duales System 41
    3.4 Tarifautonomie 43
    3.5 Betriebsverfassung 47
    3.6 Unternehmensmitbestimmung 56
        Übungsaufgaben 59

4. Staatliche Regulierung: Zwischen Konzertierung und Deregulierung 61
    4.1 „Neue Wirtschaftspolitik" und Konzertierung 62
    4.2 Wirtschaftspolitischer Strategiewechsel: Deregulierung ... 68
    4.3 Flexible Konzertierung – Konzertierte Flexibilisierung ... 73
        Übungsaufgaben 77

5. **Sozialstruktureller Wandel und wirtschaftliche Globalisierung** 79
   5.1 Industrielle Revolutionen 79
   5.2 Wandel der Arbeitskräftestruktur 83
   5.3 Globalisierung und Finanzialisierung der Wirtschaft 90
       Übungsaufgaben 93

6. **Offensive des Managements und neue Rolle der Betriebsräte** 95
   6.1 Neue Managementkonzepte 95
   6.2 Partizipatives Management 99
   6.3 Neue Rolle der Betriebsräte 101
   6.4 Andere Vertretungsorgane und direkte Partizipation 106
       Übungsaufgaben 111

7. **Krise und Reform der Tarifpolitik** 113
   7.1 Erosion des Flächentarifvertrags 113
   7.2 Verbetrieblichung der Tarifpolitik 119
   7.3 Innovative Tarifpolitik 125
   7.4 Besondere Problemzonen 130
       Übungsaufgaben 132

8. **Europäisierung der industriellen Beziehungen** 133
   8.1 Europäisches Sozialmodell 134
   8.2 Europäische Sozialpolitik 135
   8.3 Institutionen und Rechtsetzungsverfahren 138
   8.4 Europäischer Gewerkschaftsbund 142
   8.5 Europäische Organisationen der Unternehmer und Arbeitgeber ... 144
   8.6 Europäischer Betriebsrat 145
   8.7 Sozialer Dialog 150
       Übungsaufgaben 156

9. **Ausblick** 157

Literaturverzeichnis 161

Einleitung

Im Zentrum dieser Publikation stehen die Prozesse der Regulierung von Arbeitsverhältnissen abhängig Beschäftigter (Arbeitnehmer), die im Rahmen eines komplexen Beziehungsgeflechts zwischen Organisationen, Institutionen, Gruppen und Personen erfolgt. Die Beziehungen zwischen ihnen – im Fachterminus *Industrielle Beziehungen* (auch *Arbeitsbeziehungen*) genannt – sollen transparent gemacht und unter Bezugnahme auf die interne Dynamik und externen Zwänge, die sie strukturieren und ihren Wandel bedingen, erklärt werden.

Das für die Bundesrepublik charakteristische *duale System der Interessenvertretung* mit seinen beiden „Arenen" Tarifautonomie und Betriebsverfassung zeichnete sich in der Vergangenheit durch eine stabile und effektive Arbeitsteilung zwischen den Akteuren beider Regelungssysteme aus. Unter den wirtschaftlichen, technologischen und sozio-politischen Herausforderungen seit dem ausgehenden 20. Jahrhundert zeichnen sich indes erhebliche Veränderungen, Modifikationen und Umstrukturierungen ab.

Sie sind das zentrale Thema dieses Buches, in dem die industriellen Beziehungen aus der Perspektive ihres strukturellen Wandels dargestellt und analysiert werden. Die Analyse eines solchen komplexen Beziehungsgeflechts in transitorischen Stadien soll Einsichten in folgende Komplexe vermitteln:

- Konfiguration von Interessen, Institutionen und Organisationen, die das System industrieller Beziehungen konstituieren (*Struktur*);
- Konfliktlösungskapazität von Institutionen und Organisationen angesichts widerstreitender Interessen (*Funktion*);
- Lernprozesse von kollektiven Akteuren (Organisationen) und Institutionenbildung als Sedimentierung von historischen Interessenkonstellationen und -arrangements (*Genese/Evolution*).

Während im 1. Kapitel einige – notwendigerweise abstrakte – definitorische Abgrenzungen vorgenommen werden, resümiert das 2. Kapitel – konkreter, aber gleichwohl in großen Zügen – die historischen Prozesse der Entstehung und Entwicklung der Akteure und Regelungssysteme der industriellen Beziehungen. Das 3. und 4. Kapitel beschreiben und analysieren das System der industriellen Beziehungen mit seinen jeweiligen Akteuren und „Arenen", wie es sich als „reifes System" in den 1960er und 1970er Jahren entwickelt hatte; die seit den 1990er Jahren eingetretenen Veränderungen werden an dieser Stelle zunächst nur konstatiert. Der in ihnen zum Ausdruck kommende strukturelle Wandel ist zentraler Gegenstand der nachfolgenden Kapitel. Im 5. Kapitel wird der sozioökonomische Wandel in drei Dimensionen (Industrielle Revolutionen, Arbeitskräftestruktur, Globalisierung und Finanzialisierung) dargestellt, von dem der Transformationsdruck auf das etablierte Institutionensystem sowie auf seine Akteure und deren Interaktionen ausgeht. Das 6. und 7. Kapitel beschreiben die Umstrukturierungsprozesse auf der betrieblichen und der tarifpolitischen Ebene aus der Perspektive ihrer Hauptakteure: Management und Betriebsrat einerseits, Tarifvertragsparteien andererseits. Das 8. Kapitel schließlich weitet den Blick auf die europäische Ebene, auf der ein supranationales System industrieller Beziehungen im Entstehen begriffen ist.

Für die materiale Darstellung werden die neuesten Forschungsergebnisse in der Industriesoziologie und der *Industrial Relations*-Forschung herangezogen. Sie hat in ihren aktuellen Teilen den Charakter eines „Werkstattberichts", der sich auf den gegenwärtigen Forschungsstand und die industriesoziologische Diskussion stützt, aber – da die Transformationsprozesse nicht abgeschlossen sind – auch Momente des Vorläufigen und Spekulativen enthält.

Ein Wort noch zum Untertitel des Buches. Er verdankt sich nicht der verbreiteten Neigung zum Denglisch, sondern dem Vorzug eines im Englischen präzise benannten Sachverhalts: „Industrial Citizenship" – ein von T. H. Marshall eingeführter Terminus, der annähernd mit Bürgerrechte im Arbeits- und Produktionsprozess ins Deutsche zu übersetzen ist. Der geneigte Leser sei jedoch auf S. 12 verwiesen, wo der Begriff im historischen und wissenschaftlichen Kontext eingeführt wird.

Begriff und Gegenstand 1

Bei dem Begriff *Industrielle Beziehungen* handelt es sich ebenso wie bei dem – in den Sozialwissenschaften synonym verwandten – Begriff der *Arbeitsbeziehungen* um eine wörtliche Übersetzung der englischen Begriffe *Industrial Relations* bzw. *Labour Relations*. Beide Begriffe sind mittlerweile in den deutschen wissenschaftlichen Sprachgebrauch eingegangen; daneben finden wir die – vor allem von den publizistischen Medien benutzten und von Arbeitgeberseite bevorzugten – Begriffe „Arbeitgeber-Arbeitnehmer-Beziehungen" und „Sozialpartnerschaft" sowie, kontrapunktisch zur „Sozialpartnerschaft", auch den Terminus „Konfliktpartnerschaft" (s. dazu unter 2.4).

In der älteren sozialwissenschaftlichen Literatur wird der Gegenstandsbereich noch komplizierter umschrieben – so von Adolf Weber mit „Der Kampf zwischen Kapital und Arbeit" (1910) oder von Emil Lederer und Jakob Marschak mit „Die Klassen auf dem Arbeitsmarkt und ihre Organisationen" (1927). Eine für den Gegenstandsbereich korrekte, wenn auch schwerfällige Bezeichnung stammt von der Projektgruppe Gewerkschaftsforschung: „Austauschbeziehungen zwischen Kapital und Arbeit" (Brandt u.a. 1982: 9ff.).

Industrielle Beziehungen bezeichnen ganz allgemein die wirtschaftlichen Austauschprozesse und sozialen Kooperations- und Konfliktbeziehungen zwischen Kapital und Arbeit beziehungsweise zwischen den sie repräsentierenden Akteuren in einem Betrieb, einem Wirtschaftszweig,[1] einem Land oder einem (regulierten) transnationalen Wirtschaftsraum (z.B. Europäische Union). Sie umfassen des Weiteren die aus diesen Interaktionen (und staatlichen Interventionen) hervorgehenden

---

1 Wirtschaftszweig wird hier keineswegs nur auf die Industrie im engeren (deutschen) Sinne begrenzt, sondern im weiteren (angelsächsischen) Sinne von „industry" als wirtschaftlicher Sektor verstanden.

Normen, Verträge, Institutionen und Organisationen zur Regulierung der Arbeit. Ihre Träger bzw. Akteure sind sowohl Verbände (Gewerkschaften und Arbeitgeberorganisationen) als auch Gruppen und Personen beider Seiten sowie – als „dritte Partei" – die mit Tarif-, Arbeits- und Sozialfragen befassten staatlichen Instanzen. Wenn auch das Arbeitsverhältnis ihr Dreh- und Angelpunkt ist, handelt es sich bei den industriellen Beziehungen nicht nur um ein Verhältnis zwischen Arbeitgebern und Arbeitnehmern, sondern auch und vor allem um die Beziehungen zwischen deren repräsentativen Organisationen. Mit anderen Worten: wir haben es zu tun mit (betrieblichen) Arbeitsbeziehungen *und* (überbetrieblichen) Tarifbeziehungen, mit dem Verhältnis zwischen Arbeitgeber und Arbeitnehmer *und* den Interaktionen zwischen Gewerkschaften und Arbeitgeberverbänden sowie den für die Arbeitsregulierung verantwortlichen staatlichen und supranationalen Institutionen.

Die Kapital und Arbeit repräsentierenden Akteure treten in der Regel als Kontrahenten im doppelten Sinne – Vertragspartner und Gegner – auf. Da der wirtschaftliche Austausch zwischen Kapital und Arbeit – Lohn gegen Arbeitsleistung – unter Bedingungen einer strukturellen Machtasymmetrie stattfindet, liegen in ihm notwendigerweise auch die Ursachen für den in liberal-kapitalistischen Gesellschaften ubiquitären industriellen Konflikt. Denn aufgrund ihrer sozialen Lage (fehlende Produktionsmittel; Mangel an alternativen Subsistenzquellen) müssen Arbeitnehmer ihre Arbeitskraft – häufig unter für sie ungünstigen Bedingungen – an Unternehmen verkaufen und sich damit als Person zeitweilig einem betrieblichen „Herrschaftsverband" (Max Weber) eingliedern, der primär nach Gesichtspunkten ökonomischer Effizienz, sprich: Kosten-Nutzen-Kalkülen organisiert ist. Dies ist eine konfliktreiche Konstellation, die notwendigerweise Auseinandersetzungen über die Verkaufs- und Anwendungsbedingungen der menschlichen Arbeitskraft erzeugt. Gegensätzliche Interessen und wiederkehrende Konflikte haben im sozialen historischen Prozess zur Institutionalisierung von Regulierungs-, Kontroll- und Kompromissstrukturen geführt, die sich in der ersten Hälfte des 20. Jahrhunderts zu einem System der industriellen Beziehungen verdichteten (s. dazu das nächste Kapitel).

Den Brennpunkt der Analyse industrieller Beziehungen bildet die *kollektive Regelung von Arbeitsverhältnissen*, mit anderen Worten: die Auseinandersetzungen, Verhandlungen und Vereinbarungen über die Beschäftigungs-, Arbeits- und Entlohnungsbedingungen von Gruppen und Kollektiven abhängig Beschäftigter. Im weiteren Sinne umfasst der Gegenstandsbereich der Wissenschaft von den Industriellen Beziehungen

1 Begriff und Gegenstand

a) den kontrahierten *wirtschaftlichen Austausch* zwischen Kapital und Arbeit (Lohn gegen Arbeitsleistung);
b) eine daraus resultierende typische *Konfliktkonstellation*, die in vielfältigen Formen des „industriellen Konflikts" ihren Ausdruck findet;
c) ein System *kollektiver Akteure*, die als Organisationen des „Interessenmanagements" fungieren, indem sie Gruppeninteressen formieren, aggregieren, vermitteln (mediatisieren) und durchsetzen;
d) historisch gewachsene *Institutionensysteme* (z.B. Tarifautonomie und Betriebsverfassung), welche die Austauschprozesse und Konfliktbeziehungen normativ regeln.

Staatliche Instanzen können im System der industriellen Beziehungen hoheitliche Funktionen wahrnehmen (Setzung der institutionellen Rahmenbedingungen durch kollektives Arbeitsrecht, staatliches Schlichtungswesen, Mindestlohn etc.); durch persuasive Kommunikation[2] und tripartistische Arrangements („Konzertierte Aktion", „Sozialpakt", „Bündnis für Arbeit") den lohnpolitischen Prozess, das Beschäftigungsniveau, das Ausbildungsplatzangebot etc. beeinflussen und als Tarifvertragspartei über Lohnsätze und Arbeitsnormen des öffentlichen Dienstes verhandeln.

Die kollektiven Regelungen können unterschieden werden in *unilaterale, bilaterale* und *trilaterale*: *Unilaterale* Regelungen können vom Staat (Gesetze, Verordnungen) erlassen, vom Management (Direktionsrecht) angeordnet, aber auch von starken und gut organisierten Arbeitergruppen („Arbeiterkontrolle") durchgesetzt werden. Zu den für die industriellen Beziehungen typischen *bilateralen* Regelungen gehören die zwischen Betriebsrat und Management in Betriebsvereinbarungen oder zwischen Gewerkschaften und Arbeitgeberverbänden in Tarifverträgen fixierten Arbeitsnormen und Lohnsätze. Von *trilateralen* Regelungen ist dann zu sprechen, wenn an ihrem Zustandekommen neben Organisationen und Repräsentanten von Kapital und Arbeit auch staatliche Instanzen beteiligt sind (z.B. im Rahmen von „Konzertierten Aktionen", „Sozialkontrakten" oder „Bündnissen für Arbeit").

Kollektive Regelungen können des Weiteren unterschieden werden in *formelle* und *informelle*: *Formelle* Regelungen werden meist in Schriftform erlassen, vereinbart oder angeordnet; aber auch förmliche mündliche Anordnungen und Ab-

---

2 *Persuasive Kommunikation* (wörtlich: überredendes, überzeugendes Kommunizieren) dient dem Staat als „weiches" Instrument zur Beeinflussung (Verhaltenssteuerung) vornehmlich der kollektiven Akteure, z.B. in Form von Appellen an ihre „gesamtwirtschaftliche Verantwortung" für den „Standort Deutschland".

reden sind ihnen zuzurechnen. Insbesondere im betrieblichen Alltag werden die formellen Regelungen ergänzt, modifiziert, konkretisiert und nicht selten auch konterkariert durch *informelle* Regelungen bzw. Normen. Sie füllen einerseits Planungslücken und Koordinationsmängel der Betriebshierarchie durch selbständige „Belegschaftskooperation" (Hillmann 1970: 33ff.) aus und schützen andererseits die abhängig Arbeitenden gegen Leistungsverdichtung und managerielle Kontrolle (Dombois 1982).

Kollektive Regelungen können schließlich unterschieden werden in *substantielle* und *prozedurale* Regelungen: *Substantielle* Regelungen beziehen sich auf inhaltliche Arbeitsnormen wie z.b. Arbeitsentgelt, Arbeitszeit und sonstige Arbeitsbedingungen, während *prozedurale* Regelungen Verfahrensregeln fixieren, z.b. über Mitbestimmung, Tarifverhandlungen, Schlichtung, Konfliktlösung.

Kollektive Regelungen sind Regelungen *für* Kollektive, die von individuellen oder kollektiven Akteuren generiert werden. Sie werden beschlossen, erlassen, durchgesetzt, erkämpft, ausgehandelt, vereinbart etc. im Rahmen von Institutionensystemen wie z.b. Tarifautonomie oder Betriebsverfassung. Einzelvertragliche Regelungen der Arbeitsverhältnisse bleiben hier weitgehend außer Betracht. Institutionensysteme, in denen Akteure mit konfligierenden Zielen interagieren, nennen wir *Arenen*.

Unter *Arena* verstehen wir einen „Ort" geregelter Konfliktaustragung und institutionalisierter Problemlösung, aber auch einen „Kampfplatz", auf dem die jeweiligen Akteure nicht nur ihre widerstreitenden materiellen Interessen vertreten, sondern auch die institutionellen Rahmenbedingungen zu verändern trachten, also die prozeduralen Aspekte der Institutionen zu ihren Gunsten zu verändern suchen. In diesem Sinne ist *Arena* sowohl ein komplexes Institutionensystem, das festlegt, welche (Austragungs- und Konflikt-)Formen, Gegenstände und Akteure jeweils zugelassen sind, als auch ein Handlungsraum, der den Akteuren für die Lösung spezifizierter Probleme Handlungsmöglichkeiten (mit definierten Grenzen) einräumt.

Abbildung 1 fasst die wichtigsten Regelungsbereiche bzw. Arenen mit ihren zuständigen Akteuren und typischen Regelungsmodi zusammen. Um das Niveau der Komplexität nicht noch weiter zu erhöhen, wird zunächst nur die im Rahmen des Nationalstaats geltende Akteurs- und Institutionenkonstellation wiedergegeben. Die auf europäischer Ebene bestehenden transnationalen Institutionen der Arbeitsregulierung – eine neue und weitere Arena – werden im Kapitel 8 dargestellt.

1 Begriff und Gegenstand

Abbildung 1   Regelungssysteme (Arenen) der industriellen Beziehungen

Regelungsbereiche/ „Arenen"	Akteure	Typischer Regelungsmodus
RECHTLICH-INSTITUTIONELLER RAHMEN	Parlament Arbeitsverwaltung Arbeitsgerichte	unilateral
Kernbereich: TARIFAUTONOMIE (Industriezweig, sektoraler Arbeitsmarkt)	Gewerkschaft *versus* Arbeitgeberverband	bilateral
Kernbereich: BETRIEBSVERFASSUNG (Unternehmen, Betrieb)	Betriebsrat *versus* Management	bilateral
Kernbereich: ARBEITSVERFASSUNG (Produktionsprozeß, Arbeitsplatz)	(unmittelbare) Vorgesetzte *versus* Arbeitsgruppen	(meist) unilateral
TRIPARTISMUS (staatl. Wirtschafts-/Beschäftigungs-/Einkommenspolitik)	Spitzenverbände (Gewerkschaften, Arbeitgeberverbände) u. Regierungsvertreter	trilateral

In diesem Kapitel wurden die für dieses Buch wichtigsten Begriffe erläutert: Industrielle Beziehungen, kollektive Regelungen, Akteure und Arenen.

Übungsaufgaben:

1. *Nennen Sie die zentralen Bestandteile des Gegenstandsbereichs des Wissensgebiets der Industriellen Beziehungen!*
2. *Was begründet den Interessengegensatz von „Kapital" und „Arbeit"?*
3. *Nach welchen Kriterien lassen sich kollektive Regelungen differenzieren?*
4. *Erläutern Sie Begriff und Funktion von Arena!*

Historische Entwicklung der industriellen Beziehungen

2

2.1 Arbeitsmarkt und Fabriksystem

Unter den zahlreichen historischen Voraussetzungen der Herausbildung und Entwicklung industrieller Beziehungen sind die beiden folgenden als grundlegend anzusehen: 1. die Entstehung *freier Arbeitsmärkte*, die sich in Westeuropa schon vor dem Industriezeitalter nicht nur für Tagelöhner und Gesinde ausbreiteten (Braudel 1986: 46ff.) und 2. die Entstehung des *Fabriksystems* in der ersten Industriellen Revolution (Michel 1948; Eggebrecht u.a. 1980: 193ff.).

Mit der Institutionalisierung von Arbeitsmärkten und Fabriksystem erfährt die gesellschaftliche Arbeit eine grundlegende Transformation. Im Vergleich zu früheren Formen der Arbeitsregulierung wird sie liberalisiert, kommerzialisiert (vermarktet) und privat genutzt.

Der französische Sozialhistoriker Fernand Braudel hat den Arbeitsmarkt als einen Ort umschrieben,

> *„auf dem der Mensch, woher er auch kommen mag, ohne seine traditionellen ‚Produktionsmittel' wie Acker, Webstuhl, Pferd, Karren (sofern er je dergleichen besessen hat) vorstellig wird, um anzubieten, was ihm noch verblieben ist – nämlich seine Arme und Hände, seine ‚Arbeitskraft'. Und natürlich seine Geschicklichkeit und Anstelligkeit. Indem er sich solcher Art verdingt oder verkauft, schlüpft er durch das enge Loch des Marktes und stellt sich damit außerhalb der traditionellen Wirtschaft."* (Braudel 1986: 46).

Durch die Ausbreitung der Arbeitsmärkte verloren die – bis weit ins 18. Jahrhundert vorherrschenden – zünftigen, gesetzlichen und behördlichen Regulierungen der Arbeitsverhältnisse für wachsende Gruppen von Beschäftigten ihre

Bedeutung. An ihre Stelle traten individuelle Vereinbarungen zwischen „Marktteilnehmern", das heißt Anbietern und Nachfragern von Arbeitskraft. Dieser Vermarktungsprozess war Ausdruck und Folge einer zweifachen gesellschaftlichen Evolution: erstens der Durchsetzung bürgerlicher Freiheiten (Freiheit der Person, Gewerbe- und Vertragsfreiheit, Recht auf Eigentum etc.) und zweitens der Trennung von Staat und Wirtschaft.

Mit der „Freisetzung" der Wirtschaft aus den sozialen und normativen Bindungen der traditionalen Gesellschaft entstand aus den vorher bloß vereinzelten Märkten ein ausschließlich nach Marktmechanismen (*Angebot* und *Nachfrage*) gesteuertes Wirtschaftssystem, dem schließlich auch die Allokation (Zuweisung) der gesellschaftlichen Arbeit und die Distribution (Verteilung) ihrer Ergebnisse überantwortet wurde. Die Herauslösung („Entbettung") oder „Autonomisierung" der – in allen früheren Gesellschaftsformationen „eingebetteten" – Wirtschaft aus ihren gesellschaftlichen Verhältnissen hat Karl Polanyi (1979) als einen verhängnisvollen Transformationsprozess beschrieben, der Mensch und Natur der „Warenfiktion" überantwortet und damit den Marktmechanismus für das Leben der Gesamtgesellschaft bestimmend werden lässt. Denn materielles Wohlergehen wurde in den kapitalistischen Marktwirtschaften nunmehr „ausschließlich von den Trieben des Hungers und des Gewinnstrebens bestimmt oder, genauer gesagt, von der Angst vor dem Verlust des Lebensunterhalts und von der Profiterwartung" (Polanyi 1979: 133).

In seiner fulminanten Kapitalismusanalyse hat Karl Marx (1962/zuerst: 1867) herausgearbeitet, dass die kapitalistische Mehrwertproduktion, basierend auf der Ausbeutung der Arbeitskraft, die Existenz des „doppelt freien" Lohnarbeiters zur Voraussetzung hat:

> *„frei in dem Doppelsinn, dass er als freie Person über seine Arbeitskraft als seine Ware verfügt, dass er andererseits andre Waren nicht zu verkaufen hat, los und ledig, frei ist von allen zur Verwirklichung seiner Arbeitskraft nötigen Sachen"* (Marx 1962: 183).

Nicht nur Marx, sondern auch liberale Sozialpolitiker wie Lujo Brentano, der Mitbegründer des „Vereins für Socialpolitik" (1872 gegründet), hat auf die Unterlegenheit des „Arbeiters als Warenverkäufer" und auf die Besonderheiten der „Arbeit als Ware"[3] kritisch hingewiesen. Und zwar machte Brentano (1890) auf eine *doppelte Asymmetrie* zwischen Kapital und Arbeit aufmerksam:

---

3   Für Marx ist es die „Arbeitskraft" (nicht die Arbeit), die zur Ware wird.

2.1 Arbeitsmarkt und Fabriksystem

1. Der Arbeiter steht unter *Angebotszwang*. Da er weder über Produktions- noch sonstige Unterhaltsmittel verfügt, bleibt ihm keine andere Wahl, als seine Arbeitskraft anzubieten, und zwar vorbehaltlos, da er nicht warten kann. Somit fehlt ihm „die Voraussetzung, von der die Nationalökonomie ausgeht, dass der Arbeiter gleich anderen Warenverkäufern im stande sei, das Angebot seiner Ware der Nachfrage anzupassen" (Brentano 1890: XIXf.). Im Gegensatz dazu ist der Unternehmer in seiner Nachfrage elastisch; er kann Einstellungen hinauszögern, Arbeitskräfte durch Maschinen ersetzen oder auch an anderen Orten mit für ihn günstigeren Arbeitsmarktbedingungen Produktionsstätten eröffnen, ohne dass sein Lebensstandard beeinträchtigt würde.

2. Der Arbeitsvertrag begründet ein *Herrschaftsverhältnis*. Da Warenverkäufer und Verkauftes nicht voneinander zu trennen sind, erwirbt der Unternehmer mit dem Kauf der Arbeitskraft zugleich die Mitverfügung über die Person des Arbeiters. Die Freiheit des Arbeiters, über seine Arbeitskraft verfügen zu können, erlischt, sobald er sie verkauft hat. Dies schlägt sich im Arbeitsvertrag dergestalt nieder, dass zwar die Leistungen des Unternehmers – in Form des Lohnsatzes – spezifiziert, die Leistungen des Arbeiters jedoch nur in groben Umrissen (z.B. Arbeitszeit) festgelegt werden. Die Nutzung der lebendigen Arbeit erfolgt unter dem Direktionsrecht des Unternehmers.

Es waren diese Marktungleichgewichte und Machtasymmetrien zu ungunsten der (nichtorganisierten) Arbeiter, die Brentano von der „Unwahrheit des freien Arbeitsvertrages" (1890: XIV) sprechen ließen. Die bürgerliche Rechtsordnung hatte zwar formal die Gleichberechtigung des Arbeiters mit dem Arbeitgeber prinzipiell anerkannt, aber die damit verbundene materielle Verschlechterung ignoriert. Als Liberaler argumentierte Brentano systemimmanent, wenn er den Arbeitsmarkt als einen unvollkommenen Markt betrachtet und in den Arbeiterkoalitionen notwendige Korrektivorgane sieht. Erst gewerkschaftliche Organisierung und Kollektivverhandlungen, so die Schlussfolgerung Brentanos, versetzen die Arbeiter in die Lage, als gleichberechtigte Warenverkäufer aufzutreten und wie jeder Marktteilnehmer an der Bestimmung der Vertragsbedingungen mitzuwirken. Und nicht als ein störendes, systemfremdes Element der Marktordnung, sondern gleichsam als einen Schlussstein im Gebäude der liberalen Wirtschaftsordnung betrachtet Brentano die Gewerkschaften. Sie sollen auf dem Wege der Kollektivverhandlungen gemeinsam mit den Unternehmern das regeln, was vor dem Industriezeitalter Gesetzgebung und Behörden geregelt hatten.

„So ist denn der Arbeitsvertrag, wo seine Entwicklung am fortgeschrittensten ist, da angelangt, wo er nach der ökonomischen Natur des Vertragsobjekts naturgemäß anlangen musste: er wird nicht mehr von dem einzelnen Arbeitgeber dem einzelnen

Arbeitnehmer diktiert, sondern von der Organisation der Arbeitgeber mit der Organisation der Arbeiter für alle Mitglieder beider Organisationen vereinbart. Nunmehr erst ist der ‚freie Arbeitsvertrag' eine Wirklichkeit." (Brentano 1890: XXXIX)

Neben dem Arbeitsmarkt, auf dem die Verkaufsbedingungen der Arbeitskraft ausgehandelt werden, ist der Betrieb der zweite „Drehpunkt des proletarischen Lebensschicksals" (Briefs 1927), weil vorwiegend hier über die Anwendungsbedingungen der Arbeitskraft entschieden wird. Nicht viel anders als die Sozialisten hat der den Ideen des Sozialkatholizismus verpflichtete frühe Goetz Briefs aus der Verfügung über die Person des Arbeiters nach Vertragsabschluss die Fremdbestimmtheit der Arbeit abgeleitet:

„Der Begriff der Fremdbestimmtheit umgrenzt am klarsten die Stellung des Arbeiters in Unternehmung und Betrieb: fremdbestimmt ist die Arbeitsstätte, die Arbeitsart und weithin die Arbeitsintensität, die besondere Arbeitsmethode, die Arbeitszeit, das Arbeitsmittel, der Arbeitszweck, die Arbeitsorganisation, fremdbestimmt ist das sachliche Ergebnis des Arbeitsprozesses wie seine marktmäßige Verwertung." (Briefs 1927: 1111)

Diese für die frühe industriekapitalistische Produktionsweise typischen Bedingungen setzten eine soziale Dynamik frei, in deren Verlauf die Lohnarbeiterschaft sich kollektiv organisierte, zunächst Hilfskassen und Kampfkoalitionen, schließlich Gewerkschaften und Parteien bildete und in Klassenkämpfen politische, soziale und wirtschaftliche Bürgerrechte – wie Wahlrecht, Koalitions- und Streikfreiheit – durchsetzte (vgl. dazu Marshall 1992; Müller-Jentsch 1994). Der englische Soziologe T. S. Marshall hat den Begriff der „industrial citizenship" geprägt. Er besagt, dass mit dem Status des Staatsbürgers in den westlichen Demokratien nicht nur zivile, politische und soziale Bürgerrechte verknüpft seien, sondern dass die abhängig Beschäftigten und ihre Gewerkschaften gegen die Laissez-faire-Ökonomie überdies „industrielle" Bürgerrechte erkämpft haben. Marshall zufolge hat die Gewerkschaftsbewegung parallel und ergänzend zur „political citizenship" damit eine Art sekundäre, eben „industrial citizenship" erstreiten können, die weniger individuelle als kollektive Rechte der Arbeitnehmer in der Marktwirtschaft garantiert (Marshall 1992: 98).

2.2 Gewerkschaften und Arbeitgeberverbände

Ohne hier näher auf den Entstehungsprozess von gewerkschaftlichen Organisationen einzugehen (s. dazu Engelhardt 1977), lässt sich generell darüber sagen, dass sie mehr oder weniger spontan aus dem Widerstand der Arbeiter gegen die von den Unternehmern einseitig festgelegten Lohn- und Arbeitsbedingungen heraus entstanden sind. „Die Gewerkschaft", schreibt Goetz Briefs, „ist ‚klassenrein' in dem Sinne, dass sie das einzige auf eigenem Boden gewachsene und aus eigener Kraft geschaffene Organ der Arbeiterschaft darstellt, als Verband auch nur Klassenangehörige erfasst" (Briefs 1926: 206). Sobald der Status des Lohnarbeiters nicht mehr ein temporärer bzw. eine bloße Durchgangsstufe ist, sondern zum dauerhaften und erblichen, daher proletarisches Schicksal geworden ist, „wächst Gewerkschaft aus den Bedingungen des Kapitalismus hervor" (Briefs 1927: 1110).

Die ersten Gewerkschaftsgründungen auf deutschem Boden gingen – ähnlich wie in England, dem Pionierland der Industrialisierung – aus beruflichen Zusammenhängen hervor. Lockere berufliche Zusammenschlüsse auf lokaler Basis lassen sich für Buchdrucker und Tabakarbeiter schon vor 1848 nachweisen. Vornehmlich diese Berufsgruppen waren es auch, die während der Revolution von 1848 erste Versuche zu nationalen Zusammenschlüssen unternahmen, die aber bald von der einsetzenden politischen Reaktion zunichte gemacht wurden. In den 1860er Jahren waren es wiederum die Tabakarbeiter und Buchdrucker, die die ersten zentralen *Berufsgenossenschaften* (eine für die frühen Gewerkschaften übliche Bezeichnung) gründeten.

Erst in den Jahren danach ergriffen die politischen Parteien ihrerseits die Initiative zur Gründung von Gewerkschaften. Die politischen Initiativen der Sozialdemokraten und fortschrittlichen Liberaldemokraten trugen zwar zur Expansion der jungen Gewerkschaftsbewegung bei, bewirkten aber gleichzeitig die Spaltung in *Richtungsgewerkschaften*; zunächst in sozialdemokratisch-lassaleanisch orientierte „Arbeiterschaften" und liberale, sog. Hirsch-Dunckersche „Gewerkvereine"; später hinzu kamen die in den 1890er Jahren gegründeten christlichen Gewerkschaften.

Bis 1890 war der zunächst lokale, später zentrale *Berufsverband* die ausschließliche gewerkschaftliche Organisationsform, in der sich exponierte Berufsgruppen qualifizierter Facharbeiter zusammenschlossen. Die Trägergruppen der frühen Gewerkschaftsbewegung rekrutieren sich – in Deutschland ähnlich wie in England – aus handwerklich geprägten, zum Teil im Übergang zur Industrialisierung befindlichen Produktionsbereichen. Es handelte sich dabei vorwiegend um relativ homogene, ausgeprägt berufsständisch orientierte Arbeiterschichten, die als „Handwerkerelite" (wie die Buchdrucker) ihr traditionell hohes Sozialprestige gegen den drohenden Statusverlust zu verteidigen suchten oder die als Handarbeiter in großbetrieblicher Produktion (wie die Zigarrenarbeiter) sich um die Anhebung ihres sozialen Status bemühten. Für diese und andere Gruppen, die über ein hohes Maß beruflicher Kohäsion und gruppeninterner Kommunikation verfügten, bot sich der Berufsverband als adäquate Organisationsform ihrer berufsständisch geprägten Interessen an. Unter machtpolitischen Gesichtspunkten gesehen, besaßen diese Gruppen aufgrund ihrer Qualifikation und Stellung im Produktionsprozess „Primärmacht" (Jürgens 1984), die sie mit dem kollektiven Zusammenschluss durch Organisationsmacht ergänzten (und potenzierten).

Im letzten Jahrzehnt des 19. Jahrhunderts verlagerte sich der Kern der Gewerkschaftsbewegung auf jene Berufsgruppen und Gewerbezweige, die von der sich ausbreitenden industriellen Produktionsweise, von maschineller Massenproduktion, Zusammenballung unterschiedlicher Berufsgruppen und Arbeiterkategorien in großbetrieblichen Produktionsstätten und von fortschreitender Arbeitszerlegung geprägt waren. Die nach dem Fall des Sozialistengesetzes (1890) und im Verlauf der zyklischen Krise 1891-94 einsetzende „große Reorganisation der Gewerkschaftsbewegung" (Ritter/Tenfelde 1975: 88) war für die sozialdemokratischen Gewerkschaften gleichbedeutend mit dem Durchbruch zu *industriegewerkschaftlichen Massenorganisationen.*

Ab 1890 bildeten sich erstmals Gewerkschaftsorganisationen der Hilfsarbeiter. Etwa zur gleichen Zeit entstanden – durch Verschmelzungen verwandter und branchengleicher Berufsgewerkschaften – die ersten Industriegewerkschaften auf deutschem Boden (unter ihnen die Vorläuferorganisation der IG Metall: der 1891 gegründete Deutsche Metallarbeiterverband).

Die alten, „horizontal" organisierten Berufsverbände hatten den Charakter von exklusiven beruflichen Gemeinschaften („occupational communities"). Ihre organisatorische Stärke beruhte auf den (oft schwer ersetzbaren) Qualifikationen ihrer Mitglieder und der von ihnen gepflegten beruflichen Solidarität. Demgegenüber konnten die neuen, „vertikal" organisierenden Industriegewerkschaften, mit ihrer Offenheit gegenüber allen Berufs- und Arbeiterkategorien in der gleichen Industrie, organisatorische Stärke durch die „große Zahl" und durch die Förderung von Klassensolidarität gewinnen. Obwohl auch hier häufig die Facharbeiter das Rückgrat der Organisation bildeten (was umso mehr zutraf, wenn sie durch Verschmelzung verschiedener Berufsgewerkschaften entstanden waren), entwickelten sie – in negativer Abgrenzung zum „Berufsdünkel" – eine Solidarität, die über den Beruf hinausging. Dem entsprachen die unterschiedlichen Zielsetzungen der beiden Organisationstypen. Die Berufsverbände waren den spezifischen Interessen ihrer Berufsgenossen verpflichtet und verfolgten im wesentlichen partikularistische Ziele, während die Industriegewerkschaften sich stärker auf

2.2 Gewerkschaften und Arbeitgeberverbände

die Vertretung verallgemeinerter Interessen, das heißt auf die Durchsetzung von „Common Rules"[4] (in Form des Standardlohns, des Normalarbeitstages und anderer genereller Tarif- oder Gesetzesnormen) konzentrierten. Anders als die frühen Berufsverbände hatten die Industriegewerkschaften mit weitaus größerem Widerstand der Arbeitgeber und ihrer Verbände zu rechnen. Besonders in der Groß- und Schwerindustrie ergriffen viele Unternehmer aktive Kampfmaßnahmen gegen die gewerkschaftliche Organisierung.

Mit den Ende des 19. Jahrhunderts entstehenden Großbetrieben und Großverwaltungen und dem wachsenden Bedarf an staatlichen Aufgaben und Leistungen nahmen auch die Angestellten- und Beamtentätigkeiten rapide zu. Obwohl diese Tätigkeiten weiterhin durch eine besondere Form des Arbeitsvertrages und der Entlohnung honoriert wurden, verloren Angestellte und Beamte mehr und mehr ihren privilegierten Status. Als eine Folge dieser sozialen Entwicklung sind die um die Jahrhundertwende einsetzenden Gründungen erster gewerkschaftlicher oder gewerkschaftsähnlicher Organisationen von Handlungsgehilfen, technischen Angestellten und subalternen Beamten anzusehen.

Bis 1933 war das deutsche Gewerkschaftswesen durch eine doppelte Differenzierung gekennzeichnet: *einerseits* durch die nach Berufs- und Arbeitsmarktkriterien gebildeten Organisationsformen wie Berufsverband, Industriegewerkschaft, Angestellten-/Beamtenverband; *andererseits* durch die aus den politisch-weltanschaulichen Strömungen sich ergebenden Richtungsgewerkschaften sozialdemokratischer, christlich-nationaler und liberaler Orientierung. Erst mit der Wiedergründung der Gewerkschaften nach dem Zweiten Weltkrieg wurde durch die Bildung von *Einheitsgewerkschaften* nach dem *Industrieverbandsprinzip* diese organisatorische Zersplitterung aufgehoben.[5]

Eine neue Entwicklungsphase setzte ab Mitte der 1990er Jahre mit der Fusionswelle ein, die mit der Bildung von „Multibranchengewerkschaften" (Müller/Wilke 2003) das industriegewerkschaftliche Prinzip relativierte (s. dazu unter 3.1).

Die einzelnen Phasen der gewerkschaftlichen Organisierung in Deutschland werden in der *Abbildung 2* zusammengefasst dargestellt.

---

4   „Common Rule" wird von Sidney und Beatrice Webb, den Historikern und frühen Theoretikern der englischen Gewerkschaftsbewegung, als Standardregel für Lohn, Arbeitszeit etc. im Sinne eines Minimalanspruches verstanden, unterhalb dessen kein Arbeitnehmer beschäftigt werden darf (vgl. Webb/Webb 1902: 715ff.).

5   Diese Aussage gilt nur für den Deutschen Gewerkschaftsbund, der allerdings über rund 80 Prozent aller Gewerkschaftsmitglieder organisiert.

Abbildung 2 Historische Phasen der gewerkschaftlichen Organisierung in Deutschland

1. Phase ab 1848/1850	Organisierung der qualifizierten Handarbeiter („Handwerkerelite") in BERUFSVERBÄNDEN	*Richtungsgewerkschaften*
2. Phase ab 1890	Organisierung der Fabrikarbeiter („Industrieproletariat") in INDUSTRIEGEWERKSCHAFTEN	

3. Phase
ab 1900
	Organisierung der Angestellten
	und Beamten
	in
	    ANGESTELLTEN-/BEAMTEN-
	    VERBÄNDEN	

Verbot der Gewerkschaften (1933-1945)	Zwangsorganisierung von Arbeitnehmern und Arbeitgebern in der Deutschen Arbeitsfront (DAF)	
4. Phase Wieder- gründung 1949	Organisierung von Arbeitern, Angestellten und Beamten in einheitlichen INDUSTRIEGEWERKSCHAFTEN	*Einheitsgewerkschaften*

5. Phase
Fusionen
nach
1990
	Organisierung von Arbeitern,
	Angestellten und Beamten
	in einheitlichen
	    MULTIBRANCHEN-
	    GEWERKSCHAFTEN	

Kann die Bildung von Gewerkschaften als eine kollektive Reaktion der Arbeiter auf die wirtschaftliche Übermacht des Kapitals auf dem Arbeitsmarkt begriffen werden, dann die Gründung von Arbeitgeberverbänden als eine sekundäre Reaktion der Unternehmer auf die Gewerkschaften. Wollten die koalierenden Arbeiter mit Hilfe der Gewerkschaften die auf der Grundlage des individuellen Arbeitsvertrages entstandenen Marktungleichgewichte zu ihren Gunsten beeinflussen, so war und ist es das Ziel der koalierenden Arbeitgeber, die ursprüngliche Asymmetrie der Marktchancen wiederherzustellen. Ein früher Beobachter der in Deutschland entstehenden Arbeitgeberverbände sah in den Gewerkschaften ihre Geburtshelfer:

2.2 Gewerkschaften und Arbeitgeberverbände

> *„Die Gewerkschaft ist überall die primäre, der Arbeitgeberverband die sekundäre Erscheinung. Die Gewerkschaft greift ihrer Natur nach an, der Arbeitgeberverband wehrt ab (daß gelegentlich das Verhältnis sich umkehrt, ändert an der allgemeinen Richtigkeit dieser Tatsache nichts). Die Gewerkschaft ist in ihrer Jugendzeit vornehmlich Streikverein, der Arbeitgeberverband Antistreikverein. Je früher in einem Gewerbe eine kräftige Gewerkschaft auftritt, um so früher bildet sich auch ein ausgeprägter Arbeitgeberverband.“* (Kessler 1907: 20)

Abgesehen von früheren gelegentlichen Gründungen lokaler und regionaler Arbeitgeberverbände und den kurzlebigen Unternehmerzusammenschlüssen während der „Gründerjahre" (1871-73), führten erst die nach dem Fall des Sozialistengesetzes (1890) vermehrten Gewerkschaftsgründungen auch auf Arbeitgeberseite zu erhöhter Verbandsbildung, zunächst in den kleingewerblich und handwerklich geprägten Gewerbezweigen (wie Buchdruck, Baugewerbe etc.), aber auch schon früh in der Metallindustrie. Im Zusammenhang mit einem großen Arbeitskampf um den 10-Stunden-Tag (Streik der Weber von Crimmitschau 1904) kulminierten die verstärkten Organisierungsbemühungen der Arbeitgeber in der Gründung zweier zentraler Arbeitgeberverbände, die als Dachverbände zum einen die großindustriellen Arbeitgeberverbände, zum anderen die Arbeitgeberverbände der weiterverarbeitenden Industrie und des Handwerks zusammenfassten. Seit der Fusion beider Dachverbände im Jahre 1913 haben die deutschen Arbeitgeberverbände eine einheitliche Spitze.

Gerhard Kessler (1907) unterschied drei Aufgabenbereiche der frühen Arbeitgeberverbände:

1. Maßnahmen zur Verhütung von Arbeiterbewegungen und Streiks,
2. Maßnahmen zur Bekämpfung und Unschädlichmachung der Streiks,
3. Paritätische Vereinbarungen mit der Arbeiterschaft.

Dass diese Aufgaben nichts anderes als abgestufte Präventivmaßnahmen gegen die sich organisierende Arbeiterschaft darstellten, hebt der Autor hervor:

> *„Die Maßnahmen der ersten Gruppe setzen im allgemeinen voraus, daß man die Gewerkschaftsbewegung ohne Kampf vernichten, verdrängen oder mindestens ignorieren könne. Wenn sich diese Voraussetzung als irrig erwiesen hat, tritt der unvermeidliche Kampf ein, und die Arbeitgeberschaft verwendet die Maßnahmen der zweiten Gruppe. Haben aber beide Gegner ihre Kräfte zur Genüge aneinander gemessen, so finden sie früher oder später Wege zur Verständigung und zur gemeinsamen Arbeit, wie die dritte Gruppe sie darstellt."* (Kessler 1907: 141)

2.3 Von unilateralen zu bilateralen Regelungen

Die Geschichte der industriellen Beziehungen beginnt nicht mit geordneten Verhandlungen zwischen stabilen Koalitionen der Arbeiter und Arbeitgeber, sondern mit Petitionen und Deputationen, mit Streiks und Boykotts, Aufruhr und Maschinensturm, die von lockeren, meist lokal begrenzten Assoziationen der Lohnarbeiter „organisiert" wurden. In einem lesenswerten Aufsatz über die Maschinenstürmer hat der englische Sozialhistoriker Eric Hobsbawm (1964: 7) den treffenden Ausdruck „collective bargaining by riot" (Tarifverhandlung durch Aufruhr) geprägt. Solange die legale Betätigung der Gewerkschaften durch die staatliche Unterdrückung eingeschränkt war, setzten sich die Arbeiter mit Formen organisierter Sabotage und illegaler Kampfkoalitionen gegen Lohndiktat und miserable Arbeitsbedingungen zur Wehr.

Auch nach Aufhebung des Koalitions- und Streikverbots[6] versuchten Arbeiter und Unternehmer ihre Interessen weiterhin durch einseitige Konfliktstrategien durchzusetzen. Wenn die Arbeiter den Preis der Arbeitskraft durch Organisierung und Arbeitsniederlegung zu beeinflussen suchten, verteidigten die Unternehmer ihre Marktvorteile durch Gegenorganisierung und Aussperrung. Auf diese Weise kurzfristig erzeugte Angebots- bzw. Nachfragebeschränkungen sollten die Gegenseite zur Akzeptierung des jeweils geforderten bzw. angebotenen Preises für die Arbeitskraft zwingen. Da Verhandlungen zunächst unüblich waren, endete der Ausstand in der Regel mit Sieg oder Niederlage. Diese vor allem mit wirtschaftskonjunkturellem Wechsel wiederkehrenden Konfliktkonstellationen generierten bei den beteiligten Akteuren Lernprozesse und Initiativen zur Bildung von Schiedsgerichten, Einigungsämtern oder Schlichtungskommissionen, gewöhnlich unter der Leitung unparteiischer Persönlichkeiten. Später traten, mit zunehmender Konsolidierung und Bürokratisierung der Gewerkschaften und Arbeitgeberverbände, an ihre Stelle direkte Verhandlungen zwischen beiden Organisationen. Diese mussten erst eigene Rollen für formalisierte Beratungen und Verhandlungen ausdifferenzieren; denn Tarifverhandlungen forderten den Konfliktparteien neue Verhaltensweisen ab: sachliche und argumentative Kommunikation, Auseinandersetzung mit gegnerischen Argumenten, Verständnis für die andere Seite. Mussten Gewerkschafter lernen, wirtschaftlich zu argumentieren, dann die Unternehmer, Gewerkschaftsfunktionäre als gleichberechtigte Verhandlungspartner zu akzeptieren. Die frühen Schieds- und Schlichtungsverfahren unter unparteiischer Leitung dienten gewissermaßen der Einübung in friedliche und routinemäßige Kollektivverhandlungen. Die soeben angedeutete historische

---

6 1861 in Sachsen, 1869 im Norddeutschen Bund, 1872 im gesamten Deutschen Reich.

2.3 Von unilateralen zu bilateralen Regelungen

Sequenz vom Arbeitskampf über die Schlichtung zu Verhandlungen erscheint im entwickelten Tarifvertragssystem – in exakter Umkehr – als eine rationale Abfolge von Regelungsstufen zur Beilegung eines Tarifkonflikts: Am Anfang stehen *Verhandlungen*; scheitern diese, folgt gewöhnlich die *Schlichtung*; kann sie den Interessenkonflikt nicht lösen, bleibt – als ultima ratio – der *Arbeitskampf* (s. dazu das nächste Kapitel).

Auch auf *betrieblicher Ebene* reichen die Konflikte zwischen Kapital und Arbeit bis in die Anfänge der Industrialisierung zurück. Zentraler Konfliktgegenstand waren die Anwendungsbedingungen der für eine bestimmte Zeitperiode gekauften Arbeitskraft. Anders gesagt, ging es darum, wer die Arbeitsbedingungen festlegt und wer die Arbeitsverausgabung kontrolliert. Auch hier können wir eine ähnliche Entwicklung von unilateralen Regelungen und Konfliktstrategien zu paritätischen Abkommen verfolgen.

In der Frühzeit der Industrialisierung gab es zwei Formen der einseitigen Festsetzung der Arbeitsbedingungen. Die weit überwiegende war die der Festsetzung durch autokratische und patriarchalische Unternehmer. „Wenn ein Fabrikunternehmen gedeihen soll", äußerte z.B. der Saarindustrielle Stumm, „so muss es militärisch, nicht parlamentarisch organisiert sein." (Zit. n. Teuteberg 1961: 298) Eine andere Form der einseitigen Festlegung der Arbeitsbedingungen war in kleingewerblichen Sektoren mit hochorganisierten Gruppen gelernter Handwerker zu finden. Besonders die englische Sozialgeschichte ist reich an Beispielen autonomer Regulierung von „work rules" durch Berufsgewerkschaften, die eine faktische Kontrolle über das Arbeitsangebot ausübten.[7] Ob als ungeschriebene oder in den Satzungen schriftlich fixierte Regeln, die traditionellen Berufs- und Arbeitsnormen galten den Berufsgewerkschaften lange Zeit als innergewerkschaftliche Angelegenheit und waren als solche auch nicht verhandlungsfähig.

Fanny Imle (1907) hat diese beiden Formen unilateraler Regulierung von Arbeitsbedingungen einmal als „Unternehmerabsolutismus", ein andermal als „Gehilfenabsolutismus" bezeichnet. Ersterer ist auch heute noch für weite Bereiche unternehmerischer Produktionsentscheidungen die übliche Form der Regulierung (in diesem Fall spricht man von Unternehmerfunktion, Direktionsrecht und

---

7   Hierzu diente die gewerkschaftliche Zwangsmitgliedschaft (*Closed Shop*), die Betriebssperre (den Mitgliedern wird verboten, in bestimmten Betrieben die Arbeit aufzunehmen) und der „Streik im Detail" oder sogenannte Aufkündigungsstreik, der in der Weise praktiziert wurde, dass Arbeiter ihre Stelle kündigten, andere sich einstellen ließen, um nach kurzer Beschäftigung ebenfalls zu kündigen; das Spiel wurde solange fortgesetzt, bis der Unternehmer die von der Berufsgewerkschaft festgesetzten Löhne und Arbeitsbedingungen akzeptierte.

Managementprärogative); letztere hat heute allenfalls in informellen Normen der Leistungsrestriktion („Bremsen") überlebt.

Die Frühformen institutionalisierter betrieblicher Arbeitervertretung gingen aus den freiwilligen betrieblichen Sozialeinrichtungen hervor, den Vorständen der Fabrikkrankenkassen. Der Gesetzgeber befasste sich erstmals mit der Gewerbeordnungsnovelle von 1891 mit der betrieblichen Interessenvertretung: die Novelle sah die Einrichtung von freiwilligen (fakultativen) Arbeiterausschüssen vor. Obligatorische Arbeiterausschüsse wurden 1905, nach einem großen Streik, in allen größeren Bergwerken gesetzlich eingeführt. Schließlich schrieb das während des Ersten Weltkrieges erlassene Gesetz über den vaterländischen Hilfsdienst ab 1916 für die gesamte Industrie obligatorische Arbeiterausschüsse vor. Nach dem Ersten Weltkrieg wurde mit dem Betriebsrätegesetz von 1920 erstmals die Institution des *Betriebsrates* geschaffen, die nach dem Zweiten Weltkrieg mit dem Betriebsverfassungsgesetz von 1952 wieder eingerichtet wurde (s. dazu das nächste Kapitel). Mit der Institutionalisierung einer betrieblichen Interessenvertretung der Arbeitnehmer konnte sich auch auf dieser Ebene ein System bilateraler Verhandlungen und paritätischer Vereinbarungen zwischen Management und Betriebsrat entwickeln.

2.4 Zusammenfassung

Historische Genese und Entwicklung eines Systems industrieller Beziehungen, dessen Hauptbestandteile im 1. Kapitel erörtert wurden, haben ihren primären Grund in dem für industriekapitalistische Gesellschaften typischen *Lohnarbeitsverhältnis*, dessen gesellschaftliche Voraussetzungen wiederum *freie Arbeitsmärkte* und *Fabriksystem* sind.

Die dem Lohnarbeitsverhältnis zugrundeliegende Konfliktkonstellation setzt historisch eine soziale Dynamik frei, in deren Verlauf sich neue, kollektive Akteure konstituieren, die durch interessegeleitetes und strategisches Handeln neue Institutionen bilden, welche wiederum deren künftige Ziele und Strategien beeinflussen.

Die wiederkehrenden Interessenkämpfe zwischen lernfähigen Akteuren mit konfligierenden Zielen lösen Prozesse institutioneller Innovationen aus, die sich in relativ dauerhaften Kompromissstrukturen – *geronnenen Interessenkonstellationen* – niederschlagen. Das auf diese Weise entstehende Organisations- und Institutionensystem der *industriellen Beziehungen* wird in historischen Knotenpunkten durch spezifische Kräfteverhältnisse und Interessenarrangements zwischen Kapital, Arbeit und Staat geprägt. Es ist weder durch externe Bedingungen

2.4 Zusammenfassung

hinreichend determiniert noch durch die beteiligten Akteure bewusst geplant worden, sondern muss – in erster Annäherung – als Resultante im Kräfteverhältnis zwischen strategisch handelnden Akteuren begriffen werden.

Sein wichtigster evolutionärer Zugewinn ist der „Sieg des Paritätsgedankens" (Neumann 1978: 161), d.h. die Ersetzung *unilateraler* durch *bilaterale* Regelungen.

Ein derartiges Regelungssystem gewinnt – zumal wenn seine Institutionalisierung von staatlicher Seite ratifiziert wird – zwar eine relative Stabilität und Resistenz gegenüber Umweltveränderungen, bleibt aber prinzipiell vom Kräfteverhältnis der Akteure abhängig; relevante Verschiebungen zwischen ihnen führen gewöhnlich auch zu Änderungen im Regelungssystem.

Der evolutionäre Prozess der Entstehung und Selektion von Institutionen ist von der Logik der Macht und Gegenmacht bestimmt. Er folgt in den einzelnen Industriegesellschaften nationalspezifischen *Entwicklungspfaden* (deren Verlauf unter anderem von den dominanten politischen und rechtlichen Traditionen des Landes, von den politisch-ideologischen Orientierungen der Akteure sowie von den spezifischen Interessenkonstellationen und Machtverhältnissen zwischen den Akteuren beeinflusst wird). Pfadabhängigkeit bedeutet, dass in einer formativen Periode spezifische Institutionen geschaffen werden, an die die weitere Institutionenbildung anschließt. Institutioneller Wandel erfolgt vornehmlich in historischen Knotenpunkten (als solche gelten gemeinhin Weltkriege, Weltwirtschaftskrisen, große historische Arbeitskämpfe, Machtwechsel in Demokratien, Regierungsbeteiligung sozialdemokratischer Parteien), die die Machtverhältnisse zwischen den Akteuren verändern und Chancen für eine Neuordnung des institutionellen Rahmens eröffnen. Gleichwohl ist ein typischer Verlauf und ein verallgemeinerbares Ergebnis für alle industriekapitalistischen Länder des Westens zu konstatieren. Nicht nur erhielten die Arbeitnehmer überall das Recht, staatlich unabhängige und gegnerfreie Gewerkschaften zu bilden und soziale Zugeständnisse ihrer Arbeitgeber mit Kampf- und Druckmitteln zu erringen, sondern überall entstanden auch Regelsysteme, die ihre – meist repräsentative – Beteiligung an der Regulierung der Arbeitsverhältnisse sicherstellen.

Abbildung 3 stellt die industriellen Beziehungen als ein Organisations- und Institutionensystem zwischen Kapital und Arbeit dar, wie es uns heute in Deutschland geläufig ist.

Die zwischen Kapital und Arbeit stattfindenden Auseinandersetzungen lassen sich als Verteilungs- und Arbeitskonflikte beschreiben. Wir haben auf beiden Seiten stabile Organisationen – Gewerkschaften und Arbeitgeberverbände –, die Träger und Garanten des Systems der Tarifautonomie sind. Die Tarifautonomie ist das wichtigste Teilsystem im gesamten Regelungssystem. Es überlässt den Tarifvertragsparteien in einem staatlicherseits gewährten Freiraum die autonome

Gestaltung der Arbeitsverhältnisse und ihrer eigenen Beziehungen mit prinzipiell offenem Ausgang. Auf betrieblicher Ebene bestehen Repräsentations- und Verhandlungsorgane auf beiden Seiten, die im Rahmen der Betriebsverfassung verbindliche Vereinbarungen abschließen. In großen Kapitalgesellschaften ergänzt die Mitbestimmung von Arbeitnehmervertretern im Aufsichtsrat in gewisser Weise die betriebliche Mitbestimmung. Neben Tarifverträgen und Betriebsvereinbarungen bilden auch heute noch traditionelle Praktiken und informelle Normen durchsetzungsfähiger Arbeitsgruppen sowie einseitige Festsetzungen durch Meister und andere Vorgesetzte, aber zunehmend auch Formen direkter Partizipation die Quellen der für die einzelnen Arbeitsverhältnisse bestimmenden Arbeitsnormen und Lohnsätze.

Abbildung 3 Industrielle Beziehungen als Organisations- und Institutionensystem zwischen Kapital und Arbeit

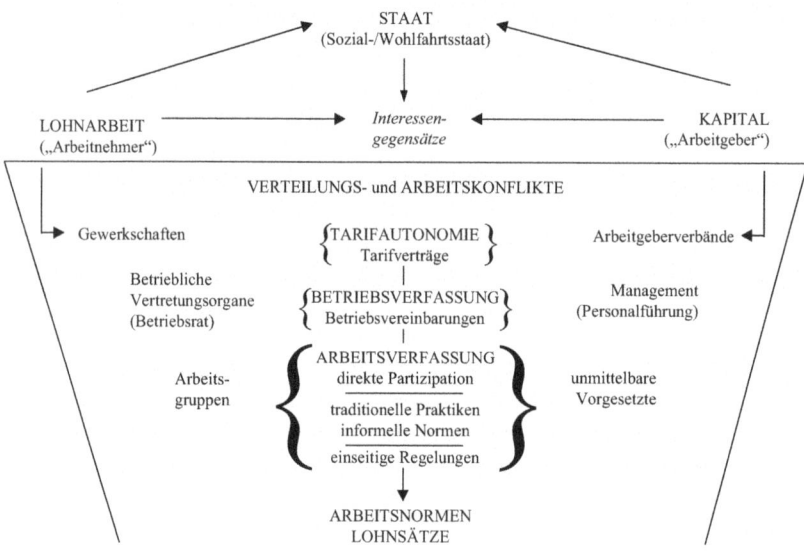

Das in der *Abbildung 3* eingezeichnete Trapez schließt jenes Organisations- und Institutionengeflecht ein, das sich im 20. Jahrhundert zwischen Lohnarbeit und Kapital geschoben hat und zur Entschärfung und Kanalisierung der Konflikte zwischen beiden Seiten wesentlich beitrug. Dieses Organisations- und Institutionengeflecht sind die *industriellen Beziehungen*.

Auf sie wirkt der moderne Staat, als Sozial- und Wohlfahrtsstaat, in vielfältiger Weise ein. Neben Arbeitsschutzgesetzen und dem System der Sozialversicherung sind es vor allem das individuelle und kollektive Arbeitsrecht sowie die Wirtschafts- und Beschäftigungspolitik, die Rahmenbedingungen setzen und dadurch indirekt die Arbeitsverhältnisse mitgestalten und zugleich die Interessengegensätze zwischen Kapital und Arbeit entschärfen.

Entschärfung der Interessengegensätze bedeutet nicht ihre Aufhebung, sondern ihre Kanalisierung durch Institutionen, die die jeweiligen Akteure – sei es auf betrieblicher oder überbetrieblicher Ebene – teils selbst geschaffen, teils mit staatlicher Unterstützung ins Leben gerufen haben. Innerhalb dieses institutionellen Geflechts fungieren die Kapital und Arbeit repräsentierenden Sozialparteien als Organisationen des Interessenmanagements, die das Geschäft der pragmatischen Austragung der Interessengegensätze durch Verhandlungen, Schlichtungen und – als ultima ratio – Arbeitskämpfe übernehmen. Der Verfasser dieses Buches hat für dieses in historischen Lernprozessen herausgebildete System von Institutionen und Organisationen mit eingespielten und durch Machtprozesse gestützten Praktiken der kontrahierenden Akteure (Kontrahent im Doppelsinn von Gegner und Vertragspartner) den Begriff der *Konfliktpartnerschaft* geprägt (Müller-Jentsch 1999: 8-10; Müller-Jentsch 2013: 92-96). Er tritt in Konkurrenz zum Begriff der *Sozialpartnerschaft*, der die Interessengegensätze und ihr Konfliktpotential banalisiert, und zum Begriff des Klassenkampfs, der das gemeinsame Interesse an verlässlichen Vereinbarungen mit effektiven (*Win-win-*)Ergebnissen verdrängt.

In diesem Kapitel wurden die Entstehungsbedingungen und historischen Entwicklungen der industriellen Beziehungen, ihrer Institutionen und Akteure, dargestellt.

Übungsaufgaben:

1. *Welche Bedeutung haben Arbeitsmarkt und Fabrikarbeit für die Entstehung der industriellen Beziehungen?*
2. *Skizzieren Sie den historischen Entwicklungsgang der zentralen Organisationen (Akteure): Gewerkschaften und Arbeitgeberverbände!*
3. *Was versteht man unter Pfadabhängigkeit?*
4. *Nennen Sie verwandte Bezeichnungen zum Begriff „Konfliktpartnerschaft" und erklären Sie die Unterschiede zwischen ihnen?*

Interessenvertretung im dualen System 3

Nach der Machtübernahme der Nationalsozialisten im Jahre 1933 waren die Gewerkschaftshäuser besetzt, die Organisationen zerschlagen und die betrieblichen Interessenvertretungen aufgelöst worden. Für die Regelung der Tarifverhältnisse und des Arbeitsschutzes wurden vom Staat sog. „Treuhänder der Arbeit" eingesetzt, die als Reichsbeamte dem Reichsarbeitsminister unterstellt waren. Für den Betrieb galt das Prinzip der „Betriebsgemeinschaft", an deren Spitze der Unternehmer als „Betriebsführer" stand, der über den Inhalt der „Betriebsordnung", die alle nicht gesetzlich festgelegten Aspekte des Arbeitsverhältnisses regelte, faktisch allein entschied. Arbeitnehmer und Arbeitgeber wurden mit der ideologischen Phrase von der „Volksgemeinschaft" zu Zwangsmitgliedern der nationalsozialistisch geführten Deutschen Arbeitsfront gemacht (Näheres drüber in Mason 1977 und Schneider 1999). Diese Maßnahmen stellten eine vollkommene Entmachtung und Entrechtung der Arbeiterschaft und ihrer Organisationen dar.

Nach dem Ende der nationalsozialistischen Herrschaft wurden die Organisationen und Institutionen der industriellen Beziehungen in der Bundesrepublik neu aufgebaut, wobei zum Teil an die während der Weimarer Republik geschaffenen Einrichtungen angeknüpft wurde.

In diesem Kapitel werden nach einer Darstellung der Hauptakteure – Gewerkschaften und Arbeitgeberverbände – die wichtigsten Institutionen der Interessenvertretung erläutert, die in der Bundesrepublik ein zweistufiges oder „duales System" bilden.

3.1 Gewerkschaften

Der organisatorische Neuaufbau der deutschen Gewerkschaften im westlichen Teil des ehemaligen Deutschen Reiches, dem Territorium der späteren Bundesrepublik, erfolgte nach dem Zweiten Weltkrieg anfangs unter der Kontrolle der westlichen Besatzungsmächte. Zunächst auf betriebliche und örtliche Aktivitäten beschränkt, konnten sich die Gewerkschaften erst allmählich zu überregionalen Organisationen aufbauen. Ein 1947 in Frankfurt am Main gegründeter multizonaler Gewerkschaftsrat arbeitete eine Organisationsstruktur aus, die – nach der Konstituierung der Bundesrepublik Deutschland – auf dem Gründungskongress des Deutschen Gewerkschaftsbundes (DGB) 1949 in München beschlossen wurde. Damals wurden 16 Industriegewerkschaften für das gesamte Bundesgebiet gegründet. Als 17. Einzelgewerkschaft schloss sich 1978 die Gewerkschaft der Polizei dem DGB an. Nach der Fusion zweier Gewerkschaften, der IG Druck und Papier mit der Gewerkschaft Kunst, zur IG Medien zählte der DGB ab 1989 wieder 16 Mitgliedsgewerkschaften, und das sollte bis Ende der 1990er Jahre auch so bleiben.

Dachverbände und Mitgliedsgewerkschaften

Mit der Durchsetzung des Organisationsprinzips der *Einheitsgewerkschaft* haben die Gründer des DGB aus den Erfahrungen der Weimarer Republik und ihres schrecklichen Endes die Konsequenz gezogen, alle Arbeitnehmer – unabhängig von ihren politischen und weltanschaulichen Überzeugungen – gemeinsam in einer Gewerkschaft zusammenzufassen, die jeweils für alle Arbeiter, Angestellten und Beamten eines Wirtschaftszweiges oder einer Industriegruppe zuständig ist (Organisationsprinzip *Industriegewerkschaft*).

Neben den im DGB zusammengeschlossenen Industriegewerkschaften existieren gesonderte „Standesorganisationen" der Angestellten (bis 2001: *Deutsche Angestellten-Gewerkschaft* – DAG) und der Beamten (*Deutscher Beamtenbund* – DBB) sowie kleinere Berufsverbände (der Piloten, der Ärzte, der Journalisten und der Lokomotivführer). Schließlich ist noch der 280.000 Mitglieder zählende *Christliche Gewerkschaftsbund* (CGB*)* zu nennen, ein Dachverband mit 14 Einzelgewerkschaften, der Arbeiter, Angestellte und öffentliche Bedienstete organisiert und – seinem Selbstverständnis nach – sich als eine Konkurrenzorganisation zum DGB versteht; als Tarifvertragspartei hat er jedoch kaum Gewicht. In den Mitgliedsgewerkschaften des DGB sind rund 80 Prozent aller Gewerkschaftsmitglieder organisiert.

3.1 Gewerkschaften

Nach dem politischen Umbruch in der DDR und dem von der DDR-Volkskammer beschlossenen Beitritt der DDR zur Bundesrepublik fassten die Gewerkschaften des *Freien Deutschen Gewerkschaftsbundes* (FDGB) der DDR den Beschluss zu ihrer Auflösung und forderten ihre Mitglieder zum Beitritt in die Gewerkschaften des DGB auf, so dass nach der deutschen Vereinigung am 3. Oktober 1990 auch die Einheit der Gewerkschaften wiederhergestellt wurde. Praktisch bedeutete dies, dass die Einzelgewerkschaften des DGB ihre Organisationsbereiche auf das Territorium der ehemaligen DDR ausdehnten (DAG und DBB folgten dieser Praxis).

Mit der gewerkschaftlichen Expansion in die neuen Bundesländer erhielt die bereits durch längerfristige Entwicklungen angestoßene Diskussion über eine Reorganisation des DGB neue Anlässe. Die Abgrenzungen der Organisationsbereiche im FDGB waren denen im DGB ähnlich, aber nicht deckungsgleich. Darin erkannten einige Gewerkschaften, deren Mitgliederpotential durch den sektoralen Strukturwandel schrumpft, die Chance, mit einer „elastischen" Erweiterung ihrer überkommenen Organisationsdomäne angrenzende Rekrutierungsfelder zu erschließen. Die daraus resultierenden Abgrenzungskonflikte zwischen einzelnen Gewerkschaften musste der DGB durch Schiedsspruch schlichten; er tat dies auf der Basis des für die alte Bundesrepublik geltenden Organisationszuschnitts der Einzelgewerkschaften. Damit war freilich die Debatte über eine grundlegende gewerkschaftliche Organisationsreform und über die zukünftige Rolle des DGB noch lange nicht beendet.

Beginnend in der zweiten Hälfte der 1990er Jahre wurde die traditionelle, auf dem Prinzip des Industrieverbands basierende Organisationsstruktur des DGB durch zahlreiche (und teils überraschende) Fusionen umgekrempelt. So haben sich 1996 die IG Bau-Steine-Erden und die Gewerkschaft Gartenbau, Land- und Forstwirtschaft zur neuen IG Bauen-Agrar-Umwelt (IG BAU) zusammengeschlossen. Im Jahre 1997 vereinigten sich IG Chemie-Papier-Keramik, IG Bergbau und Energie sowie Gewerkschaft Leder zur IG Bergbau, Chemie, Energie. In den Jahren 1998 und 1999 schlossen sich die Gewerkschaft Textil-Bekleidung und die Gewerkschaft Holz und Kunststoff der IG Metall an, ohne dass eine Namensänderung vorgenommen wurde. Eine Großfusion von fünf Dienstleistungsgewerkschaften erfolgte 2001: Unter Einschluss der DAG schlossen sich vier weitere Gewerkschaften, die Gewerkschaften Öffentlicher Dienst, Transport und Verkehr, Handel, Banken und Versicherungen, die Deutsche Postgewerkschaft und die IG Medien, zur Vereinten Dienstleistungsgewerkschaft (ver.di) zusammen. Sie verdrängten damit, freilich nur für wenige Jahre, die IG Metall vom Spitzenplatz der größten Einzelgewerkschaft (nicht nur Deutschlands, sondern der Welt).

Seit dem Jahr 2002 ist der DGB nur noch Dachorganisation für folgende acht Gewerkschaften (nach ihrer Mitgliederzahl geordnet):

- IG Metall
- ver.di – Vereinte Dienstleistungsgewerkschaft
- IG Bergbau, Chemie, Energie
- Gewerkschaft Erziehung und Wissenschaft
- IG Bau-Agrar-Umwelt
- Gewerkschaft Nahrung-Genuss-Gaststätten
- Eisenbahn- und Verkehrsgewerkschaft
- Gewerkschaft der Polizei

Bei den Fusionen ging es nicht primär um die Bereinigung umstrittener Organisationsabgrenzungen, vielmehr erfolgte die „Partnerwahl" teilweise nach dem Kriterium ähnlicher gewerkschaftspolitischer Grundüberzeugungen. Die tieferen Gründe lagen jedoch in finanzieller Notlage und schrumpfendem Mitgliederpotential sowie in der Stärkung des verbandlichen Einflusses innerhalb des DGB.

Fast alle Gewerkschaften leiden seit Jahren unter einer anhaltenden Schrumpfung ihrer Mitgliederzahlen. Der nach dem Zusammenschluss erzielte enorme Mitgliederzuwachs erwies sich als Scheinblüte; denn der bald darauf erfolgte Zusammenbruch der industriellen Basis in den neuen Bundesländern führte zu massiven Arbeitsplatzverlusten und damit einhergehendem Mitgliederschwund.

Ende 2015 zählte der DGB noch 6,1 Mio. (1991: 11,8 Mio.) Mitglieder, der Deutsche Beamtenbund (DBB) rund 1,3 Mio. (vgl. *Tabellen 1* und *2*). In den letzten Jahren hat sich der Mitgliederverlust verlangsamt; fünf der acht Mitgliedsgewerkschaften des DGB konnten sogar über steigende Mitgliederzahlen berichten. Mit einem aus den USA stammenden Konzept der Mitgliedergewinnung: *Organizing* versuchen die Gewerkschaften, allen voran IG Metall und ver.di, mit einer Strategie offensiver Mitgliedergewinnung den Schwund umzukehren: Als „mitgliederorientiere Offensivstrategie" bezeichnete der vormalige Vorsitzende der IG Metall, Detlef Wetzel, das „German Organizing" (Wetzel 2013: 22 ff.).

3.1 Gewerkschaften

Tabelle 1 DGB: Mitgliedsgewerkschaften und ihre Mitglieder, Stand 31.12.2015)

Gewerkschaft	Insgesamt	Anteil in %	Männer	Frauen	Beamte
IG Metall	2.273.743	37,3	1.867.759	405.984	
Vereinte Dienstleistungsgewerkschaft (ver.di)	2.038.638	33,4	978.047	1.060.591	136.739
IG Bergbau, Chemie, Energie (IG BCE)	651.181	10,7	513.717	137.464	281
Gew. Erziehung und Wissenschaft (GEW)	280.678	4,6	79.580	201.098	116.991
IG Bauen-Agrar-Umwelt (IG BAU)	273.392	4.5	204.873	68.519	803
Gew. Nahrung-Genuß-Gaststätten (NGG)	203.857	3,3	118.503	85.354	
Eisenbahn- und Verkehrsgew. (EVG)	197.094	3,2	154.538	42.556	21.844
Gew. der Polizei (GdP)	176.930	2,9	134.739	42.191	154.088
DGB-Gesamt	6.095.513	100,0	4.051.756	2.043.757	430.746

Quelle: DGB-Mitgliederstatistik,
http://www.dgb.de/uber-uns/dgb-heute/mitgliederzahlen/2010

Neben DGB und DBB vertreten sogenannte Spartengewerkschaften bestimmte Berufssegmente. Zu ihnen zählen:

- Vereinigung Cockpit (VC), die Vertretung der Piloten, mit 9.300 Mitgliedern
- Gewerkschaft der Flugsicherung (GdF) mit 3.800 Mitgliedern
- Unabhängige Flugbegleiter Organisation (UFO) mit 10.000 Mitgliedern
- Gewerkschaft der Lokomotivführer (GDL) mit 34.000 Mitgliedern
- Marburger Bund (MB), die Vertretung der Klinikärzte, mit 114.000 Mitgliedern (Keller 2015: 10) .

Mitglied eines Dachverbandes ist allein die Gewerkschaft der Lokführer, die im DBB organisiert ist. Die übrigen Berufsgewerkschaften agieren als unabhängige Organisationen. Alle haben sich in den vergangenen Jahrzehnten mit öffentlichkeitswirksamen Streiks und Protestaktionen für die Interessen ihrer Mitglieder zu Wort gemeldet.

Organisationsgrad

Ein wichtiger Indikator für gewerkschaftliche Stärke bzw. Verhandlungsmacht, ist der *Organisationsgrad*. Er bezeichnet den prozentualen Anteil der aus dem gesamten Mitgliederpotential Organisierten, d.h. das Verhältnis von Gewerkschaftsmitgliedern zur Gesamtzahl der abhängig Beschäftigten bzw. der abhängigen Erwerbspersonen (= Beschäftigte + Arbeitslose).[8] Am Organisationsgrad ist der gewerkschaftliche Rekrutierungserfolg unter den potentiellen Mitgliedern ablesbar. Probleme bei der Mitgliederrekrutierung ergeben sich aus der Möglichkeit des „Trittbrettfahrens" für Nichtmitglieder, die von den gewerkschaftlichen Erfolgen profitieren.[9] und den Erschwernissen, die Arbeitgeber beitrittswilligen Arbeitnehmern bereiten können. Gegenüber Unternehmern und dem Staat indiziert der Organisationsgrad, in welchem Maße eine Gewerkschaft die zu ihrem Organisationsbereich gehörenden Arbeitnehmer organisiert hat und welchen Anspruch an Repräsentativität sie bei der Vertretung von Arbeitnehmerinteressen erheben kann.

Insbesondere in wirtschaftswissenschaftlich orientierten Theorien wird der Organisationsgrad mit der Verhandlungsmacht (*bargaining power*) einer Gewerkschaft gleichgesetzt und seinen Veränderungen eine für die Lohnentwicklung determinierende Rolle zugeschrieben. Gewerkschaftlicher Organisationsgrad und seine Veränderungen indizieren indessen allein ein Macht*potential*, das nicht mit faktischer Kampfkraft gleichgesetzt werden kann, und zwar aus folgenden Gründen:

a) gewerkschaftliche Macht kann sich auch in anderen Formen als der von Lohnmilitanz äußern;
b) von gewerkschaftlicher Macht wird nicht notwendig Gebrauch gemacht;

---

8 Zu den verschiedenen Organisationsgraden, ihrer Berechnung und ihrer Aussage vgl. Müller-Jentsch 1997: 123ff.

9 So kommen tarifvertragliche Verbesserungen (z.B. Lohnerhöhungen oder Arbeitszeitverkürzungen) in der Regel auch Nichtmitgliedern zugute. In der verbandstheoretischen Literatur wird dies als „Trittbrettfahrer-" bzw. „Kollektivgut"-Problem behandelt, das großen Organisationen wie den Gewerkschaften die Rekrutierung und Bindung von Mitgliedern erheblich erschwert (vgl. dazu Olson 1992).

3.1 Gewerkschaften

c) ausgeübte Macht ruft Widerstand und Erhöhung gegnerischer Macht hervor, so dass Veränderungen der Lohnsätze nur als Resultat zweier (oder dreier) interagierender und sich gegenseitig limitierender Kräfte zu begreifen sind.

Über die Organisationsgrade der einzelnen Gewerkschaftsbünde gibt *Tabelle 2* Auskunft.

Tabelle 2 Gewerkschaftsmitglieder und Organisationsgrade, 1950-2015

	Deutscher Gewerkschaftsbund		Deutsche Angestellten-Gewerkschaft		Deutscher Beamtenbund		Insgesamt DGB+DAG +DBB	Abhängige Erwerbspersonen (b)
	Mitglieder und Organisationsgrad (a)							
	in Tsd.	in %	in Tsd.	in %	in Tsd.	in %	in %	in Tsd.
1950	5.450	35,7						15.254
1951	5.980	38,0	344	2,2	234	1,5	41,7	15.718
1955	6.105	34,4	421	2,4	517	2,9	39,6	17.768
1960	6.379	31,1	450	2,2	650	3,2	36,4	20.528
1965	6.574	30,0	476	2,2	703	3,2	35,4	21.904
1970	6.713	30,0	461	2,1	721	3,2	35,3	22.395
1975	7.365	31,3	470	2,0	727	3,1	36,4	23.541
1980	7.883	31,9	495	2,0	821	3,3	37,2	24.722
1985	7.719	29,1	501	1,9	796	3,0	34,0	26.490
1990	7.938	27,8	509	1,8	799	2,8	32,4	28.539
1991 (c)	11.800	33,0	585	1,6	1.053	2,9	38,4	37.116
1995	9.355	25,5	507	1,4	1.076	2,9	29,8	36.664
2000	8.223	21,6	451	1,2	1.205	3,2	26,0	38.003
2001	7.899	20,7	Fusion mit verdi/ DGB		1.211	3,2	23,9	38.126
2005	6.778	17,7			1.275	3,3	21,0	38.210
2010	6.193	15,9			1.261	3.2	19,1	38.894
2015	6.095	15,0			1.280	3,1	18,1	40.650

(a) Brutto-Organisationsgrad: Anteil Gewerkschaftsmitglieder an abhängigen Erwerbspersonen
(b) Abhängig Beschäftigte + Arbeitslose (gemäß ILO-Definition)
(c) ab 1991 Bundesgebiet West + Ost

Quellen: Statistische Jahrbücher, DGB Mitgliederstatistik, eigene Berechnungen

Die aufgeführten Spartengewerkschaften sind hoch organisiert; mit Ausnahme der UFO beträgt ihr Organisationsgrad zwischen 70 und 80 Prozent (Keller 2015: 10). Der Organisationsgrad sagt nichts über Intensität und Qualität der Mitgliederbindung aus; denn beruhen die Rekrutierungserfolge hauptsächlich auf „selektiven Anreizen", in Form von Sondervorteilen (Rechtsschutz, Weiterbildung, Ferienreisen etc.), dann handelt es sich um formale Mitgliedschaften, die kaum zur Erhöhung gewerkschaftlicher Kampfkraft beitragen. Die Zustimmung zu einem Streik geht weit über den Entschluss zum Gewerkschaftsbeitritt hinaus.

Die Organisationsbereitschaft der einzelnen Berufs- und Personengruppen ist sehr unterschiedlich; die einzelnen Gruppen waren 2014 (in DGB, DBB und CGB) wie folgt organisiert:[10]

- die Arbeiter 19,8 %,
- die Angestellten 15,1 %,
- die Beamten 34,1 %,
- die Männer 20,6 %,
- die Frauen 14,8 %.

Die höheren Organisationsgrade von Arbeitern und Männern erklären sich aus dem historisch bedingten Charakter der Gewerkschaften als Organisationen von Industriearbeitern. Neben Industriearbeitern, die gleichermaßen „Stammkunden" der Gewerkschaften sind, zählen die Beschäftigten des öffentlichen Dienstes zu den höchst organisierten Berufsgruppen. Indes entspricht die gegenwärtige Mitgliederstruktur der Gewerkschaften noch der Berufsstruktur der 1950er und 1960er Jahre. Die seitdem durch das Anwachsen der Angestelltenzahlen und die zunehmende Erwerbstätigkeit der Frauen eingetretenen Gewichtsverschiebungen finden noch nicht ihren adäquaten Ausdruck in der Mitgliederstruktur, wie die nachfolgende Gegenüberstellung der Anteile in der Berufsstruktur einerseits und der Mitgliederstruktur andererseits zeigt:[11]

	Berufsstruktur	Mitgliederstruktur
Arbeiter	25,0 %	28,2 %
Angestellte	68,2 %	58,5 %
Beamte	6,9 %	13,3 %
Frauen	46 %	37 %

---

10 Der Berechnung liegen Zahlen der Allgemeinen Bevölkerungsumfrage der Sozialwissenschaften (ALLBUS) von 2014 zugrunde. Sie beziehen sich nur auf beruflich aktive Mitglieder (ohne Arbeitslose und Rentner) (Biebeler/Lesch 2015: 711 und 713).
11 Daten nach Biebeler/Lesch 2015; Mitgliederstruktur nur aktive Mitglieder.

Im Vergleich der Berufs- mit der Mitgliederstruktur fällt wiederum die Unterrepräsentation der Angestellten und Frauen ins Auge.

Tarifvertragspartei

Ihren Funktionen und ihrem Selbstverständnis nach sind die Gewerkschaften Massenorganisationen, die tendenziell das gesamte Spektrum der Arbeitnehmer-Interessen zu repräsentieren beanspruchen, wenngleich die wirtschaftlichen und sozialen Interessen eindeutige Priorität haben. Von den zahlreichen Funktionen der Gewerkschaften interessieren uns hier vornehmlich jene, die sie als *Tarifvertragspartei* hat.

Am tarifpolitischen Prozess haben die Gewerkschaftsmitglieder doppelten Anteil: zum einen am Willensbildungsprozess, zum anderen am Prozess der Auseinandersetzung mit der Arbeitgeberseite. An der innerverbandlichen Willensbildung beteiligt sich in der Regel nur eine kleine Minderheit; nach Schätzungen beträgt der aktive Kern, der am gewerkschaftlichen Organisationsleben teilnimmt, nicht mehr als fünf bis zehn Prozent. Wird bei schwierigen Tarifverhandlungen der Einsatz von gewerkschaftlichen Kampfmitteln (Warnstreiks, Urabstimmung und Streik) erwogen, ist die Masse der Mitglieder aufgerufen, sich für die Ziele der Organisation aktiv einzusetzen. Im Streikfall müssen die Mitglieder unter persönlichen Opfern ihre Interessen selbst durchsetzen.

Wenn auch die Streikaktivitäten in der Bundesrepublik – im Vergleich zu anderen europäischen Ländern – in der Vergangenheit sehr gering waren, so finden doch in einzelnen Tarifbereichen regelmäßig Warnstreiks und, im mehrjährigen Turnus, große Durchbruchstreiks statt. Die „Tarifführer"-Gewerkschaft IG Metall hat viele ihrer tarifpolitischen Meilensteine erst durch die Mobilisierung und Kampfbereitschaft ihrer Mitglieder erreichen können (vgl. *Abbildung 4*).

Abbildung 4 Die großen Streiks der IG Metall, 1951-2010

Jahr		Konfliktgegenstand	Dauer	Streikbeteiligte
1951	Streik in der hessischen Metallindustrie	Lohnerhöhung	4 Wochen	80.000
1954	Streik in der bayerischen Metallindustrie	Lohn- und Gehalts-Erhöhung	3 Wochen	100.000
1956/57	Streik in der Metallindustrie Schleswig-Holsteins	Lohnfortzahlung im Krankheitsfall	16 Wochen	34.000
1963	Streik und Aussperrung in der Metallindustrie Baden-Württembergs	Lohn- und Gehalts-Erhöhung	2 Wochen	120.000
1971	Streik und Aussperrung in der Metallindustrie Baden-Württembergs	Lohn- und Gehalts-Erhöhung	3 Wochen	145.000
1973	Streik in der Metallindustrie Baden-Württembergs	Arbeitsorganisation und Leistungsbewertung	9 Tage	55.000
1974	Streik in der Metallindustrie Unterweser	Lohn- und Gehalts-Erhöhung	3 Wochen	31.000
1978	Streik und Aussperrung in der Metallindustrie Baden-Württembergs	Schutz vor Lohnabgruppierung	3 Wochen	85.000
1978/79	Streik und Aussperrung in der Stahlindustrie NRW	Arbeitszeitverkürzung (35-Std.-Woche)	6 Wochen	60.000
1984	Streik und Aussperrung in der Metallindustrie Hessens und Baden-Württembergs	35-Std.-Woche	7 Wochen	63.000
1993	Streik in der sächsischen Metallindustrie	fristlose Kündigung der Angleichungstarifverträge durch Arbeitgeber	2 Wochen	15.000
1995	Streik in der bayerischen Metallindustrie	Lohn- und Gehaltserhöhung	11 Tage	22.000
2003	Streik in der ostdeutschen Metallindustrie	35-Std.-Woche	4 Wochen	11.000
2006	Streik bei der AEG Nürnberg	Sozialtarifvertrag anlässlich der Werksschließung	6 Wochen	1.600
2010	Streik bei Atlas Maschinen GmbH, Delmenhorst etc.	Weitergeltung des Tarifvertrag nach Eigentümerwechsel	5 Wochen	650

Seit Mitte der 2000er Jahre hat sich das Arbeitskampfgeschehen zu den Beschäftigten des Dienstleistungs- und Transportgewerbes verlagert. Der Streikexperte des gewerkschaftsnahen Wirtschafts- und Sozialwissenschaftlichen Instituts, Heiner Dribbusch, spricht von einer „Tertiarisierung des Streiks" (Bewernitz/Dribbusch 2014)

In der deutschen Arbeitskampfstatistik stellt zwar die IG Metall aufgrund ihrer kurzfristigen, aber beteiligungsstarken Warnstreiks im Rahmen von Tarifrunden weiterhin die größte Zahl der Streikenden, aber im Hinblick auf Häufigkeit der Streiks und die Anzahl der Streiktage prägen zunehmend Ärzte, Piloten und Flugpersonal, Verkäuferinnen, Lokführer und Kita-Beschäftigte das öffentliche Bild der Streikenden. Die Dienstleistungsgewerkschaft ver.di, die jährlich über 1.000 Tarifverträge aushandelt, war zwischen 2004 und 2013 in über 1.200 Tarifauseinandersetzungen mit Arbeitsniederlegungen involviert (Bewernitz/Dribbusch 2014: 396). 2015 schlugen Streiks bei der Deutschen Post und im kommunalen Sozial- und Erziehungsdienst mit 1,5 Mio. Streiktagen zu Buche.

3.2 Arbeitgeberverbände

Im Gegensatz zu den Gewerkschaften decken Arbeitgeberverbände nicht das gesamte Interessenspektrum der von ihnen organisierten Unternehmen ab. Charakteristisch für die Verbandsbildung der Unternehmer in Deutschland ist eine dreigliedrige Organisierung:

1. Organisierung in *Arbeitgeberverbänden*, die die sozial- und tarifpolitischen Interessen der Unternehmer wahrnehmen. Die Dachorganisation der privatwirtschaftlichen Arbeitgeber ist die *Bundesvereinigung der Deutschen Arbeitgeberverbände (BDA)*.
2. Organisierung in *Wirtschaftsverbänden*, die die wirtschaftspolitischen Interessen (vornehmlich auf den Gebieten der Steuer-, Wettbewerbs- und Außenhandelspolitik) der verschiedenen Unternehmergruppen wahrnehmen. Hier ist der *Bundesverband der Deutschen Industrie (BDI)* die einflussreichste Dachorganisation.
3. Organisierung in *Industrie- und Handelskammern*, die öffentlich-rechtlichen Charakter mit Pflichtmitgliedschaft haben und die die gemeinsamen regionalen Interessen der gewerblichen Wirtschaft wahrnehmen. Zusammengefasst sind die Kammern in der Dachorganisation *Deutscher Industrie- und Handelstag (DIHT)*.

Nur mit geringfügigen Modifikationen wurden nach dem Vereinigungsprozess diese Verbandsstrukturen auch auf die neuen Bundesländer übertragen. Im Gegensatz zu den Gewerkschaften konnten die westdeutschen Unternehmerverbände dabei an keinerlei Vorgänger-Organisationen in der ehemaligen DDR anknüpfen.

Die Arbeitgeberverbände, mit denen wir uns im Folgenden ausschließlich befassen werden, weil sie allein für die industriellen Beziehungen zuständig sind, haben sich zu einer Dachorganisation der privaten Arbeitgeberverbände (BDA) zusammengeschlossen, die nicht nur Arbeitgeberverbände der Industrie, sondern auch des Handwerks, der Landwirtschaft, des Handels, des privaten Bankgewerbes, des Verkehrsgewerbes, des Versicherungssektors und sonstiger Dienstleistungen umfasst. Zu ihren unmittelbaren Mitgliedern gehören

- 51 *Fachspitzenverbände*, welche auf Bundesebene jeweils die regionalen Arbeitgeberverbände eines Wirtschaftszweiges zusammenfassen und
- 14 *überfachliche Landesverbände*, in denen die Arbeitgeberorganisationen des jeweiligen Bundeslandes zusammengefasst sind.

Die BDA ist ein Verband 3. Grades; ihre Mitgliedsverbände sind Verbände 2. Grades, deren Mitglieder wiederum Verbände sind. Den 51 Fachspitzenverbänden sind über 400 Landes- und Regionalfachverbände, den überfachlichen Landesverbänden über 700 überfachliche Regionalverbände angeschlossen. Erst die Arbeitgeberverbände auf dieser unteren Ebene haben Unternehmen als Mitglieder.

Die für Unternehmerorganisationen typische Konstruktion des „Verbände-Verbandes" sowie die separate Organisierung nach Wirtschafts- und Arbeitgeberverbänden haben ihren tieferen Grund in der Konkurrenzsituation der Unternehmen. Zentrales Organisationsproblem für die Gewerkschaften ist der „Trittbrettfahrer", für die Unternehmerverbände ist es die Konkurrenz. Um die Konkurrenz als organisationshemmenden Faktor zu neutralisieren, beschränkt sich die den Unternehmern abgeforderte Solidarisierung auf einen eng umgrenzten Ausschnitt unternehmerischer Interessen. Daraus erklärt sich die Vielzahl partikularer Elementarverbände, die sich stufenweise zu Verbänden 2. und 3. Grades aufbauen.

Nicht in der BDA organisiert sind die Arbeitgeber des öffentlichen Dienstes, die sich nicht der Verbandsdisziplin der privaten Arbeitgeber unterordnen wollen; diese wiederum haben Vorbehalte wegen der parteipolitischen Bindung und Durchdringung der Interessenvertretung innerhalb des öffentlichen Dienstes. Dem Prinzip des föderalistischen Staates folgend, sind die öffentlichen Arbeitgeber auf den drei Ebenen: Bund, Länder und Gemeinden tätig. Auf der Ebene der *Kommunen* bestehen kommunale Arbeitgeberverbände (KAV) als Vereinigungen von Arbeitgebern im Sinne des Tarifvertragsgesetzes. Die Verbandsgrenzen sind mit

3.2 Arbeitgeberverbände

denen der Bundesländer identisch. Die Spitzenorganisation ist die Vereinigung der kommunalen Arbeitgeberverbände (VKA). Die *Bundesländer* haben sich zur Tarifgemeinschaft deutscher Länder (TdL) zusammengeschlossen. Auf der Ebene des *Bundes* besteht keine verbandliche Organisation. Die Federführung liegt wegen seiner Zuständigkeit für alle besoldungsrechtlichen und tarifvertraglichen Regelungen der Beschäftigungsbedingungen beim Bundesinnenminister, der sich bei Verhandlungen mit dem Bundesfinanzminister berät. Das Gewicht zwischen den drei Ebenen verteilt sich nach dem Anteil der Beschäftigten im öffentlichen Dienst (Kommunen: 34,5 %, Länder: 52,4 %, Bund: 13,1 %) (iw 2015: 79).

Im Allgemeinen sind die Arbeitgeberverbände sehr zurückhaltend mit Daten über ihre Organisationsverhältnisse; gleichwohl gibt es Schätzungen von Experten und arbeitgebernahen Institutionen. Von den öffentlichen Arbeitgebern ist bekannt, dass sie einen höheren Organisationsgrad haben als die privaten Arbeitgeber. Die kommunalen Arbeitgeber sind fast zu 100 Prozent organisiert; nur einige Kommunen sind formell nicht Mitglied der Vereinigung kommunaler Arbeitgeberverbände. Der Tarifgemeinschaft deutscher Länder gehört seit 2004 nicht mehr das Land Hessen an.

Nach letzten Schätzungen liegt der Organisationsgrad der privaten Arbeitgeber für das Gebiet Bundesrepublik West bei etwa 70 Prozent der von den Mitgliedsfirmen in der Privatwirtschaft beschäftigen Arbeitnehmer (Traxler 2004: 48). Dass diese Schätzung überhöht sein dürfte, lässt sich daraus schließen, dass für den größten Mitgliedverband der BDA, *Gesamtmetall*, nur ein Organisationsgrad von um die 50 Prozent (bezogen auf den Anteil der in diesen Unternehmen Beschäftigten an der Gesamtzahl der in der Metall- und Elektroindustrie Beschäftigten) errechnet wurde (vgl. *Tabelle 3*).

Tabelle 3 Gesamtmetall – Arbeitgeberverbände der Metall- und Elektroindustrie: Mitgliederstand und Organisationsgrad, 1960-2005

Jahr	Mitgliedsfirmen		Beschäftigte in den Mitgliedsfirmen	
	abs.	Org.grad (a) %	abs.	Org.grad (b) %
Früheres Bundesgebiet				
1960	9.626		2.755.264	
1965	9.935		3.040.108	
1970	9.594		3.264.598	76.3
1975	9.471		2.865.519	73.3
1980	9.108	57.5	2.950.325	75.6
1985	8.374	54.6	2.817.186	76.7
1990	8.173	46.4	2.936.637	72.9

Fortsetzung Tabelle 3

Jahr	Mitgliedsfirmen		Beschäftigte in den Mitgliedsfirmen	
	abs.	Org.grad (a) %	abs.	Org.grad (b) %
1995	7.094	39.2	2.210.511	
2000	5.826		2.038.258	
2005	4.189		1.757.481	
2010	3.494		1.625.106	
2014	3.337	17.2	1.728.430	52,6
2014 (c)	6.481		3.417.302	
Ostdeutschland				
1991	1.365		535.066	65.7
1995	792	28.0	141.748	36.2
2000	426		82.214	28.9
2005	240		64.622	17.6
2010	218		65.204	
2014	217	4.6	78.685	17.0
2014 (c)	345		89.214	
Gesamtdeutschland				
1991	9.533		3.455.553	70.6
1995	7.886	37.7	2.352.259	65.2
2000	6.252		2.122.473	60.4
2005	4.425	19.6	1.822.103	53.4
2010			1.690.370	
2014		14.7	1.807.115	48.2
2014 (c)			3.854.635	

(a) Bezugsgröße: Anzahl der Unternehmen in der Metall- und Elektroindustrie
(b) Bezugsgröße: Anzahl der Beschäftigen in der Metall- und Elektroindustrie
(c) incl. Firmen ohne Tarifbindung (OT) und Beschäftigte in OT-Firmen
Quellen: Müller-Jentsch/Ittermann 2000 (bis 1995); www.gesamtmetall.de; eigene Berechnungen

Dem gegenüber verfügt der Bundesarbeitgeberverband Chemie mit neun Zehntel aller Chemieunternehmen, die rund 95 Prozent aller Arbeitnehmer der chemischen Industrie beschäftigen, über einen außerordentlich hohen Organisationsgrad (Müller-Jentsch 2007: 284). Nach Daten der EU lag der Organisationsgrad der deutschen Arbeitgeberverbände 2012 bei knapp unter 60 Prozent (Europäische Kommission 2015: 25).

3.2 Arbeitgeberverbände

Unternehmer sind wesentlich höher organisiert als die Arbeitnehmer. Verglichen mit dem Organisationsgrad der Gewerkschaften erfreuen sich die Arbeitgeberverbände eines deutlichen Organisationsvorsprungs, der in Deutschland eine lange Tradition hat. Die Wahrscheinlichkeit der Mitgliedschaft in einem Arbeitgeberverband steigt – einer Untersuchung von Schnabel/Wagner (1996: 299f.) zufolge – mit (a) der Größe und dem Alter des Betriebs, (b) dem branchenspezifischen Arbeitskampfrisiko und (c) dem Anteil der gewerkschaftlich organisierten Arbeitnehmer.

Großunternehmen sind in der Regel Mitglied eines Arbeitgeberverbandes. Eine prominente Ausnahme von dieser Regel bildet die ehemals bundeseigene Volkswagen AG, die sich seit ihrer Privatisierung keinem Arbeitgeberverband angeschlossen hat. Geringere Neigung zum Beitritt findet sich unter jüngeren, exportorientierten und zum tertiären Bereich gehörenden Unternehmen. Im Osten Deutschlands ist die Organisationsneigung der Arbeitgeber deutlich niedriger als im Westen (wie am Beispiel des größten Arbeitgeberverbandes, Gesamtmetall – vgl. *Tabelle 3* – deutlich erkennbar); zu erklären ist das mit den dort mehrheitlich kleineren und neu gegründeten Unternehmen. Generell verzeichnen seit den späten 1980er Jahren die Arbeitgeberverbände (wie die Gewerkschaften) einen Rückgang ihrer Mitgliederzahlen und ihres Organisationsgrades. Er resultiert zum einen aus den Austritten von Unternehmen, zum anderen aus Nichteintritten bei Neugründungen von Unternehmen.

Austritte erfolgen typischerweise nach einer längeren Phase der Unzufriedenheit mit der Tarifpolitik des Verbandes (Langer 1994; Schroeder/Ruppert 1996). Sie erfolgen mehrheitlich in der Kategorie mittlere Unternehmen (mit 100 bis 500 Beschäftigten) sowie Eigentümerunternehmen (Schroeder/Ruppert 1996). Unternehmen mit über 1000 Beschäftigten haben bislang selten ihrem Verband den Rücken gekehrt. Unbeschadet dessen haben in den letzten Jahren eine Reihe mittelgroßer Unternehmen (mit 500 bis 1000 Beschäftigten), unter ihnen einige größere Verlagshäuser, ebenfalls die „Verbandsflucht" ergriffen, um der Bindung von Flächentarifverträgen zu entgehen.

Gravierender als die Austritte sind auf Dauer wahrscheinlich die *Nichteintritte* in Arbeitgeberverbände zu werten. Während in Westdeutschland von „Verbandsflucht" gesprochen wird, heißt das vergleichbare Phänomen in Ostdeutschland „Verbandsabstinenz" (vgl. Ettl/Heikenroth 1996). So verzichteten nach der Privatisierung viele ehemalige Treuhandbetriebe, aber auch zahlreiche neugegründete ostdeutsche Firmen (unter ihnen auch Neugründungen von westlichen Unternehmen mit traditionellen Verbandsbindungen) häufig auf die Mitgliedschaft in einem Arbeitgeberverband. Aber selbst die formale Mitgliedschaft in einem Arbeitgeberverband garantiert noch nicht, dass der jeweils gültige Tarifvertrag auch von allen Mitgliedsunternehmen eingehalten wird.

Tarifpolitik ist der wichtigste Aufgabenbereich der Arbeitgeberverbände. Tarifverhandlungen und –abschlüsse werden durch die Fachverbände auf Bundes- und Landesebene getätigt; „Tarifführer"-Verband der Arbeitgeber ist Gesamtmetall. Die BDA übernimmt, insbesondere bei Tarifauseinandersetzungen von grundsätzlicher Bedeutung (wie z.B. Wochenarbeitszeitverkürzung), koordinierende Funktionen.

Charakteristisch für den öffentlichen Dienst ist der Dualismus im Rechtsstatus der Beschäftigtengruppen. Nur für die Arbeiter und Angestellten des öffentlichen Dienstes werden, wie in der Privatwirtschaft, Tarifverträge abgeschlossen, während die Dienstverhältnisse der Beamten auf der Basis der „hergebrachten Grundsätze des Berufsbeamtentums" (Art.33 Abs. 5 GG) ausschließlich durch Gesetze geregelt werden.

Öffentliche Kritik an der Tarifpolitik der Arbeitgeberverbände äußern seit einiger Zeit lautstark vor allem Vereinigungen mittelständischer Unternehmen (z.B. Arbeitsgemeinschaft Selbständiger Unternehmer, Bundesverband Junger Unternehmer). Sie plädierten für eine „gespaltene Mitgliedschaft" im Arbeitgeberverband, das heißt für die Wahlmöglichkeit zwischen einer Mitgliedschaft *mit* oder *ohne Tarifbindung*. Viele Arbeitgeberverbände sind mittlerweile dem Verlangen nach der Mitgliedschaft ohne Tarifbindung nachgekommen, indem sie parallel zu den traditionellen Verbänden mit Tarifbindung sog. OT-Verbände gegründet haben, von denen die Mitgliedsfirmen vornehmlich Serviceleistungen und Informationsdienste erwarten (Völkl 2002).

Bei der Diskussion über Vor- und Nachteile der Mitgliedschaft in Arbeitgeberverbänden wird meist hervorgehoben, dass ein unorganisiertes Unternehmen frei darüber entscheiden könne, welche Lohn- und Arbeitsbedingungen es anwendet. Vergessen wird dabei aber, dass ein einzelnes Unternehmen, auf sich allein gestellt, sehr angreifbar ist, wenn eine starke Gewerkschaft es mit Streik überzieht, um den Abschluss eines Firmentarifvertrags zu erzwingen. In der Regel werden Unternehmen, deren Belegschaften gewerkschaftlich gut organisiert sind, sich hüten, dem Arbeitgeberverband fernzubleiben.

Wichtigstes Kampfmittel der Arbeitgeber ist heute die *Aussperrung*. Die großflächige Aussperrung ist eine typische Abwehr- oder Gegenmaßnahme der Arbeitgeber bei gewerkschaftlichen Schwerpunktstreiks, die sich auf wenige, meist große und gewerkschaftlich hoch organisierte Betriebe beschränken. Durch Aussperrungen soll der gewerkschaftliche Streikfonds schneller aufgezehrt werden. Die aussperrenden Unternehmen erhalten von der sog. „Schutzgemeinschaft" (in die die Unternehmen einen Bruchteil ihrer Lohn- und Gehaltssumme einzahlen) die durch den Arbeitskampf entstehenden finanziellen Verluste zum großen Teil erstattet.

3.3 Duales System

Mit der historischen Entwicklung der industriellen Beziehungen haben sich verschiedenartige Institutionen und Regelungsverfahren ausdifferenziert, die, vergleicht man sie international, eine verwirrende Vielfalt zeigen. Ein erster Versuch zur Systematisierung kann bei den Regelungsebenen ansetzen. Es lassen sich die folgenden drei Ebenen unterscheiden:

- die MIKRO-Ebene oder der Betrieb bzw. das Unternehmen,[12]
- die MESO-Ebene oder die überbetriebliche bzw. sektorale Ebene,[13]
- die MAKRO-Ebene oder die gesamtwirtschaftliche und staatliche Ebene.

Auf der Makro-Ebene haben wir es entweder mit unilateralen staatlichen Regelungen zu tun oder mit – historisch erst später auftretenden – trilateralen Regelungen, die im nächsten Kapitel behandelt werden. Historisch und systematisch bilden die bilateralen Regelungen auf der betrieblichen und überbetrieblichen Ebene den *Kernbereich* der industriellen Beziehungen; hier werden zwischen den Akteuren von Kapital und Arbeit die kollektiven Verkaufs- und Anwendungsbedingungen der menschlichen Arbeitskraft ausgehandelt und vereinbart. Beide Regelungsmaterien können auf einer Ebene zusammengezogen werden, wie z.B. in Japan oder in weiten Teilen der britischen Industrie, wo die Gewerkschaften nur für jeweils ein Unternehmen zuständig sind (japanische Betriebsgewerkschaften) oder grundsätzlich Firmentarifverträge abschließen („single-employer bargaining" in Großbritannien). In Deutschland werden zwar auch Firmentarifverträge abgeschlossen, jedoch nur für weniger als 10 Prozent der beschäftigten Arbeitnehmer. Aber auch für sie gilt, dass sie auf Arbeitnehmerseite von Gewerkschaften und nicht etwa von Betriebsräten abgeschlossen werden.

Für die Bundesrepublik ist eine deutliche Funktionsdifferenzierung zwischen beiden Regelungsebenen charakteristisch, sie findet ihre strukturelle Verfestigung durch die rechtlich-institutionelle Trennung von *Tarifautonomie* einerseits und *Betriebsverfassung* andererseits. Mit dieser Trennung wurde nicht nur ein zweistufiges System der Interessenvertretung konstituiert (wie es auch für viele andere Länder Europas üblich ist), sondern zugleich die Grundlage für eine funktionale

---

12 Nach der Abbildung 1 gehören hierzu sowohl die *Betriebsverfassung* wie die *Arbeitsverfassung*; da letztere durch unilaterale und meist informelle Regelungen geprägt wird, findet sie in diesem Kapitel, das sich mit formellen bilateralen Regelungen beschäftigt, keine weitere Behandlung.

13 Auch: Industrie-/Wirtschaftszweig; sektoraler Arbeitsmarkt.

Differenzierung der Konfliktverarbeitung in zwei verschiedenen „Arenen"[14] mit jeweils unterschiedlichen Akteuren, abgegrenzten Konfliktgegenständen und divergierenden Konfliktlösungsverfahren gelegt.

In der Arena Tarifautonomie verhandeln und vereinbaren die kollektiven Akteure Gewerkschaften und Arbeitgeberverbände vorwiegend, wenn auch nicht ausschließlich die *Verkaufsbedingungen* der Arbeitskraft, d.h. in der Regel Lohnsteigerungen und Arbeitszeitverkürzungen (häufig auch als „quantitative" Interessen bezeichnet) sowie generalisierbare Rahmenregelungen. Interessenkonflikte werden notfalls auch durch Arbeitskämpfe ausgetragen.

In der betrieblichen Arena haben die Akteure Betriebsrat und Management die Aufgabe die *Anwendungsbedingungen* der Arbeitskraft zu regeln, das sind in der Regel „qualitative" Interessen, bezogen auf die konkreten Arbeitsbedingungen (wie Beginn und Ende der täglichen Arbeitszeit, Pausenregelungen, Leistungsanreize, Arbeitsplatzgestaltung, Besetzung und Bewertung der einzelnen Arbeitsplätze). Die in der betrieblichen Arena auftretenden Interessenkonflikte können nur mit schiedlich-friedlichen Regelungsverfahren, nicht aber auf dem Wege des Arbeitskampfes ausgetragen werden.

Auf dieser Differenzierung zwischen Konfliktgegenständen und Konfliktaustragungsformen in beiden Arenen basiert ein wichtiger *Selektionsmechanismus* des dualen Systems. Partikuläre und qualitative Interessen werden auf der betrieblichen Ebene geregelt und absorbiert, so dass die gewerkschaftliche Interessenvertretung auf sektoraler Ebene entlastet wird; sie kann sich auf die Wahrnehmung quantitativer, d.h. aggregierbarer Interessen beschränken. Über brancheneinheitliche Vereinbarungen kann eine Standardisierung der Lohnkosten und Arbeitszeiten herbeigeführt werden, ohne dass diese rigide in die betriebliche Praxis umgesetzt werden müsste. Vermittels der betrieblichen Verhandlungssysteme können sie den unternehmerspezifischen Gegebenheiten flexibel angepasst werden. Auf diese Weise bleiben den Unternehmen hinreichende Autonomiespielräume für eine eigenständige Lohnpolitik und langfristige Personalplanung. Diese Leistungen können als die *Flexibilitätsfunktion* des dualen Systems bezeichnet werden. Seit Mitte der 1980er Jahre findet eine deutliche Verlagerung im Sinne einer Ausformulierung kollektiver Regelungen auf die Betriebsebene („Verbetrieblichung" der Tarifpolitik) statt (vgl. dazu Kapitel 6 und 7).

Die beiden Arenen der Interessenvertretung bilden insofern eine „widersprüchliche Einheit" (Streeck 1979: 217), als der Transfer qualitativer Interessen von der betrieblichen auf die sektorale Ebene systematisch erschwert wird, organisatorische Macht hingegen nur durch den Transfer betrieblicher Kampfpotentiale auf die tarif-

---

14 Zum Arena-Konzept vgl. Kapitel 1.

politische Ebene ausgeübt werden kann. In ihrer Funktion als professionalisierte Interessenvertreter, die schon aus wahltaktischen Gründen an unmittelbaren Erfolgen interessiert sein müssen, ist von den Betriebsräten schwerlich zu erwarten, dass sie die an sie herangetragenen Beschwerden und konkreten Interessen unter dem Aspekt gewerkschaftlicher Vereinheitlichung wahrnehmen, bündeln und weitergeben. Für die Gewerkschaften, die großflächige Tarifverträge abschließen, ist es ohnehin leichter, quantitative Interessen zu aggregieren als qualitative Interessen zu einer von allen Mitgliedergruppen getragenen Forderungskonzeption zu vereinheitlichen. Da indessen die betriebliche Interessenvertretung nicht das Instrument des Arbeitskampfes einsetzen kann, bleibt das Kampfpotential betrieblicher Kollektive gewissermaßen für tarifpolitische Ziele der Gewerkschaften abrufbar.

Im Vergleich zu anderen nationalen Systemen industrieller Beziehungen ist das deutsche im starken Maße „verrechtlicht", d.h. durch Rechtsnormen strukturiert. Da „Rechtsfragen" häufig auch „Machtfragen" sind, ist der Gedanke nicht abwegig, dass Interessenkompromisse zu Rechtsinstitutionen geronnen sind. In den beiden folgenden Abschnitten werden die Arenen der Tarifautonomie und Betriebsverfassung unter dem Verrechtlichungsaspekt dargestellt.

3.4 Tarifautonomie

Tarifvertragsbeziehungen sind formalisierte und rechtlich sanktionierte Beziehungen zwischen Gewerkschaften auf der einen und Arbeitgeberverbänden oder einzelnen Arbeitgebern auf der anderen Seite. Durch sie werden auf dem Wege kontrollierter Konfliktregelungen und tarifvertraglicher Vereinbarungen die widerstreitenden Interessen von Kapital und Arbeit kompromissfähig gemacht, unter Einschluss sozialer Machtauseinandersetzungen in Form von Arbeitskämpfen.

Als gesellschaftliche Institution stellt die Tarifautonomie die Herrschaft des Kapitals über die Lohnarbeit ebenso wenig in Frage wie die Betriebsverfassung; sie setzt sie vielmehr als gesellschaftliches Strukturprinzip voraus. Da die Tarifautonomie gleichwohl die Anerkennung von Gewerkschaften als legitime Interessenvertretung der abhängig Beschäftigten und ihre Beteiligung an der Festsetzung der Lohn- und Arbeitsbedingungen voraussetzt, kann die organisierte Arbeiterschaft die Tarifautonomie auch als Medium und Instrument ihrer eigenen Interessenpolitik verstehen. Insgesamt ist der Tarifautonomie eine grundlegende Ambivalenz eigen. Der prinzipiell offene, unbestimmte Ausgang von Tarifauseinandersetzungen, deren Affinität zum Kompromiss und die Regelung durch mit der Materie vertraute Experten eröffnen Chancen für flexible und sachnahe Lösungen im Produktion- und Beschäftigungssystem. Da diese jedoch ebenso prinzipiell von sozialen Machtprozessen abhängig sind, bei denen strukturelle Interessengegensätze hineinspielen, sind Risiken unkontrollierter Dynamik und gesellschaftlicher Instabilität unvermeidbar. Die Frage nach den Funktionen der Tarifautonomie muss daher für die beiden Arbeitsmarktparteien und den Staat gesondert beantwortet werden. Für die Arbeitnehmer ist sie eine Institution zur Sicherung des Lebensstandards und erträglicher („humaner") Arbeitsbedingungen *(Schutzfunktion)*, zur Beteiligung am wachsenden gesellschaftlichen Wohlstand *(Verteilungsfunktion)* und – in Verbindung mit den Institutionen betrieblicher Demokratie – zur Mitbestimmung über die Anwendungsbedingungen der Arbeitskraft *(Partizipationsfunktion)*. Für die Unternehmer, die die Arbeitskraft kaufen und verwerten, dient die Tarifautonomie der Standardisierung von Lohnsätzen und Arbeitszeiten *(Kartellfunktion)*, der Herstellung überschaubarer, stabiler Lohnstrukturen und Arbeitsbedingungen *(Ordnungsfunktion)* sowie der Erzeugung von Kooperationsbereitschaft *(Befriedungsfunktion)*. Für den Staat schließlich hat die Ausdifferenzierung einer Sphäre autonomer Regulierung der Austausch- und Konfliktbeziehungen zwischen Kapital und Arbeit *Entlastungs-* und *Legitimationsfunktionen*. Er wird von der unmittelbaren Verantwortung für die jeweiligen Arbeitsbedingungen und für die ihrer Natur nach konfliktträchtigen Arbeitsbeziehungen entbunden. Arbeitskämpfe können in der Regel ohne Legitimationseinbußen für Staat und Regierung ausgetragen werden; beim Überschreiten kritischer Schwellenwerte kann die Regierung mit der Legitimation des „neutralen Vermittlers" in die Tarifauseinandersetzungen eingreifen. Überdies verfügt sie mit der möglichen Androhung einer Veränderung der rechtlichen Rahmenbedingungen über ein effektives Drohpotential gegenüber den Tarifparteien.

Die gesellschaftliche Effektivität der Tarifautonomie wird letztlich daran gemessen, ob sie 1. Konflikte auf ein tolerierbares Maß eindämmen und kanalisieren kann, 2. kompromiss- und verpflichtungsfähige Arbeitsnormen hervorbringt, die 3. mit den gesamtwirtschaftlichen Stabilitäts- und Wachstumsbedingungen in Übereinstimmung zu bringen sind. Wo diese Integrationsleistungen ausbleiben, sind politische Eingriffe und Korrekturen zu erwarten; zu diesen zählen auch „Deregulierungen" in Form von Rücknahmen begünstigender Rechtsnormen. Die Tarifautonomie völlig abzuschaffen, käme freilich einer Preisgabe der Demokratie gleich.

Das in der Bundesrepublik zwischen den Tarifparteien institutionalisierte Regelungssystem umfasst folgende Stufen: *Verhandlung, Schlichtung, Arbeitskampf*. Der Prozess der Kompromissfindung und Konfliktlösung, welcher in der Regel mit dem Abschluss eines Tarifvertrags endet, kann, muss aber nicht alle drei Stufen durchlaufen. In den meisten Fällen werden Kompromisse bereits auf dem Wege bilateraler Verhandlungen erzielt.

Wichtigste rechtliche Grundlage der Tarifautonomie ist das im Grundgesetz verbürgte Koalitionsrecht:

3.4 Tarifautonomie

"Das Recht, zur Wahrung und Förderung der Arbeits- und Wirtschaftsbedingungen Vereinigungen zu bilden, ist für jedermann und für alle Berufe gewährleistet. Abreden, die dieses Recht einschränken oder zu behindern suchen, sind nichtig, hierauf gerichtete Maßnahmen sind rechtswidrig." (Art. 9, Abs. 3 GG)

Näheres regelt das Tarifvertragsgesetz von 1949 (geändert 1969). Das kurze, nur 13 Paragraphen umfassende Tarifvertragsgesetz fixiert die rechtlichen Rahmenbedingungen für *Tarifverhandlungen*. Demnach setzt ein rechtswirksamer Tarifvertrag voraus, dass er auf Arbeitnehmer- wie auf Arbeitgeberseite von einer tariffähigen Partei abgeschlossen und in Schriftform niedergelegt wurde. Auf Arbeitnehmerseite sind nur Gewerkschaften, auf Arbeitgeberseite ist auch der einzelne Unternehmer tariffähig. Der Tarifvertrag regelt „die Rechte und Pflichten der Tarifvertragsparteien und enthält Rechtsnormen, die den Inhalt, den Abschluss und die Beendigung von Arbeitsverhältnissen sowie betriebliche und betriebsverfassungsrechtliche Fragen ordnen können" (§ 1, Abs. 1). Damit werden zwei verschiedenartige Regelungen benannt: zum einen Abmachungen, die nur die beiden Tarifparteien berechtigen und verpflichten (schuldrechtlicher Teil des Tarifvertrags); zum anderen Rechtsnormen, die nach Art eines Gesetzes für alle erfassten Arbeitsverhältnisse gelten sollen (normativer Teil des Tarifvertrags). Letztere gelten „unmittelbar und zwingend" (§ 4, Abs. 1) für die Mitglieder der Tarifpartei. Rechtlich gesehen ist ein tarifgebundener Arbeitgeber nur verpflichtet, die Mitglieder der tarifgebundenen Gewerkschaft zu den vereinbarten Bedingungen zu beschäftigen; in der Regel gewährt er indessen auch den Nichtmitgliedern die gleichen Bedingungen, da er sie durch Schlechterstellung zum Eintritt in die Gewerkschaft motivieren würde. Unter bestimmten Bedingungen kann auf Antrag einer Tarifvertragspartei der Bundesminister für Arbeit und Sozialordnung einen Tarifvertrag für allgemeinverbindlich erklären, der dann im jeweiligen Geltungsbereich auch die Nichtmitglieder der Tarifvertragsparteien bindet (§ 5). Das Tarifvertragsgesetz regelt zudem die Tariffähigkeit und Tarifzuständigkeit der Parteien, die Form des Tarifvertrags und seine Rechtswirkungen. Die eigentlichen Tarifverhandlungen werden durch dieses Gesetz nicht geregelt; sie folgen eingespielten Übungen und freiwilligen Übereinkünften zwischen den Tarifparteien.

Mit dem 2015 verabschiedeten „Tarifeinheitsgesetz" wurde dem Tarifvertragsgesetz ein neuer Paragraph (§ 4a Tarifkollision) hinzugefügt. Rivalisierende Gewerkschaften sollen zur Kooperation in der Tarifpolitik veranlasst werden, nachdem das Bundesarbeitsgericht 2010 den in seiner Rechtsprechung über Jahrzehnte vertretenen Grundsatz der Tarifeinheit (ein Betrieb – ein Tarifvertrag) aufgegeben hat (Lesch 2015: 112). Dem Gesetz zufolge soll nur ein Tarifvertrag pro Beschäftigtengruppe gelten, und zwar der, den die Gewerkschaft mit den meisten Mitgliedern im Betrieb ausgehandelt hat. Den politischen Anstoß zu diesem Gesetz hatten die von den kleinen, aber gut organisierten Berufsgewerkschaften der Piloten, Lokführer und Klinikärzte in den ersten Dekaden des 21. Jahrhunderts ausgelösten Arbeitskämpfe geliefert. Weil sie dadurch ihr Streikrecht eingeschränkt sehen, haben einige der Gewerkschaften eine Verfassungsklage eingereicht.

Im Gegensatz zur Weimarer Republik kennt das bundesdeutsche Tarifwesen für die *Schlichtung* keine gesetzlichen Vorschriften. Die Tarifverbände aller großen Wirtschaftszweige haben freiwillige Schlichtungsvereinbarungen abgeschlossen. Die meisten Schlichtungsordnungen sehen einen unparteiischen Vorsitzenden vor; er ist „als zentrales neues Element gegenüber der Tarifverhandlung anzusehen" (Keller 1985: 122). Freilich gibt es auch Schlichtungsordnungen (wie die in der chemischen Industrie), die keinen „neutralen Dritten" vorsehen. Von der Schlichtungskommission erarbeitete (mehrheitliche) Einigungsvorschläge sind für die Tarifparteien nicht automatisch bindend; sie fassen in der Regel gesonderte Beschlüsse über Annahme oder Ablehnung. Schlichtungsverfahren stellen „prozedurale Selbstbindungen" dar, „welche eine Erhöhung der Streikschwelle durch Ausschöpfung aller Verhandlungsmöglichkeiten erreichen sollen" (ebd.). Mit anderen Worten: sie sind eine Fortführung der Verhandlungen mit anderen Mitteln, meist unter maßgeblicher Beteiligung von bisher am Konflikt unbeteiligten Dritten.

Umfangreich und detailliert sind die rechtlichen Vorschriften, die sich auf den *Arbeitskampf* beziehen. Die Rechtsordnung der Bundesrepublik kennt die Streikfreiheit, aber kein explizites Streikrecht.[15] Ein solches Recht wird zwar mittelbar aus dem grundgesetzlich garantierten Koalitionsrecht (Art. 9, Abs. 3) gefolgert, findet aber seine rechtliche Begründung erst in den diversen Grundsatzurteilen des Bundesarbeitsgerichts.[16]

Legal ist ihnen zufolge nur ein gewerkschaftlich geführter Streik um ein tariflich regelbares Ziel (Lohn- und Arbeitsbedingungen), der nach Ablauf der tariflichen Friedenspflicht und Ausschöpfung aller Verhandlungsmöglichkeiten (*ultima ratio*-Prinzip), nach dem Grundsatz der Verhältnismäßigkeit (Übermaßverbot) und den Regeln des fairen Kampfes zu führen ist. Rechtmäßig sind ferner von der Gewerkschaft getragene Warnstreiks im Rahmen einer Tarifrunde. Sympathie- und Solidaritätsstreiks zur Unterstützung anderer Gewerkschaften, die sich im Arbeitskampf befinden, hat das Bundesarbeitsgericht grundsätzlich für unzulässig erklärt.

---

15 In Verfassungen anderer Länder, z.B. Frankreichs und Italiens, wird auch das Streikrecht garantiert.
16 U.a. Grundsatzurteile zum Arbeitskampf vom 28.1.1955 und 21.4.1971, zur Aussperrung vom 10.6.1980, zum Warnstreik vom 12.9.1984, zum Sympathiestreik vom 5.3.1985.

Eindeutig verboten ist der politische Streik zur Beugung eines Parlaments oder der Gerichte. Ein Streikrecht für Beamte wird von der herrschenden Meinung, unter Bezug auf die Treuepflicht des Beamten, verneint. Das generelle Streikverbot für Beamte widerspricht nach Ansicht des Bundesverwaltungsgerichts (Urteil vom 27. Febr. 2014) der Rechtsauffassung der Europäischen Menschenrechtskonvention (EMRK) und deren Auslegung durch den Europäischen Gerichtshof für Menschenrechte (EGMR). Die Rechtskollision, so befanden die Richter, könne nicht durch Gerichte, sondern nur durch den Gesetzgeber gelöst werden. Bis dahin bleibe das verfassungsunmittelbare Streikverbot allein aufgrund des Beamtenstatus bestehen.

Mit dem Aussperrungsurteil des Bundesarbeitsgerichts von 1980 ist die rechtliche Zulässigkeit des unternehmerischen Kampfmittels der *Aussperrung* für alle Teile der Bundesrepublik bekräftigt worden, unbeschadet des Aussperrungsverbots in einigen Länderverfassungen. Freilich gelten für Aussperrungen die gleichen Einschränkungen – insbesondere das Gebot der Verhältnismäßigkeit der Mittel – wie für den Streik. Demzufolge können die Arbeitgeberverbände auf gewerkschaftliche Schwerpunktstreiks nicht mit beliebigen Flächenaussperrungen antworten; ihre Kampfmaßnahmen müssen in der Größenordnung den gewerkschaftlichen Streikaktionen vergleichbar bleiben.

Vergleicht man die Normierung der einzelnen Regelungsstufen der Tarifautonomie, dann ist festzustellen dass die Stufe der *Verhandlungen* nur wenige rechtliche Rahmennormen kennt, die Stufe der *Schlichtung* durch freiwillige, zwischenorganisatorische Vereinbarungen prozedural durchnormiert ist; auf der Stufe des *Arbeitskampfes* finden wir eine starke externe Normierung, freilich durch „Richterrecht", d.h. in der „sensibelsten Zone" des Interessenkonflikts wird die Tendenz zur Verrechtlichung der industriellen Beziehungen am deutlichsten sichtbar.

3.5 Betriebsverfassung

Wesentlich stärker als die Tarifautonomie unterliegt die Betriebsverfassung den Tendenzen zur Verrechtlichung. Nach dem Betriebsverfassungsgesetz von 1952 (novelliert 1972, 1989 und 2001) ist der Betriebsrat eine *gewerkschaftsunabhängige Vertretung der Gesamtbelegschaft*. (Analog dazu sehen für den öffentlichen Dienst die Personalvertretungsgesetze des Bundes und der Länder die Einrichtung von Personalräten vor, deren Mitwirkungsrechte etwas schwächer ausfallen.) Vorgesehen ist der Betriebsrat (Personalrat) für Betriebe (Dienststellen) mit fünf und mehr ständig Beschäftigten. Die Zahl der Betriebsratsmitglieder richtet sich nach der Zahl der Arbeitnehmer im Betrieb: bei 5 bis 20 Beschäftigten: 1 Mitglied, bei 21 bis 50: 3, bei 51 bis 100: 5, bei 101 bis 200: 7, bei 201 bis 400: 9 Mitglieder usw.

(§ 9). Völlige Freistellung von der beruflichen Tätigkeit sieht das Gesetz für eine mit der Größe des Betriebes wachsende Zahl von Betriebsratsmitgliedern vor. Die erste Freistellung erfolgt bei einer Betriebsgröße ab 200 Beschäftigten; jeweils eine weitere Freistellung erfolgt zunächst in Schritten von etwa je 500, dann (ab einer Betriebsgröße von 2001 Beschäftigten) von je 1000 zusätzlich Beschäftigten (§ 38).

Nach den Erhebungen des Instituts für Arbeitsmarkt- und Berufsforschung der Bundesagentur für Arbeit (*IAB-Betriebspanel*) werden in Westdeutschland 43 Prozent und in Ostdeutschland 33 Prozent der Arbeitnehmer in den privatwirtschaftlichen Betrieben mit 5 und mehr Beschäftigten (betriebsratsfähige Betriebe) durch einen Betriebsrat vertreten (vgl. *Tabelle 4*).

Tabelle 4 Verbreitung von Betriebsräten nach Betriebsgröße, 2014

	Einen Betriebsrat haben ...			
	% der betriebsratsfähigen Betriebe		% der Beschäftigten in diesen Betrieben	
	West-D	Ost-D	West-D	Ost-D
Betriebe mit .... Beschäftigten				
5 oder mehr	9	9	43	33
21 oder mehr	28	25	57	45
51 oder mehr	50	40	69	55
501 oder mehr	87	92	91	92

Basis: privatwirtschaftliche Betriebe mit mindestens 5 Beschäftigten ohne Landwirtschaft
Quelle: IAB Betriebspanel 2014, Ellguth/Kohaut 2015

Seit der Jahrtausendwende ist die Zahl der Betriebsräte zurückgegangen: während 1998 noch 48 Prozent der Beschäftigten von einem Betriebsrat vertreten wurden, sind es 2014 nur noch 41 Prozent (Ellguth/Trinczek 2016). Andererseits ergaben repräsentative Befragungen von Beschäftigten (Wilkesmann u.a. 2011), dass sie ein ausgeprägtes Interesse an der betrieblichen Mitbestimmung haben. Uwe Wilkesmann und seine Forscherkollegen sprechen von einer „hohen Mitbestimmungsaffinität unter den abhängig Beschäftigten". Sie fanden „kein Milieu, das die Mitbestimmung grundsätzlich und fundamental ablehnt" (ebd.: 170).

Trotz der gesetzlichen Vorschrift gibt es in zahlreichen kleineren und mittleren Betrieben keinen Betriebsrat. Insbesondere in Betrieben mit 5 bis 50 Beschäftigten, in denen knapp ein Drittel aller abhängig Beschäftigten arbeitet, ist eine betriebliche Interessenvertretung häufig nicht vorhanden.

3.5 Betriebsverfassung

Obwohl der Betriebsrat formal eine unabhängige Institution ist, sehen die Gewerkschaften in ihm (und weniger in den Vertrauensleuten[17]) die wichtigste Betriebsvertretung ihrer Mitglieder; entsprechend stark ist ihr Engagement bei den Betriebsratswahlen. Viele Kandidaten bewerben sich auf Gewerkschaftslisten um ein Mandat. Bislang konnten die Gewerkschaften etwa drei Viertel der Mandate für ihre Mitglieder gewinnen (Greifenstein et al. 2014).[18] Von den Belegschaften traditioneller Industriezweige werden Betriebsräte häufig mit den Gewerkschaften gleichgesetzt. Gewerkschaften unterstützen die Betriebsräte in vielfältiger Weise (Aufstellung von Wahllisten, Beratung und Schulung, starker Arm im Hintergrund), Betriebsräte ihrerseits sind die wichtigste Quelle der Werbung und Bindung von Mitgliedern für die Gewerkschaften.

Der Betriebsrat ist ein Repräsentativorgan, auf das die Belegschaft allein durch den (alle vier Jahre stattfindenden) Wahlakt, und auch dann nur in personeller Hinsicht Einfluss nehmen kann. Die laut Gesetz im vierteljährlichen Turnus stattfindenden Betriebsversammlungen können den Betriebsräten zwar Anträge unterbreiten und zu ihren Beschlüssen Stellung nehmen (§ 45), freilich ohne diese dadurch zu binden.

Der Arbeitsrechtler Wolfgang Däubler beschreibt den vom Gesetzgeber abgesteckten Handlungsrahmen des Betriebsrates mit den Begriffen Vertrauen, Frieden, Diskretion.

Vertrauen. Die Tätigkeit des Betriebsrates steht unter der im § 2 explizierten Generalnorm der „vertrauensvollen Zusammenarbeit" mit dem Arbeitgeber. Diese verpflichtet den Betriebsrat dazu, „bei seiner gesamten Tätigkeit (...) kooperativ, nicht konfliktorientiert vorzugehen" und „nicht nur das Wohl der Arbeitnehmer, sondern auch das des Betriebes zu verfolgen." (Däubler 2006: 498)

---

17 Gewerkschaftliche Vertrauensleute repräsentieren vornehmlich in größeren Betrieben z.B. die IG Metall, die IG Bergbau, Chemie und Energie sowie einige andere Gewerkschaften. Sie werden von den Gewerkschaftsmitgliedern im Betrieb gewählt oder durch die zuständige Gewerkschaft ernannt. Nach einem Höhepunkt ihrer Aktivitäten in den 1970er Jahren haben sie seither an Zahl und Bedeutung verloren. Bei den letzten Wahlen wurden im Organisationsbereich der IG Metall nur noch in 2.127 Betrieben rund 50.000 Vertrauensleute gewählt (2012), während in 10.378 Betrieben 73.797 Betriebsräte (darunter 52.536 = 71,2 % IG Metall-Mitglieder) gewählt (2014) wurden (vgl. IG Metall: Ergebnisse der Vertrauensleutewahlen 2012; Ergebnisse der Betriebsratswahlen 2014)..).

18 Nach Berechnungen des arbeitgebernahen Instituts der deutschen Wirtschaft liegt der Anteil der auf den DGB entfallenden Mandate um etwa 10 Prozentpunkte niedriger (Müller-Jentsch/Ittermann 2000: 218; Niedenhoff 2007: 49 f.).

Frieden. *Für den Betriebsrat gilt nicht nur eine absolute Friedenspflicht: „Maßnahmen des Arbeitskampfes zwischen Arbeitgeber und Betriebsrat sind unzulässig (...). Arbeitgeber und Betriebsrat haben Betätigungen zu unterlassen, durch die der Arbeitsablauf oder der Frieden des Betriebes beeinträchtigt werden" (§ 74 Abs. 2, Satz 1 u. 2), sondern auch das Verbot der parteipolitischen Betätigung (§ 74 Abs. 2, Satz 3).*

Diskretion. *Der Betriebsrat unterliegt der Schweigepflicht bei Betriebs- oder Geschäftsgeheimnissen, die ihm als Betriebsrat bekannt geworden und vom Arbeitgeber ausdrücklich als geheimhaltungsbedürftig bezeichnet worden sind (§ 79 Abs. 1).*

Neben den allgemeinen – im § 80 aufgelisteten – Aufgaben der *Kontrolle* (über die Einhaltung der die Arbeitnehmer schützenden und begünstigenden Rechts- und Tarifnormen), der *Initiative* gegenüber dem Arbeitgeber (zwecks Beantragung von Maßnahmen und Weiterleitung von Anregungen aus der Belegschaft), der *Fürsorge* für schutzbedürftige Gruppen (schwerbehinderte, ältere und ausländische Arbeitnehmer) und für die *Förderung* der „tatsächlichen Gleichstellung von Frauen und Männern" sind es im Wesentlichen die Beteiligungsrechte, die den Betriebsrat zur Mitbestimmung und Mitwirkung des betrieblichen Geschehens autorisieren.

Die inhaltlichen Beteiligungsrechte des Betriebsrats lassen sich nach zwei Dimensionen auffächern. In der Dimension der Sachbereiche handelt es sich um soziale, personelle und wirtschaftliche Angelegenheiten. Nach der Intensität der Teilhabe lassen sich Informationsrechte, Anhörungs- und Beratungsrechte, Widerspruchsrechte und erzwingbare Mitbestimmungsrechte unterscheiden (vgl. *Abbildung 5*).

Erzwingbare Mitbestimmungsrechte werden dem Betriebsrat in *sozialen* Angelegenheiten eingeräumt. Der § 87, der als das „Herzstück der Betriebsverfassung" gilt, spezifiziert 13 Fallgruppen, unter ihnen:

- die Festlegung von Entlohnungsgrundsätzen, insbesondere die Anwendung neuer Entlohnungsmethoden;
- die Festsetzung leistungsbezogener Entgelte (Akkord- und Prämiensätze);
- die Regelung der geltenden Arbeitszeiten einschl. Pausen;
- die Anordnung von Überstunden und Kurzarbeit;
- die Aufstellung allgemeiner Urlaubsgrundsätze und des Urlaubsplans;
- die Einführung und Anwendung von technischen Einrichtungen, die das Verhalten oder die Leistung der Arbeitnehmer überwachen sollen;
- Grundsätze über das betriebliche Vorschlagswesen;
- Grundsätze über die Durchführung von Gruppenarbeit;

3.5 Betriebsverfassung

Abbildung 5 Die wichtigsten Beteiligungsrechte des Betriebsrates (lt. BetrVG 2001)

Gegenstand / Intensität	soziale Angelegenheiten	personelle Angelegenheiten	wirtschaftliche Angelegenheiten
(erzwingbare) Mitbestimmungsrechte	§ 87: Beginn u. Ende der tgl. Arbeitszeit; Urlaubsgrundsätze/ Urlaubsplan; Lohngestaltung; Akkord/Prämien; Gruppenarbeit § 91: menschengerechte Gestaltung der Arbeit (nach „gesicherten arbeitswissenschaftlichen Erkenntnissen")	§ 94: Personalfragebogen § 95: Auswahlrichtlinien § 98: Betriebliche Bildungsmaßnahmen	§ 112: Sozialplan
Widerspruchsrechte		§ 99: Einstellung/ Eingruppierung/ Umgruppierung/ Versetzung § 102: Kündigung	
Mitwirkungsrechte (Informations-, Anhörungs-, Beratungsrechte)	§ 89: Arbeitsschutz/ Unfallverhütung	§ 92: Unterrichtung und Beratung über Personalplanung § 102: Anhörung vor Kündigungen	§ 90: Unterrichtung über Planung/ Beratung über Auswirkungen von Neu-, Um- und Erweiterungsbauten; techn. Anlagen; Arbeitsverfahren/ Arbeitsabläufe; Arbeitsplätze § 106: Wirtschaftsausschuß § 111: Unterrichtung bei Betriebsänderungen

Bei *personellen* Angelegenheiten bestehen echte Mitbestimmungsrechte bei der Erstellung von Personalfragebögen (§ 94) und der Aufstellung von allgemeinen

Auswahlrichtlinien für Einstellungen, Versetzungen, Umgruppierungen und Kündigungen (§ 95). Bei den personellen Einzelmaßnahmen der Einstellung, Eingruppierung, Umgruppierung und Versetzung hat der Betriebsrat indessen nur ein Veto-Recht (§ 99). Verweigert der Betriebsrat seine Zustimmung, so bleibt die entsprechende Maßnahme des Arbeitgebers bis zur evtl. Entscheidung des Arbeitsgerichtes unwirksam. Im Falle von Kündigungen hat der Betriebsrat nur ein Anhörungsrecht; widersprechen kann er nur, wenn der Arbeitgeber gegen bestimmte, im Gesetz spezifizierte Grundsätze verstößt (§ 102).

Bei der *Gestaltung* von *Arbeitsplatz, Arbeitsablauf* und *Arbeitsumgebung* stehen dem Betriebsrat allein Unterrichtungs- und Beratungsrechte zu (§ 90); ein Mitbestimmungsrecht ergibt sich erst, wenn durch die Änderungen „die den gesicherten arbeitswissenschaftlichen Erkenntnissen über die menschengerechte Gestaltung der Arbeit offensichtlich widersprechende" Belastungen für die Arbeitnehmer auftreten (§ 91).

Hinsichtlich der *wirtschaftlichen* Entscheidungen stehen dem Betriebsrat nur noch Informationsrechte zu. So hat der Unternehmer den in Betrieben von über 100 ständig beschäftigten Arbeitnehmern – als eigenständiges Organ oder Ausschuss des Betriebsrates – zu bildenden *Wirtschaftsausschuss* „rechtzeitig und umfassend über die wirtschaftlichen Angelegenheiten des Unternehmens" zu unterrichten (§ 106). Ebenfalls zu unterrichten ist der Betriebsrat bei Betriebsänderungen, „die wesentliche Nachteile für die Belegschaft" zur Folge haben können (§ 111). Allein über den Ausgleich oder die Milderung der wirtschaftlichen Nachteile, die den Arbeitnehmern entstehen, hat der Betriebsrat insofern ein Mitbestimmungsrecht, als er einen Sozialplan erzwingen kann (§ 112). Mit einer Änderung des Betriebsverfassungsgesetzes von 1989 wurden die Unterrichtungs- und Beratungsrechte des Betriebsrates über die Planung neuer technischer Anlagen, Arbeitsverfahren und Arbeitsabläufe verbessert (§ 90 neue Fassung). Der Arbeitgeber muss den Betriebsrat über seine Planungen rechtzeitig unterrichten und ihm die erforderlichen Unterlagen vorlegen; außerdem muss er mit ihm über die sich daraus ergebenden Auswirkungen für die Arbeitnehmer so rechtzeitig beraten, dass Vorschläge und Bedenken des Betriebsrates bei der Planung berücksichtigt werden können.

Auch die Unterrichtungs- und Erörterungspflicht des Arbeitgebers gegenüber potentiell betroffenen Arbeitnehmern ist verstärkt worden (§ 81 neue Fassung). Demnach hat der Arbeitgeber, „sobald feststeht, dass sich die Tätigkeit des Arbeitnehmers ändern wird und seine beruflichen Kenntnisse und Fähigkeiten zur Erfüllung seiner Aufgaben nicht ausreichen, (...) mit dem Arbeitnehmer zu erörtern, wie dessen berufliche Kenntnisse und Fähigkeiten (...) den künftigen Anforderungen angepasst werden können." Bei der Erörterung kann der Arbeitnehmer ein Mitglied des Betriebsrates hinzuziehen.

3.5 Betriebsverfassung

Die von Arbeitgeberseite heftig bekämpfte erneute Novellierung des Betriebsverfassungsgesetzes von 2001 brachte nur moderate Verbesserungen der Mitbestimmungsrechte. Bedeutsamer sind jene Regelungen, die ein vereinfachtes Wahlverfahren, eine Erhöhung der Betriebsratsmandate und der Freistellungen (erste Freistellung ab 200, bisher ab 300 Beschäftigten) sowie die Einbeziehung von Randbelegschaften (aktives Wahlrecht für Leiharbeitnehmer) und Minderheiten (anteilige Berücksichtigung der Geschlechter) vorsehen. Weitere Regelungen tragen zur Verbesserung der Arbeitsmöglichkeiten des Betriebsrats bei und erhöhen die direkten Einflusschancen von Arbeitnehmern. Eine echte Erweiterung der Mitbestimmungsrechte stellt die Mitbestimmung über Grundsätze der „Durchführung von Gruppenarbeit" dar. Stärkung und Erweiterung der Mitbestimmungsrechte bleiben mit dieser Novellierung weit hinter der von 1972 zurück, gleichwohl manifestiert sich in ihr immerhin eine Gegentendenz zur verbreiteten Deregulierung und zum Abbau des „rheinischen Modells" des Sozialstaats (s. unter Kapital 4).

Vereinbarungen des Betriebsrats mit dem Arbeitgeber können formlos als *Betriebsabsprache* beschlossen werden. Häufiger finden sie ihren Niederschlag in einer *Betriebsvereinbarung,* gewissermaßen einem „Tarifvertrag im Kleinformat" (Wolfgang Däubler). Betriebsvereinbarungen dürfen keine schlechteren Regelungen als gesetzliche oder tarifvertragliche Regelungen festlegen und sie dürfen keine Gegenstände regeln, die üblicherweise Tarifverträgen vorbehalten sind (wie Lohn und Arbeitszeit). Von diesem „Tarifvorbehalt" (§ 77 Abs. 3) kann indessen abgewichen werden, wenn ein Tarifvertrag mit einer sogenannten Öffnungsklausel[19] modifizierende Vereinbarungen zulässt. In Betrieben mit Betriebsrat und mindestens 20 Beschäftigten existieren im Durchschnitt 19 gültige Betriebsvereinbarungen; ihre Anzahl wächst mit der Größe der Betriebe (Baumann/Maschke 2016: Tab. 1).

Als generelle Tendenz des Betriebsverfassungsgesetzes wird erkennbar, dass die Beteiligungsrechte in *sozialen* Fragen am stärksten, bei *personellen* Angelegenheiten bereits abgeschwächt greifen und in *wirtschaftlichen* Fragen sich auf reine Informationsrechte beschränken. Mit anderen Worten: Die Eingriffsmöglichkeiten und Beteiligungsrechte des Betriebsrats sind umso größer, je weiter sie von

---

19 „Öffnungsklauseln finden ihre gesetzliche Grundlage in § 4 Abs. 3 des Tarifvertragsgesetzes, nach dem vom Tarifvertrag abweichende Abmachungen nur zulässig sind, ‚soweit sie durch den Tarifvertrag gestattet sind (...)'. Mit der expliziten Vereinbarung von Öffnungsklauseln im Tarifvertrag verzichten die Tarifparteien auf die zwingende Wirkung ihrer tariflichen Mindestbedingungen und geben in einem von ihnen selbst gezogenen Rahmen Abweichungen von diesen Normen zu Lasten der betroffenen Arbeitsverhältnisse frei." (Kohaut/Schnabel 2006: 6f.)

den strategischen Unternehmerentscheidungen (z.B. über Ziele und Inhalte der Produktion) entfernt sind. Hierin zeigt sich, dass der Betriebsrat als ein Organ des Interessenausgleichs zwischen Management und Belegschaft angelegt ist und seine Funktionen die betriebliche Herrschaft grundsätzlich nicht in Frage stellen. Gleichwohl kann ein erfahrener Betriebsrat seine starken Mitbestimmungsrechte (etwa bei Entscheidungen über Mehrarbeit) dazu nutzen, um Konzessionen in anderen Fragen zu erlangen.

Das Verbot von Kampfmaßnahmen sowie die gegenüber der Belegschaft repräsentative und gegenüber den Gewerkschaften unabhängige Position der Betriebsräte erklärt ihre geringe „bargaining power" und begrenzten Sanktionsmöglichkeiten. Die Institution des Betriebsrats ist primär auf Konsens, Kooperation und Problemlösung angelegt. Im Falle des Dissens über vorgesehene Regelungen bleibt ihm als legales Druckmittel die Anrufung der *Einigungsstelle*, einer betrieblichen Schlichtungsinstanz, die paritätisch besetzt ist, einen unparteiischen Vorsitzenden hat und deren Spruch die Einigung zwischen den beiden Parteien ersetzt (§ 76). Bei Rechtsstreitigkeiten bleibt dem Betriebsrat als weitere Möglichkeit die Anrufung des *Arbeitsgerichts*.

Mit einem gesonderten Gesetz (Sprecherausschussgesetz) wurde 1988, als weiteres betriebliches Vertretungsorgan, der „Sprecherausschuss der leitenden Angestellten" ins Leben gerufen. Weder der DGB noch die BDA wollten eine formelle Vertretung dieser Art, aber die FDP konnte sich in der Regierungskoalition erfolgreich für die Interessen der leitenden Angestellten (etwa 2 Prozent der abhängig Beschäftigten) durchsetzen. Weil diese nach dem Betriebsverfassungsgesetz weder passives noch aktives Wahlrecht zum Betriebsrat haben, hat die Union der leitenden Angestellten (die etwa 10 Prozent dieser Gruppe organisiert) seit langem die Institutionalisierung eines solchen Vertretungsorgans gefordert.

Die gesetzliche Grundlage und die insgesamt erfolgreiche Praxis haben den Betriebsrat zu einer der stabilsten Institutionen der industriellen Beziehungen in Deutschland werden lassen. Seine Legitimität bezieht er nicht zuletzt aus der hohen Wahlbeteiligung zwischen 75 und 80 Prozent (Wassermann/Rudolph 2006: 66). Überraschend ist die Stabilität insofern, als Sozialwissenschaftler gerade an der „Mittlerfunktion" dieser Institution ihren prekären Charakter aufgezeigt haben. Den Schlüsselbegriff dafür lieferte Friedrich Fürstenberg. In einer frühen Analyse (1958) sprach er von einer „Grenzinstitution", die in einem „dreifachen Spannungsverhältnis" steht: „Im Schnittpunkt dreier Interessengruppen, der Belegschaft, der Betriebsführung und der Gewerkschaft, nimmt er eine deutliche Grenzstellung ein." (Fürstenberg 1964: 156) Diese „Pufferstellung (...) im Spannungsfeld sehr realer Interessengegensätze" (ebd.) verleihe dem Betriebsrat nur eine „institutionell schwache Autorität" (ebd.: 158). Auch Ralf Dahrendorf äußerte

3.5 Betriebsverfassung

sich skeptisch darüber, ob die „prekäre Verbindung von Belegschaftsvertretung und Management" ein sinnvolles Prinzip der Betriebsorganisation sein könne; ob von der strukturwidrigen „Zwitterrolle" der Betriebsräte nicht vielmehr eine „Gefährdung der Integration des Betriebes" (Dahrendorf 1972: 34f.) zu erwarten sei. Für die absehbare Zukunft rechnete er mit Korrekturen. Die wenig später erfolgten Korrekturen in Form der Novellierung des Betriebsverfassungsgesetzes stärkten indessen die Funktionen des Betriebsrats.

Angesichts der heutigen Stabilität der Institution Betriebsrat erweist sich die in Fürstenbergs Analyse herausgestellte Schwäche dieser Institution – die prekäre Grenzstellung – als ihre eigentliche Stärke. In ihrem *intermediären* Charakter, das heißt dem Zwang zur Vermittlung pluraler, oft gegensätzlicher Interessen, ist ihre heutige Stabilität begründet (Müller-Jentsch 2008). Die Grenz- beziehungsweise intermediäre Institution des Betriebsrats steht unter der folgenden Leitidee: *Interessenvertretung des Faktors Arbeit im Betrieb unter Beachtung der wirtschaftlichen Betriebsziele*. In dieser Leitidee werden jene zwei Handlungslogiken miteinander verknüpft, die den Interessengegensatz zwischen Kapital und Arbeit konstituieren. Theoretisch ist es eher unwahrscheinlich, dass Institutionen entstehen, die unterschiedliche, ja gegensätzliche Handlungslogiken verkörpern, und noch unwahrscheinlicher, dass sie im zeitlichen Verlauf Stabilität und ungeschmälerte Anerkennung gewinnen. Die Annahme Dahrendorfs und anderer Sozialwissenschaftler war, dass gegensätzliche Handlungslogiken jeweils von separaten Institutionen vertreten werden sollen, in unserem Falle also durch das Management einerseits und eine unabhängige Arbeitnehmervertretung andererseits. Viele Länder sind diesen Weg gegangen, indem sie unabhängige Betriebsvertretungen schufen (z.B. *Shop Stewards* in Großbritannien, *Locals* in den USA, Gewerkschaftsklubs in Schweden und Fabrikdelegierte in Italien).

Der „unwahrscheinliche" deutsche Weg war nur mit Hilfe des Staates möglich. Nur er konnte eine derartige Institution qua Gesetz ins Leben rufen. Denn die Betriebsverfassung kodifiziert inhaltliche Rechte und Pflichten in einer Kombination, die sie bei den sozialen Konfliktparteien zeitweise zu einer höchst umstrittenen Institution machten. Immer dann, wenn die Interessenkonflikte zwischen Kapital und Arbeit mit Veränderung der politischen und wirtschaftlichen Rahmenbedingungen an Schärfe zunahmen, richteten sich die antagonistischen Handlungslogiken gegen das „intermediäre Programm" der Betriebsvertretungen. Da aber die Institution als gesetzliche nicht einfach zu übergehen oder zu beseitigen war, konnte sie auch in Zeiten verschärfter Interessenkämpfe überleben.

Freilich weist die Institution Betriebsrat in der betrieblichen Praxis vielfältige Varianten auf. Hermann Kotthoff hat als Ergebnis zweier empirischer Untersuchungen (1981; 1994) die vorgefundenen Varianten realer Interessenvertretung in zwei

Hauptgruppen – *wirksame* und *defiziente* Interessenvertretung – mit jeweils drei bzw. vier Betriebsrats-Typen zusammengefasst.[20]

3.6 Unternehmensmitbestimmung

Nicht als eine weitere Arena, sondern als eine die Betriebsverfassung ergänzende Institution ist heute die Mitbestimmung in der Unternehmensleitung (genauer im Aufsichtsrat und Vorstand) von Kapitalgesellschaften anzusehen. Zu unterscheiden sind drei Formen:

- die paritätische Mitbestimmung in der Montanindustrie nach dem „Gesetz über die Mitbestimmung der Arbeitnehmer in den Aufsichtsräten und Vorständen der Unternehmen des Bergbaus und der Eisen und Stahl erzeugenden Industrie" von 1951;
- die unterparitätische Mitbestimmung in den großen Kapitalgesellschaften mit über 2.000 Beschäftigten nach dem Mitbestimmungsgesetz von 1976;
- die Drittelbeteiligung in Kapitalgesellschaften mit 500 bis 2.000 Beschäftigten nach dem Drittelbeteiligungsgesetz von 2004.

Die *erste Form* – Montanmitbestimmung bzw. „qualifizierte Mitbestimmung" – ist die weitestgehende. Nach diesem Modell bildet eine gleiche Anzahl von Anteilseignern und Arbeitnehmervertretern (in der Regel 5 : 5) sowie ein weiteres „neutrales Mitglied" den Aufsichtsrat. Zwei der Arbeitnehmervertreter werden von den Betriebsräten gewählt, drei von den Gewerkschaften entsandt. Die Vertreter der Anteilseigner und der – auch als „elfter Mann" bezeichnete – „Neutrale" werden von der Hauptversammlung der Anteilseigner gewählt, letzterer auf Vorschlag der Aufsichtsratsmitglieder. Der als gleichberechtigtes Vorstandsmitglied vorgesehene Arbeitsdirektor kann nicht gegen die Stimmen der Mehrheit der Arbeitnehmervertreter im Aufsichtsrat gewählt oder abberufen werden. Dieses nach dem Zweiten Weltkrieg im Bergbau sowie der Eisen- und Stahlindustrie durch die britischen Besatzungsmächte eingeführte und mit dem Montanmitbestimmungsgesetz von 1951 kodifizierte Mitbestimmungsmodell gilt dem DGB immer noch als das Grundmodell seiner Mitbestimmungsziele. Es ist das einzige Reformprojekt, das von seiner damaligen umfassenden Konzeption wirtschaftlicher Neuordnung realisiert wurde. Der Montanbereich, der in den Nachkriegsjahren ein wirt-

---

20 Dazu und über die neueren Entwicklungen des Verhältnisses von Betriebsrat und Management s. unter Kapitel 6.

3.6 Unternehmensmitbestimmung

schaftliches Machtzentrum darstellte, hat längst seine einstige Bedeutung verloren. Heute sind in ihm noch einige Hunderttausend Arbeitnehmer beschäftigt, während die Zahl der mitbestimmten Unternehmen bei 50 liegt, von denen etwa 20 ihren Sitz in Ostdeutschland haben.

Die *zweite Form* der Unternehmensmitbestimmung betrachtet der DGB als einen sozialen Rückschritt, weil sie unterhalb der Parität bleibt, und zwar aus zwei Gründen: erstens hat der Aufsichtsratsvorsitzende (der in aller Regel von Anteilseignerseite gestellt wird) ein doppeltes Stimmrecht und zweitens befindet sich unter den Arbeitnehmervertretern mindestens ein Vertreter der leitenden Angestellten. Der vom Gesetz ebenfalls vorgesehene Arbeitsdirektor kann auch gegen die Mehrheit der Arbeitnehmervertreter vom Aufsichtsrat ernannt werden. In dem vom Mitbestimmungsgesetz von 1976 abgedeckten Bereich sind etwa ein Fünftel der abhängigen Erwerbstätigen beschäftigt; er umfasst über 700 Unternehmen, davon befinden sich über 100 in Ostdeutschland. Eine Untersuchung der Sozialforschungsstelle Dortmund (vgl. Bamberg u.a. 1987) über die Wirksamkeit dieser Mitbestimmungsform in der Vertretung von Arbeitnehmerinteressen kommt zu ernüchternden Ergebnissen. Demnach hat die Mitbestimmung im Aufsichtsrat weitgehend dienende Funktionen für die gewerkschaftliche Betriebspolitik, etwa durch zusätzliche Informationsbeschaffung. Fallweise wird sie auch zur Stützung der betrieblichen Interessenvertretung, etwa bei Rationalisierungs- und Umstrukturierungsmaßnahmen, benutzt. Erleichtert wird dies durch die Tatsache, dass viele Betriebsratsvorsitzende in Personalunion Aufsichtsratsmitglieder sind.

Die *dritte Form* der Unternehmensmitbestimmung ist die schwächste. Die sozialen Auswirkungen dieser nach den Drittelbeteiligungsgesetz von 2004 geregelten Mitbestimmung schätzt der DGB sehr gering ein. Nach diesem Modell besteht der Aufsichtsrat von Kapitalgesellschaften von 500 bis 2000 Beschäftigten zu einem Drittel aus Arbeitnehmervertretern, die von den wahlberechtigten Arbeitnehmern des Unternehmens gewählt werden; ein Arbeitsdirektor ist nicht eigens vorgesehen. Unter diese gesetzliche Regelung fallen rund 3.500 Unternehmen.

Galt die Unternehmensmitbestimmung früher als das Herzstück wirtschaftsdemokratischer Konzeptionen, so wird ihre Bedeutung in der gewerkschaftlichen Mitbestimmungsdebatte mittlerweile wesentlich nüchterner beurteilt. Ihr Stellenwert bestimmt sich heute aus dem Zusammenspiel mit der Betriebsverfassung und Tarifpolitik einerseits und mit den neuen Formen direkter Partizipation andererseits. Die von einem gewerkschaftlichen Mitbestimmungsexperten (Leminsky 1996) vorgelegte Gesamtkonzeption von Mitbestimmung, „industriellen Bürgerrechten" und direkter Arbeitnehmerbeteiligung misst der Unternehmensmitbestimmung bei weitem nicht mehr jenen überragenden Stellenwert bei, wie es die gewerkschaftlichen Reformvorstellungen der ersten Nachkriegsjahrzehnte noch taten.

In jüngster Zeit ist die Unternehmensmitbestimmung zum Gegenstand aktueller politischer Auseinandersetzungen geworden, in Frage gestellt von Unternehmerseite und neoliberal orientierten Arbeitsrechtlern. Nachdem der BDI-Präsident Rogowski sie gar als einen „historischen Irrtum" bezeichnet hatte und eine gemeinsame Kommission von BDA und BDI ihre Reformbedürftigkeit angemeldet hat, sahen sich die Gewerkschaften herausgefordert, das anfänglich „ungeliebte Kind" vehement zu verteidigen. Sie wissen, dass sie ihm nicht nur erhebliche finanzielle Mittel für ihre Hans-Böckler-Stiftung verdanken,[21] sondern auch maßgeblichen Einfluss auf strategische Unternehmensziele (z.B. Standortentscheidungen).

Unter Hinweis auf europäische Harmonisierungsbemühungen wollten die Arbeitgeber die gesetzliche Regelung generell durch individuelle Verhandlungslösungen flexibilisieren, das heißt Arbeitnehmervertretung und Unternehmensführung sollen sich auf ein Modell einigen, das keineswegs die Obergrenzen der geltenden gesetzlichen Mitbestimmungsregelungen überschreiten, aber auch nicht die Mitbestimmung eliminieren soll. Drei Optionsmodelle wurden vorgeschlagen: (a) Mitbestimmung in Anlehnung an das Mitbestimmungsgesetz von 1976, (b) Mitbestimmung in Anlehnung an das Drittelbeteiligungsgesetz, (c) Konsultativrat mit Arbeitnehmervertretern außerhalb des Aufsichtsrats (BDA/ BDI 2006: 43ff.). Kommt es zu keiner Einigung sollte eine gesetzliche Auffanglösung mit einer Drittelbeteiligung der Arbeitnehmer in einem auf sechs Mitglieder verkleinerten Aufsichtsrat greifen.

Die von der rot-grünen Koalitionsregierung unter Kanzler Schröder im Sommer 2005 eingesetzte „Kommission zur Modernisierung der deutschen Unternehmensmitbestimmung"[22], mit Kurt Biedenkopf als Vorsitzendem, unterbreiteten „Vorschläge für eine moderne und europataugliche Weiterentwicklung" führten nicht zu neuen Gesetzesregelungen, da ein Konsens mit den Arbeitgebervertretern in der Kommission nicht zu erzielen war. Auftragsgemäß vom „geltenden Recht" ausgehend, schlug die dreiköpfige Wissenschaftlergruppe der Kommission Ende 2006 einige moderate Reformen vor (z.B. vom Gesetz abweichende Verhandlungslösungen, Berücksichtigung von Arbeitnehmervertretern ausländischer Konzerntöchter), dem zwar die Gewerkschaftsvertreter weitgehend zustimmten, während die Arbeitgeber die quasiparitätische Mitbestimmung verhandelbar machen und

---

21 Bewerber, die auf gewerkschaftlichen Listen für den Aufsichtsrat kandidieren, müssen sich zuvor rechtsverbindlich verpflichten, dass sie erhebliche Teile von ihrer Vergütung (Tantieme) an die Hans-Böckler-Stiftung abführen. Nach der aktuellen Abführungsregelung des DGB sind von Beträgen bis zu 3.500 Euro 10 Prozent abzuführen und von darüber liegenden Beträgen 90 Prozent.
22 Vgl. Bericht der wissenschaftlichen Mitglieder der Kommission, Dezember 2006.

letztlich auf eine Drittelbeteiligung als gesetzlicher Auffanglösung zurückführen wollten. Nachdem die Bundeskanzlerin Merkel als Festrednerin 2006 auf der DGB-Jubiläumsveranstaltung „30 Jahre Mitbestimmungsgesetz" die Mitbestimmung als „eine große Errungenschaft" und als „ein nicht wegzudenkender Teil unserer Sozialen Marktwirtschaft" bezeichnet hatte,[23] sind die Angriffe gegen die Mitbestimmung verstummt.

In diesem Kapitel wurde die Interessenvertretung im „dualen System" durch Gewerkschaften und Arbeitgeberverbände einerseits, Betriebsverfassung und Unternehmensmitbestimmung andererseits dargestellt.

Übungsaufgaben:

1. *Was bezeichnet der Begriff „duales System"?*
2. *Welche Organisationsprinzipien gelten für die Gewerkschaften des Deutschen Gewerkschaftsbundes?*
3. *Begründen Sie die im Vergleich zu den Gewerkschaften stärkere Differenzierung in der Organisierung der Arbeitgeber und erläutern Sie den Begriff des „Verbändeverbandes" für die Arbeitgeberorganisationen!*
4. *Was heißt Organisationsgrad und welche Bedeutung hat er für die tarifvertraglichen Organisationen?*
5. *Welche Funktionen erfüllt die Tarifautonomie für die einzelnen Akteure?*
6. *Nennen und bewerten Sie die verschiedenen Kategorien der Rechte des Betriebsrats!*
7. *Welche Formen der Unternehmensmitbestimmung sind in Deutschland gesetzlich in Kraft?*

---

23 Rede von Bundeskanzlerin Merkel anlässlich der Jubiläumsveranstaltung „30 Jahre Mitbestimmungsgesetz" der Hans-Böckler-Stiftung am 30. August 2006. https://www.bundesregierung.de/Content/DE/Bulletin/2001_2007/2006/08/75-1-bk-hans-boeckler.html

Staatliche Regulierung: Zwischen Konzertierung und Deregulierung

4

Als „Arenen" der Selbstregulierung konfliktiver Arbeitsbeziehungen sind Tarifautonomie und Betriebsverfassung mit staatlicher Sanktionsleihe ausgestattet; der staatliche Gesetzgeber schuf ihnen einen eigenen Gesetzesrahmen. Die substantielle Regelung der Arbeitsverhältnisse blieb damit weitgehend der Autonomie der dafür zuständigen Akteure überlassen.[24] Somit bleiben Lohn- und Gehaltseinkommen in der Regel das Ergebnis von dezentralen Verhandlungen und Marktprozessen.

Ende der 1960er Jahre änderte sich jedoch die Sachlage. Das duale System wurde durch eine dritte „Arena" oder Regelungsebene der kollektiven Interessenrepräsentation ergänzt (vgl. *Abbildung 1*). Es handelt sich dabei um einen „Tripartismus" (gebildet aus drei Parteien: Staat, Gewerkschaften, Arbeitgeber), der als ein makroökonomisches Steuerungsarrangement in vielen Ländern des westlichen Kapitalismus in den 1960er und 1970er Jahren institutionalisiert wurde und verschiedenartige Namen gefunden hat: *Einkommenspolitik, Sozialkontrakt, Konzertierung, Neokorporatismus* etc.

In den Jahrzehnten der Vollbeschäftigung gingen viele Regierungen dazu über, vermittels Einkommenspolitik direkten Einfluss auf die Entwicklung von Löhnen, Gehältern und Preisen zu nehmen, um inflationäre Tendenzen zu bekämpfen.

---

24 Um schwache Arbeitnehmergruppen zu schützen, haben sich allerdings manche Staaten die Regelung einiger Mindestbedingungen (z.B. Mindestlohn, Mindesturlaub, Höchstarbeitszeit) per Gesetz vorbehalten.

4.1 „Neue Wirtschaftspolitik" und Konzertierung

Der wirtschaftliche Wiederaufbau in der Bundesrepublik hatte – nach der Beseitigung administrativer Bewirtschaftungsmaßnahmen und der Währungsreform von 1948 – für mindestens 15 Jahre ganz im Zeichen der wirtschaftspolitischen Doktrin von der *Sozialen Marktwirtschaft* gestanden.

Vater und Namensgeber der von der CDU in ihr Wirtschaftsprogramm übernommenen Konzeption war Alfred Müller-Armack. Die „Soziale Marktwirtschaft" sollte die Mängel eines ungezügelten Kapitalismus ebenso wie die einer zentral gelenkten Planwirtschaft vermeiden und statt dessen „das Prinzip der Freiheit auf dem Markte mit dem des sozialen Ausgleichs verbinden" (Müller-Armack 1956). Mit letzterem gingen die liberalen Väter der Sozialen Marktwirtschaft über den klassischen Liberalismus hinaus.[25] Der Staat sei verantwortlich für die Herstellung und Garantie einer Wettbewerbsordnung, da diese sich nicht spontan einstelle (wie noch die Altliberalen geglaubt hatten). Zudem vertrat Müller-Armack die Vorstellung, dass der Staat im Interesse des sozialen Ausgleichs durchaus in den Wirtschaftsprozess eingreifen solle und müsse – allerdings mit marktkonformen Mitteln.

Mit der Doktrin der Sozialen Marktwirtschaft konnte der Wirtschaftsminister der Adenauer-Ära, Ludwig Erhard, die günstigen ökonomischen Rekonstruktionsbedingungen (u.a. hoher, während des Krieges gewachsener und durch den Bombenkrieg nur geringfügig zerstörter Kapitalstock der deutschen Industrie, Überangebot an qualifizierten Arbeitskräften, Marshallplan-Hilfe und Koreaboom) nutzen, um durch Liberalisierung des Waren- und Geldverkehrs sowie mit steuerlicher Förderung der unternehmerischen Eigenfinanzierung aus Gewinnen und Abschreibungen die Wirtschaft anzukurbeln. Der langen Prosperitätsphase nach dem Zweiten Weltkrieg war auch der Ausbau des Sozial- und Wohlfahrtsstaates, finanziert durch hohe Wachstumsraten, zu danken. Diese trugen zum

---

25 Der klassische Wirtschaftsliberalismus, begründet von Adam Smith, hatte dem Staat vor allem die Aufgabe zugewiesen, Freiheit, Eigentum und Frieden zu schützen; des Weiteren sollte er sich um Verkehrswege und Bildung kümmern, jedoch keineswegs in die Wirtschaft eingreifen. Demgegenüber betonten die *Ordoliberalen* (neben Müller-Armack gehörten zu ihnen der in Freiburg lehrende Walter Eucken sowie Wilhelm Röpke, Alexander Rüstow, Franz Böhm), dass dem Staat als Aufgabe auch die Herstellung und Garantie einer Wettbewerbsordnung übertragen werden müsse. Diese auch als *Neoliberale* bezeichneten Wirtschaftswissenschaftler sollten nicht verwechselt werden mit den Neoliberalen, die im ausgehenden 20. Jahrhunderts die angelsächsische Variante des Kapitalismus mit einem zurückgestutzten Sozialstaat prägten (s. unter 4.2).

4.1 „Neue Wirtschaftspolitik" und Konzertierung

sukzessiven Abbau der Nachkriegs-Arbeitslosigkeit bei. In der Bundesrepublik unterschritt die Arbeitslosigkeit bereits 1955 „die bis dahin als Grenze zur Vollbeschäftigung angesehene 5 Prozent-Marke" (Abelshauser 1983: 110); zwischen 1960 und 1973 lag sie – mit Ausnahme des Rezessionsjahres 1967 – deutlich unter 2 Prozent, in den meisten Jahren sogar unter einem Prozent. Zwar resultierte aus der Wirtschaftspolitik Ludwig Erhards eine extrem ungleiche Einkommensverteilung und fortschreitende Kapitalkonzentration,[26] die aber für die Wahlentscheidungen der Massen abhängig Beschäftigter offensichtlich weniger in die Waagschale fielen als der bescheidene „Wohlstand für alle" (so lautete ein populärer Wahlspruch und Buchtitel Erhards), die Vollbeschäftigung und die Alterssicherung durch dynamisierte Renten.

Erst mit dem Auftreten wirtschaftlicher Schwierigkeiten, die auf Veränderungen in den Wachstumsbedingungen hindeuteten, gingen der CDU und ihrem Wirtschaftsminister Erhard, der gerade in der Zeit des sich abzeichnenden Umbruchs zum Kanzler aufgestiegen war (1963-1966), die breite Unterstützung der Wähler verloren. Wirtschaftlich bedeutete dies das „Ende der Nachkriegszeit" (Abelshauser 1983: 98). Sie bereitete den Boden für den Eintritt der Sozialdemokraten in die Regierung (Große Koalition 1966-69; Sozialliberale Koalition 1969-1982) und für einen wirtschaftspolitischen Kurswechsel, den der sozialdemokratische Wirtschaftsminister Karl Schiller herbeiführen sollte.

Schillers „neue Wirtschaftspolitik" war dem *Keynesianismus*[27] verpflichtet. Dies implizierte, dass der Staat nicht nur für die Wirtschaftsordnung, sondern auch für den Wirtschaftsablauf Verantwortung zu übernehmen habe. Die Verknüpfung von Ordnungspolitik und Prozesspolitik bezeichnete Schiller als „Synthese von Freiburger Imperativ und Keynesianischer Botschaft" (zit. n. Schlecht 1998: 41). Sie stellte auch das Verhältnis zwischen Staat und Gewerkschaften auf eine neue Basis. Hatte der Ordoliberale Erhard in den Gewerkschaften kaum mehr als den massierten Ausdruck von Gruppenegoismen gesehen, so wies ihnen der Keynesianer Schiller nunmehr eine wichtige politische Rolle im Prozess der Makrosteuerung zu.

Mit dem 1967 verabschiedeten „Gesetz zur Förderung der Stabilität und des Wachstums der Wirtschaft" (Stabilitätsgesetz) schuf sich die neue Regierung die

---

26 Das sog. Krelle-Gutachten 1968 enthielt die vielzitierte Aussage, dass 1,7 % der Haushalte 70 % des Produktionsvermögens besitzen (Krelle u.a. 1968).

27 Die nach dem britischen Nationalökonom John Maynard Keynes (1883-1946) benannte wirtschaftspolitische Konzeption, der zufolge der Staat den durch unzureichende Nachfrage und sinkende Investitionsneigung entstehenden wirtschaftlichen Stagnations- und Krisenerscheinungen durch zusätzliche, vornehmlich kreditfinanzierte Nachfrage und andere konjunkturstimulierende Maßnahmen entgegenwirken müsse.

Grundlage für die Steuerung des gesamtwirtschaftlichen Kreislaufs. Im § 1 werden der Wirtschaft die Ziele der staatlichen Wirtschaftspolitik wie folgt formuliert:

„Bund und Länder haben bei ihren wirtschafts- und finanzpolitischen Maßnahmen die Erfordernisse des gesamtwirtschaftlichen Gleichgewichts zu beachten. Die Maßnahmen sind so zu treffen, dass sie im Rahmen der marktwirtschaftlichen Ordnung gleichzeitig zur Stabilität des Preisniveaus, zu einem hohen Beschäftigungsstand und außenwirtschaftlichen Gleichgewicht bei stetigem und angemessenem Wirtschaftswachstum beitragen."

Das gesamtwirtschaftliche Gleichgewicht wird hier gleichgesetzt mit der Erfüllung des sog. „magischen Vierecks": Preisniveaustabilität, Vollbeschäftigung, Wirtschaftswachstum und ausgeglichene Zahlungsbilanz.

Die in den 1960er und 1970er Jahren vorherrschende Vollbeschäftigung, häufig herbeigeführt durch eine expansive Geld- und Fiskalpolitik des Staates, hatte verteilungspolitische Konsequenzen. Die abhängig Beschäftigten und ihre Gewerkschaften konnten aufgrund der für sie günstigen Arbeitsmarktbedingungen höhere Löhne durchsetzen als in Zeiten hoher Arbeitslosigkeit. Die Unternehmer ihrerseits nutzten alle Preiserhöhungsspielräume aus, um die steigenden Lohnkosten abzuwälzen und ihre Profitraten zu verteidigen. Die Gewerkschaften nahmen die Preissteigerungen erneut zum Anlass für Lohnforderungen. Infolge dieser Verteilungskämpfe beschleunigte sich die inflationäre Spirale. Die von Regierungen zur Bekämpfung der Inflation ergriffenen geld- und fiskalpolitischen Maßnahmen (Beschränkung der Geldmenge, Verteuerung der Kredite, Kürzung der Staatsausgaben etc.) zeigten häufig als negative Begleiterscheinung einen Rückgang der wirtschaftlichen Aktivitäten. Trat eine Rezession ein, musste diese wiederum mit Hilfe expansiver Geld- und Fiskalpolitik bekämpft werden. Die Wirtschaftspolitik vieler Länder (besonders ausgeprägt die Großbritanniens) erhielt damit den Charakter einer zyklischen „Stop and go"-Politik mit entsprechenden Wachstumsverlusten. Es waren diese Erfahrungen, die viele westliche Regierungen veranlassten, die keynesianische Globalsteuerung durch das stabilitätspolitische Instrument der Einkommenspolitik zu ergänzen.

Die in der Praxis erprobten Formen der Einkommenspolitik lassen sich auf drei Varianten zurückführen: indikative, imperative, kooperative Einkommenspolitik (nach Rall 1975). Die *indikative* Einkommenspolitik sucht durch Information, Orientierungsdaten und zwangfreie (*persuasive*) Einflussnahme auf das Verbandshandeln – bei unangetasteter Tarifautonomie – Preisstabilität zu erreichen. Die *imperative* Einkommenspolitik greift in die Handlungsfreiheit der Tarifparteien

4.1 „Neue Wirtschaftspolitik" und Konzertierung

und unter Umständen auch in die Preisautonomie der Unternehmen ein; entweder schreibt der Staat Lohn- und Preisniveau verbindlich vor, oder behält sich die Genehmigung lohn- und preispolitischer Entscheidungen vor. Die *kooperative* Einkommenspolitik schließlich ist eine Erweiterung der ersten Variante, ein Konsensverfahren, bei dem die Tarifparteien an der Fixierung von Leitlinien (*guidelines*) bzw. Orientierungsdaten für Lohnsteigerungen (evtl. auch für Preiserhöhungen) einbezogen werden. In seinem Kern ist es ein Verfahren der Verhaltensabstimmung am „Tisch der kollektiven Vernunft" (so apostrophierte es seinerzeit der sozialdemokratische Wirtschaftsminister Karl Schiller).

Die zuletzt genannte Variante der Einkommenspolitik fand in der Bundesrepublik in den Jahren 1967 bis 1977 ihren institutionellen Niederschlag in Form der *Konzertierten Aktion*. Schon im zweiten Jahresgutachten des 1964 eingesetzten „Sachverständigenrates zur Begutachtung der gesamtwirtschaftlichen Entwicklung" war erstmals 1965 von einer „Konzertierten Stabilisierungsaktion" die Rede. Empfohlen wurde, die inflationären Tendenzen im Preis- und Lohnsektor durch Abstimmung der Verhaltensweisen aller wirtschaftspolitisch Verantwortlichen – der staatlichen Instanzen und der autonomen Gruppen – zu bekämpfen. Der damalige Bundeskanzler (und frühere Wirtschaftsminister) Erhard lehnte als orthodoxer Verfechter der liberalen Marktwirtschaft derartige Regulierungs- und Steuerungsinitiativen ab. Erst nachdem durch die Bildung der großen Koalition zwischen CDU/CSU und SPD Ende 1966 der Sozialdemokrat Karl Schiller Wirtschaftsminister geworden war, fand dieser Vorschlag beim neuen Wirtschaftsminister ein offenes Ohr.

Bereits im Februar 1967 trat die *Konzertierte Aktion* zu ihrer konstituierenden Sitzung zusammen; Mitte 1967 wurde sie im Stabilitäts- und Wachstumsgesetz (§ 3) als wirtschaftspolitisches Instrument gesetzlich festgeschrieben. Die ihr angehörenden Gebietskörperschaften, Gewerkschaften und Unternehmerverbände sollten bei Gefährdung eines der im § 1 festgelegten Ziele – Stabilität des Preisniveaus, hoher Beschäftigungsstand, außenwirtschaftliches Gleichgewicht, stetiges und angemessenes Wirtschaftswachstum – durch Orientierungsdaten zu einem gleichzeitig aufeinander abgestimmten Verhalten angehalten werden.

Das Ziel der stabilitätsorientierten Lohnpolitik wurde zumindest in der ersten Phase (1967-69), als es um die Überwindung der Rezession ging, realisiert. Es gibt auch wenig Anhaltspunkte dafür, dass die praktizierte Tarifpolitik, die sich dem Ziel der Krisenbewältigung und Wiedergewinnung der Vollbeschäftigung unterordnete, im Widerspruch zu den artikulierten Mitgliederinteressen stand. Dies macht es erklärlich, dass den Gewerkschaftsführungen offensichtlich die vom sozialdemokratischen Wirtschaftsminister gegebenen Absichtserklärungen und ergriffenen Maßnahmen zur Wiedergewinnung der Vollbeschäftigung ausreichten, um zu einer äußerst zurückhaltenden Lohnpolitik überzugehen, die in der defensiven Formel „keine negative Lohnpolitik" ihre Untergrenze fand.

Im September 1969 kam es, bedingt durch die enge und lange Bindung der Tarifeinkommen an die ausgegebenen Orientierungsdaten, bei gleichzeitiger Gewinnexplosion, zu einer für die Streikgeschichte der Bundesrepublik völlig ungewohnten Welle „wilder Streiks", in der sich die Unzufriedenheit der Arbeitnehmer mit der sich öffnenden Schere zwischen Lohn- und Gewinnentwicklung Bahn brach. Die darin manifest werdende Kritik der Mitglieder an der Legitimität und Effektivität gewerkschaftlicher Interessenvertretung veranlasste die Gewerkschaften, vorgezogene Tarifverhandlungen und Überbrückungszahlungen bis zum Ablauf der tarifvertraglichen Fristen zu fordern. Nachdem in den Tarifverhandlungen der Jahre 1970/71 erhebliche Lohnsteigerungen erzielt worden waren, ließen sich die Gewerkschaften danach abermals auf einen Stabilitätsbeitrag zur Bekämpfung des Preisauftriebes ein. Als sich jedoch bald nach den Tarifabschlüssen 1972/73 abzeichnete, dass der Kaufkraftverlust höher ausfallen würde, als er bei den Lohnabschlüssen veranschlagt worden war, trugen mehrere Wellen „wilder Streiks" während des Jahres 1973 dazu bei, dass die „maßvollen" Lohnabschlüsse abermals „selbsttätig" durch Massen unzufriedener Arbeitnehmer nach oben korrigiert wurden.

In den 1970er Jahren verlor die *Konzertierte Aktion* mehr und mehr ihre Funktion. In der ersten Hälfte der Dekade gingen ihre Orientierungsdaten in der aktiven und teilweise kämpferischen Lohnpolitik der Gewerkschaften unter. In der zweiten Hälfte verlor sie durch die einsetzende und anhaltende Massenarbeitslosigkeit ihre Notwendigkeit. Im Sommer 1977 beschloss der DGB, seine Teilnahme an der *Konzertierten Aktion* vorerst einzustellen; Anlass war die von den Unternehmerverbänden gegen das Mitbestimmungsgesetz 1976 eingereichte Verfassungsklage. Auf dem DGB-Bundeskongress 1978 wurde aus der vorläufigen eine endgültige Absage an die *Konzertierte Aktion*.

Über die Erfahrungen mit der Konzertierten Aktion und dem Legitimitätsverlust der Gewerkschaften ist viel geschrieben und spekuliert worden. Eines wurde immer wieder hervorgehoben: Die Einbindung der Gewerkschaften in makroökonomische Steuerungsprozesse fordert diesen eine „Lohnmäßigung" ab, während ihre Mitglieder und Aktivisten eher eine Lohnmaximierung erwarten (vgl. Armingeon 1983). Auch in anderen Ländern war der Einsatz des einkommenspolitischen Instrumentariums von begrenzter und temporärer Wirkung. Eine wesentliche Ursache für des Scheitern ist darin zu suchen, dass das Zielsystem der Einkommenspolitik nur aus globalen Funktionszielen besteht und den gewerkschaftlichen Verteilungszielen keinen Raum lässt; im Gegenteil, der Lohnpolitik wird die Rolle eines Lückenbüßers für die fehlenden Kontroll- und Steuerungs-

4.1 „Neue Wirtschaftspolitik" und Konzertierung

möglichkeiten der Wirtschaftspolitik zugewiesen. Eine solche Funktion kann auf Dauer keine Gewerkschaft gegenüber ihren Mitgliedern legitimieren.

Aus dem Scheitern der Einkommenspolitik zogen manche Regierungen die Konsequenz, gemeinsam mit den Tarifparteien, vornehmlich den Gewerkschaften, *Sozialpakte* abzuschließen. In der Regel fixiert ein Sozialpakt einen „politischen Tausch" (Pizzorno 1978), in dem gewerkschaftliche Zurückhaltung in der Lohnpolitik honoriert wird mit politischen Konzessionen an die Gewerkschaften (z.B. Ausweitung ihrer Rechte und Einflusschancen) und/oder materiellen Kompensationen an die Mitglieder (Verbesserung der sozialen Sicherung, Steuererleichterungen etc.). Sozialpakte stellen eine intensivere Form der kooperativen Einkommenspolitik dar. Sie öffnen den Gewerkschaften die Möglichkeit, auf staatliche Wirtschafts- und Sozialpolitik Einfluss zu nehmen. Es sind gewöhnlich sozialdemokratische oder Arbeiterregierungen und „störungsmächtige" Gewerkschaften, zwischen denen Sozialpakte geschlossen werden.

Einkommenspolitik und Sozialpakte standen während der 1970er und frühen 1980er Jahre im Zentrum der politikwissenschaftlich orientierten Korporatismus-Debatte (vgl. dazu Czada 1994). Im Kontext der keynesianisch angeleiteten makroökonomischen Wirtschaftssteuerung stellte die Einkommenspolitik den Versuch dar, durch Einbeziehung der Unternehmerverbände und Gewerkschaften einen lockeren Interessenverband zwischen Staat, Kapital und Arbeit (*Tripartismus*) zu begründen, der die von den Gewerkschaften repräsentierten Interessen nicht einfach zurückdrängen, sondern mit den wirtschaftlichen Stabilitätsinteressen kompatibel zu machen suchte. Für die erwartete lohnpolitische Zurückhaltung der Gewerkschaften mussten ihnen im „politischen Tausch" Zugeständnisse gemacht werden, die zumindest im langfristigen Interesse ihrer Mitglieder lagen, wobei das Ausmaß der Konzessionen von der Organisationsmacht und dem potentiellen „Störverhalten" der Gewerkschaften bestimmt wurde. Zugeständnisse dieser Art konnten auf steuerlichem oder sozialpolitischen Gebiet liegen oder als politisch-institutionelle Reformen (z.B. Mitbestimmung) Gestalt annehmen.

Man kann diese Art von „politischem Tausch" als Basis eines *Sozialkontrakts* ansehen, der es ermöglichen soll, angesichts der gestiegenen Erwartungen an staatliche Steuerung die wirtschaftspolitischen Kontrollpotentiale der Gewerkschaften zu nutzen und ihnen dafür externe – staatliche und rechtliche – Hilfen für die Organisationssicherung (z.B. für die Rekrutierung und Bindung von Mitgliedern) anzubieten. Ein „politischer Tausch" dieser Art kann durch einen förmlichen Sozialkontrakt inhaltlich fixiert werden oder die Form eines unexpliziten, informellen Sozialpaktes annehmen. Somit ist auch das als „keynesianischer Sozialvertrag" bezeichnete Phänomen eher als ein auf stillschweigendem, wenn auch prekärem Konsens beruhendes Arrangement zwischen staatlichen und verbandlichen Eliten zu verstehen.

Diese Art von Elitenkonsens und Interessenarrangement hat in der sozialwissenschaftlichen Literatur über *Neokorporatismus* eine breite Aufmerksamkeit gefunden. In der von dem amerikanischen Politikwissenschaftler Philippe Schmitter mit dem Aufsatz „Still the Century of Corporatism?" (1974) ausgelösten Diskussion über Neo- oder liberalen Korporatismus (in Abgrenzung zum staatlich autoritären Korporatismus z.B. in Italien unter Mussolini) ging es vornehmlich um die Analyse des Verhältnisses zwischen Staat und Verbänden. Hatte die politische Theorie des Pluralismus in den Verbänden im wesentlichen Pressure Groups mit dem Ziel der Einflussnahme auf staatliche Entscheidungen gesehen, so betonte die politische Theorie des Neokorporatismus das symbiotische Verhältnis zwischen Staat und Verbänden, indem sie deren gesellschaftliche Steuerungsleistungen und staatsentlastenden Funktionen hervorhob. Gemeint waren im Wesentlichen die Großverbände mit Repräsentationsmonopol für die von ihnen vertretenen Bereiche, speziell die von Kapital und Arbeit. Wenn die Verbände im Rahmen korporatistischer Regulierungssysteme den Staat entlasten, so muss andererseits der Staat durch externe Organisationshilfen die internen Solidarisierungsprobleme der Verbände entschärfen und sie somit in die Lage versetzen, öffentliche Funktionen zu übernehmen. Anders gesagt: die Verbände können die Regulierungsprobleme des Staates nur lösen, wenn dieser die Organisationsprobleme der Verbände löst; insofern werden die staatsentlastenden Funktionen der Verbände komplementiert durch verbandsentlastende Funktionen des Staates.

4.2 Wirtschaftspolitischer Strategiewechsel: Deregulierung

Seit Anfang der 1980er Jahre fand in vielen Ländern ein wirtschaftspolitischer Strategiewechsel statt, der häufig mit dem Regierungswechsel zugunsten konservativer und wirtschaftsliberaler Parteien (in USA, Großbritannien, Frankreich, Deutschland) einherging. Soweit der keynesianische Korporatismus nicht bereits an seinen inneren Widersprüchen gescheitert war, machten die seit Ende der 1970er Jahre vom Arbeitsmarkt ausgehenden disziplinierenden Wirkungen der Massenarbeitslosigkeit die einkommenspolitischen Instrumente zur Eindämmung der Lohnentwicklung, und damit die Konzertierung der Interessen, überflüssig. Mehr noch, die wirtschaftliche Globalisierung (s. unter 5.3) stellte zunehmend die Wirksamkeit vieler auf den Nationalstaat bezogener Maßnahmen in Frage.

4.2 Wirtschaftspolitischer Strategiewechsel: Deregulierung

Deregulierung dominierte danach die wirtschaftspolitische Agenda. Zu verstehen sind darunter Einschränkungen des gesetzlichen und kollektivvertraglichen Schutzes der Arbeitnehmer zugunsten marktlicher Steuerung und individualvertraglicher Vereinbarungen. Die Neokonservativen und Neoliberalen nutzten ihre politisch-kulturelle *Hegemonie*[28] zum Generalangriff auf den Wohlfahrts- und Sozialstaat (vgl. Dubiel 1985). Aus der Sicht prononciert neoliberaler Wirtschaftsvorstellungen bewertete beispielsweise der damalige Leiter des einflussreichen Kieler Instituts für Weltwirtschaft die sozialstaatlichen Effekte wie folgt:

> *„Der Sozialstaat mag ein positiver Produktionsfaktor sein, aber er hat einen hohen Preis. Als Umverteilungsstaat beeinträchtigt er das Niveau der natürlichen Motivationen in der Bevölkerung, als Versorgungsstaat das Streben nach eigenständiger Sicherheit durch Vermögen und damit die Kapitalbildung, als Bürokratiestaat belastet er die Effizienz der Gesellschaft allgemein."* Überdies sei er als *„Subventionsstaat darauf bedacht, das Zerfallen und Zerstören des Morschen zu verhindern, statt dem Schöpferischen freie Bahn zu geben."* (Giersch 1986: 90)

Vom freidemokratischen Wirtschaftsminister Bangemann stammte gar der Vergleich, dass die klassische Sklaverei die Menschen nicht so schlimm versklavt habe wie der moderne Wohlfahrtsstaat (Frankfurter Rundschau vom 7.1.1988, S. 2).

Die zentralen wirtschaftspolitischen Ziele neokonservativer Regierungen sind die *Entfesselung der Marktkräfte und der technischen Innovationen* zwecks Stärkung der internationalen Wettbewerbsposition des jeweiligen Landes. Als Unterziele und Instrumente zu ihrer Erreichung sind zu nennen:

- forcierte Förderung von Spitzentechnologien,
- Privatisierung und Kommerzialisierung öffentlicher Dienste („Vermarktung von Staatsfunktionen"),
- Befreiung der Unternehmen von „wirtschaftsfremden" politischen Auflagen und „beschäftigungshemmenden" arbeitsrechtlichen Schutzvorschriften,
- Ablösung solidarischer Sicherungssysteme zugunsten individueller Vorsorge,
- Aufweichung kollektiver Regelungssysteme („Kampf dem Tarifkartell"),
- Zurückdrängung und Disziplinierung der Gewerkschaften.

Die damit verfolgte Entstaatlichung und Entinstitutionalisierung der Wirtschaft und Stärkung der unternehmerischen Autonomie wird mit vielen griffigen For-

---

28 Der Hegemonie-Begriff geht auf den italienischen Marxisten Antonio Gramsci zurück und bedeutet, dass eine Gruppe oder (politische) Klasse die öffentliche Meinung und Diskussionen dominant zu beeinflussen vermag.

men bezeichnet; als ein Zentralbegriff für diese Prozesse hat sich *De-Regulierung* erwiesen. De-Regulierung ist die neoliberale Form der Regulierung, eine marktorientierte Regulierung. Sie ist ein anderer Modus der Regulierung; anstelle organisatorischer und politischer Steuerung tritt die Regelung durch Marktkräfte; anstelle kollektiver treten individualvertragliche Regelungen. An die Stelle des Wohlfahrtsstaats tritt der „Wettbewerbsstaat".

In der *Abbildung 6* werden die Hauptmerkmale neoliberaler und korporatistischer Regulierungsmodelle gegenübergestellt. Es handelt sich um idealtypische Konstruktionen, die in der Realität in wechselnden Mischungsverhältnissen auftreten können; insofern sind sie auch als Pole eines breiteren Spektrums anzusehen.

Abbildung 6 Neokorporatistische und neoliberale Regulierung

	Neokorporatistisches Regulierungsmodell (Konzertierung)	**Neoliberales Regulierungsmodell** (Deregulierung)
Verhältnis Markt/Organisation	Ersetzung von Marktmechanismen durch organisatorische und politische Macht	Zurückdrängung von organisatorischer und politischer Macht zugunsten der Marktkräfte
Wirtschaftspolitische Hauptdoktrin	Keynesianismus (Nachfragepolitik)	Neoliberalismus (Angebotspolitik)
Wirtschaftspolitische Hauptziele	Sicherung von Stabilität, Wachstum und Vollbeschäftigung im nationalstaatlichen Rahmen (Modernisierungspolitik unter Prosperitätsbedingungen)	Förderung der Innovations- und Konkurrenzfähigkeit im internationalen Wettbewerb (Modernisierungspolitik unter Bedingungen der Globalisierung)
Verhältnis Staat/Gewerkschaft	politischer Tausch (Sozialkontrakt)	Disziplinierung/Ausgrenzung *(Labour Exclusion)*
Verrechtlichungs-Tendenz	Stärkung der Gewerkschaften, der Tarifautonomie und betrieblichen Mitbestimmung	Schwächung der Gewerkschaften und ihrer Integrationsfähigkeit/ Deregulierung
Sozialstaat	expansiv	kontraktiv
typische Folgeprobleme	Überforderung der systemischen Konzessionsspielräume/ Rigiditäten	Spaltung der Gesellschaft („Zweidrittelgesellschaft", „Prekariat")

4.2 Wirtschaftspolitischer Strategiewechsel: Deregulierung

Ihre prototypische Ausprägung fand die Deregulierung in Großbritannien unter den konservativen Regierungen Margret Thatchers (1979-1990) und John Majors (1990-1997) und in den USA unter der Präsidentschaft des Republikaners Ronald Reagan (1981-1989). Aber selbst die sozialdemokratische Regierung Schwedens sah sich unter dem Druck des internationalen Wettbewerbs gezwungen, drastische Einschnitte in ihre wohlfahrtsstaatlichen Systeme vorzunehmen.

Staatliche Deregulierungsmaßnahmen sind eine „ordnungspolitische Flankierung unternehmerischer Flexibilisierungsbemühungen" (Keller 1997: 445). Die Befürworter der Deregulierung argumentieren, dass viele arbeitsrechtliche und tarifliche Regelungen beschäftigungshemmend seien und die unternehmerische Flexibilität einschränkten. Gleichwohl geht es ihnen nicht um einen ersatzlosen Fortfall von Regelungen, sondern häufig nur um einen Wechsel der Regulierungsebenen auf die nächstniedrigere:

- von der gesetzlichen auf die tarifliche,
- von der tariflichen auf die betriebliche,
- von der betrieblichen auf die einzelvertragliche Ebene.

Die Deregulierungen, welche während der Regierungszeit Kohl (1982-1998) in Deutschland vorgenommen wurden, nehmen sich – im Vergleich zu anderen Ländern (z.B. Großbritannien, aber auch Schweden) – moderat aus; zu ihnen gehören: die Aufhebung des Vermittlungsmonopols der Bundesanstalt für Arbeit, die Lockerung der arbeitsrechtlichen Regelungen zur Befristung von Arbeitsverträgen, die Einschränkung des Kündigungsschutzes in Kleinbetrieben von bisher 5 auf 10 Beschäftigte, die Ausweitung atypischer (d.h. arbeitsrechtlich schwach geschützter) Beschäftigungsverhältnisse, die Herabsetzung der Lohnfortzahlung im Krankheitsfall, die Ermöglichung der Sonntagsarbeit aus wirtschaftlichen Gründen, die Änderung des Ladenschlussgesetzes. Insbesondere die den Arbeitsmarkt betreffenden Vorschläge gingen zurück auf die von der Regierung Kohl eingesetzte Deregulierungskommission.

Nachdem auch die Nachfolgeregierung, die rot-grüne Koalition unter Kanzler Schröder, in der Bekämpfung der Massenarbeitslosigkeit erfolglos geblieben war, wurde mit der „Agenda 2010" eine sachverständige Kommission zur Reform der Sozialsysteme (Hartz-Kommission[29]) eingesetzt. Deren Vorschläge fanden ihren Niederschlag in den sog. Hartz-Gesetzen (2003-2005); die wichtigsten Maßnahmen waren die folgenden:

---

29 Sie wurde nach dem Vorsitzenden der Kommission, Peter Hartz, dem langjährigen Arbeitsdirektor von Volkswagen AG, benannt.

- Umbau der Bundesanstalt für Arbeit zu einem modernen Dienstleistungsunternehmen: Bundesagentur für Arbeit mit Job-Centern als einheitliche Anlaufstellen für alle Arbeitslosen und die Einführung von Bildungsgutscheinen;
- Kürzung der Bezugsdauer des Arbeitslosengeldes von maximal 32 auf maximal 12 bzw. 18 Monate für Arbeitslose ab 55 Jahre[30] und die Verschärfung der Zumutbarkeit; die Zusammenführung von Arbeitslosen- und Sozialhilfe zum Arbeitslosengeld II;
- Förderung atypischer und selbständiger Beschäftigung: Ich-AG, Mini- und Midi-Jobs, Leiharbeit im Rahmen der Personalservice-Agenturen (PSA), Ein-Euro-Jobs;
- Reform der Instrumente aktiver Arbeitsmarktpolitik durch Zusammenlegung von Arbeitsbeschaffungs- und Strukturanpassungsmaßnahmen, um die Handlungsautonomie der Betroffenen zu vergrößern, ihre „Marktfähigkeit" zu stärken (Seifert 2005).

Die arbeitsrechtlichen Änderungen erleichterten die Ausweitung der befristeten Arbeitsverhältnisse, der Teilzeitarbeit und Leiharbeit, die Lockerung der Kündigungsschutzbestimmungen, die Absenkung der Lohnersatzleistungen für Arbeitslose, die Herabsetzung der Zumutbarkeitskriterien für angebotene Arbeitsstellen, die Umwandlung sozialversicherungspflichtiger Beschäftigung in Minijobs (Substitutionseffekt). Gemeinsam ist ihnen eine permissive Tendenz, die weitreichende Ausnahmeregelungen von arbeitsrechtlichen Standards erlaubt und die Etablierung von prekären Beschäftigungsverhältnissen (s. unter 5.2) begünstigt und damit die Sicherungsfunktion des Normalarbeitsverhältnisses aushöhlt.

Insgesamt zielten die Maßnahmen zur Deregulierung zum einen auf die Schwächung der gewerkschaftlichen Durchsetzungsmacht und zum anderen auf die Verstärkung der unternehmerischen Definitionsmacht für die Gestaltung des Arbeitsvertrages und der Arbeitsbedingungen. Damit öffneten diese Eingriffe in die Arbeits- und Sozialverfassung die Tore für die vielfältigen betrieblichen Strategien der „Flexibilisierung" der Arbeitsverhältnisse. Insofern war Deregulierung der ordnungspolitische Rahmen für unternehmerische Flexibilisierung.

Fragt man nach den beschäftigungspolitischen Effekten der Deregulierung, dann verweisen die Gegner der Hartz-Reformen auf die weiterhin hohe und dauerhafte Arbeitslosigkeit in Deutschland, während die Befürworter der Deregulierung auf die deutliche Reduzierung der Arbeitslosigkeit von 5 auf 3 Millionen verweisen können, welche die Reform-Gegner indes auf andere – beispielsweise

---

30 Mit Geltung vom 1. Januar 2008 wurde für ältere Arbeitnehmer die Bezugsdauer wie folgt verändert: 15 Monate ab 50 Jahre, 18 Monate ab 55 Jahre, 23 Monate ab 58 Jahre.

konjunkturelle und lohnpolitische – Faktoren zurückführen. Generell bleiben empirische Nachweise über die Effekte der Hartz-Reformen anfechtbar.

Allgemein hat die Idee eines die Wirtschaft steuernden Staates auch durch den Zusammenbruch der staatssozialistischen Länder Ende der 1980er Jahre in der Bevölkerung an Attraktivität und Überzeugungskraft eingebüßt. „Planwirtschaft" ist zum Synonym für wirtschaftliche Ineffizienz geworden. Wenn es an einem glaubhaften Gegenmodell zur Marktwirtschaft fehlt, büßen auch die Gewerkschaften als vermeintlich wichtiges Korrektiv zur Umverteilung von Gewinnen an die Arbeitnehmer an gesellschaftlicher Wertschätzung ein.

4.3 Flexible Konzertierung – Konzertierte Flexibilisierung

Eine Reihe europäischer Länder hat zeitweilig die Konzertierung wieder entdeckt: seit den 1990er Jahren schlossen sie nationale Sozial- oder Beschäftigungspakte ab (vgl. die instruktive Übersicht bei Schulten 2004: 255). Dieses Wiederaufleben der Konzertierung bedeutet indessen keine Rückkehr zum keynesianisch grundierten Neokorporatismus der 1970er Jahre. Es handelt sich vielmehr um eine neuartige Kombination von Flexibilisierung und Konzertierung, die häufig unter dem Namen „Bündnis für Arbeit" firmiert.[31] Die Teilnehmer handeln unter Krisenbedingungen, und ihre Ziele sind: „Verbesserung der nationalen Wettbewerbsfähigkeit, Bekämpfung der Arbeitslosigkeit und Sanierung der öffentlichen Haushalte" (Hassel 1998: 626). Die neue Konzertierung beschränkte sich nicht auf einen Themenbereich, sondern umfasste „Politikfelder wie Tarif-, Sozial-, Steuer- und Arbeitsmarktpolitik" (ebd.: 627). Sie diente als ein strategisches Instrument zum Umbau des Sozialstaats und zur Flexibilisierung der Arbeitsmärkte zwecks Umverteilung der Arbeit und Schaffung zusätzlicher Beschäftigungsmöglichkeiten. Der lohnpolitische Hebel hierzu ist nicht mehr eine „produktivitätsorientierte" Lohnpolitik, wie sie die keynesianische Einkommenspolitik avisierte, sondern eine „wettbewerbsorientierte" Lohnpolitik mit Abschlüssen unterhalb des Produktivitätsfortschritts. Lohnzurückhaltung war ein wichtiges Element der meisten nationalen Sozialpakte. Einige Sozialpakte hatten zum Referenzpunkt die durchschnittlichen Lohnerhöhungen der wichtigsten Konkurrenzländer (Schulten 2004: 254ff.).

Die sich in Deutschland nach dem Regierungswechsel 1998 abzeichnende neue (moderate) korporatistische Wirtschaftspolitik der rot-grünen Koalition unter

---

31 Im Unterschied zu den betrieblichen „Bündnissen für Arbeit" (s. unter 6.3) ist dieses makroökonomisch ausgerichtet.

Schröder war nur kurzfristiges Zwischenspiel. Nachdem das vom Vorsitzenden der IG Metall initiierte „Bündnis für Arbeit" unter der alten Regierung Kohl gescheitert war, hatte die Regierung Schröder unter dem Titel „Bündnis für Arbeit, Ausbildung und Beschäftigung" ein ambitioniertes Konzertierungsgremium für die notwendigen Reformen in Wirtschaft und Gesellschaft ins Leben gerufen. Eine besondere Rolle spielte die *Benchmarking*-Arbeitsgruppe, die ausschließlich aus Wissenschaftlern bestand und die Themen des nationalen Bündnisses im internationalen (Wettbewerbs-)Vergleich aufarbeiten sollte. Als zum ersten Mal nach der Bundestagswahl 2002 die Spitzenrunde des Bündnisses für Arbeit im März 2003 zusammentrat und die Vertreter der Arbeitgeber und Gewerkschaften ihre miteinander unvereinbaren Forderungen vorgetragen hatten, erklärte der Bundeskanzler, er sehe keinerlei Fortschritt und deshalb keinen Sinn darin, die Treffen fortzusetzen. Die Regierung wollte in dieser kritischen Lage nicht mehr auf das Bündnis für Arbeit zurückgreifen, sondern setzte die Hartz-Kommission zur Reform der Sozialsysteme ein (s. oben).

Die Regierung der großen Koalition aus CDU/CSU und SPD unter der Kanzlerin Merkel (2005-2009 und seit 2013) versuchte erst gar nicht, ein neues tripartistisches Bündnis zu schmieden. Gleichwohl gibt es regelmäßige Gespräche zwischen Regierung und führenden Gewerkschaftern. Nach dem Urteil des vormaligen IG-Metall-Vorsitzenden, Detlef Wetzel, sei die Bundeskanzlerin augenfällig bemüht; Interessengruppen einzubinden: „Diverse Gipfel, Plattformen und Runden im Kanzleramt künden davon" (Wetzel 2013: 15). Ein erfolgreiches gemeinsames Vorgehen gab es in der „bisher schwersten Krise in der modernen Geschichte des internationalen Finanzsystems" mit drei ineinander übergehenden Phasen: „eine Banken- und Finanzkrise (‚Subprime-Krise‘), die im Sommer 2007 in den Vereinigten Staaten von Amerika ausbrach und rasch nach Europa übergriff. Dieser folgte eine globale Wirtschaftskrise, die im Herbst 2008 einsetzte, und eine Staatsschulden- und Bankenkrise, die einige Euroländer im Frühjahr 2010 erfasste und den gesamten Euroraum in Mitleidenschaft gezogen hat" (Deutsche Bundesbank Eurosystem).

Dem wirtschaftlichen Abschwung wirkten gewerkschaftliche Lohnzurückhaltung, verlängerte Fristen für Kurzarbeit, Abbau von Überstunden und zwei Konjunkturprogramme entgegen. Unter Anderem wurde Bürgern ein Zuschuss gewährt, „wenn sie ein altes, wenig umweltfreundliches Auto verschrotteten und ein neues Auto kauften (‚Abwrackprämie‘). Das stabilisierte den Autoabsatz und dies wiederum die Beschäftigung in der Autoindustrie" (ebd.). Dank dieser Maßnahmen überstand Deutschland Im Vergleich zu anderen Ländern die Krise ohne Einbrüche auf dem Arbeitsmarkt und ohne größere Wachstumsverluste. Was in der ausländischen Presse als „deutsches Beschäftigungswunder" bestaunt wurde,

4.3 Flexible Konzertierung – Konzertierte Flexibilisierung

verdankte sich primär dem durch antizyklische Arbeitszeitgestaltung gestützten robusten Arbeitsmarkt.

Ein von der IG Metall initiiertes, verbände-orientiertes korporatistisches Projekt ist die 2015 ins Leben gerufene Plattform „Bündnis Zukunft der Industrie". Daran sind das Bundeswirtschaftsministerium sowie die Unternehmensverbände und Gewerkschaften, die die Unternehmen und Beschäftigte des Industriesektors (Bau, Chemie, Metall- Elektroindustrie) vertreten, beteiligt. Sie unterzeichneten ein Dokument, das neue Qualifizierungs- und Weiterbildungsstrategien, einen „New Deal für Technologie- und Investitionsförderung" fordert (Wetzel 2014b). Die Industrie mit ihren 22 Prozent der gesamten Bruttowertschöpfung und mit rund drei Viertel der Exporte für Deutschland ist „ein wesentlicher Garant für Wohlstand, Wachstum, technologische Innovation und zukunftssichere Arbeitsplätze", heißt es in dem Gründungsdokument. Damit die industrielle Entwicklung am Standort Deutschland auch in Zukunft eine Erfolgsgeschichte bleibe, müsse ein „Zusammenwirken von branchenübergreifender Sozialpartnerschaft, Mitbestimmung und der Erhalt der Wertschöpfungsketten [...] immer wieder aufs Neue erarbeitet werden". Geplant ist, „die bestehenden Foren, Plattformen und Branchendialoge" unter dem Dach des Bündnisses für Industrie zu koordinieren und zu revitalisieren. In einem gemeinsamen Netzwerk werden fünf Arbeitsgruppen Schwerpunktthemen behandeln und die erarbeiteten Handlungsempfehlungen an eine „High-level Group" des Bündnisses (bestehend aus Wirtschaftsminister Gabriel und den Vorsitzenden der beteiligten Gewerkschaften und Unternehmensverbänden) zur Beratung weiterreichen. Unter den Herausforderungen von Digitalisierung und Internationalisierung will das Bündnis „darauf hinwirken, dass Sozialpartnerschaft und Tarifautonomie auch künftig für unsere Wirtschaft prägend bleiben". („Bündnis Zukunft der Industrie", Gemeinsame Erklärung.[32]). Bezeichnend ist, dass aus dem Dokument die Idee einer Sozialpartnerschaft spricht, die Arbeitsplatzsicherung, Mitbestimmung und Tarifautonomie als wesentliche Komponenten einschließt.

Obwohl es in der Mehrzahl der EU-Staaten schon seit langem einen gesetzlich festgesetzten *Mindestlohn* gab, tat sich die große Koalition schwer mit seiner Einführung.

Vom DGB mehrheitlich gefordert, drängte die SPD im Juni 2007 auf eine Entscheidung über den Mindestlohn in der Koalitionsrunde. Unterstützt vom Mainstream der wirtschaftswissenschaftlichen Institute, sperrte sich die CDU gegen einen allgemeinen gesetzlichen Mindestlohn. Sie schlug als Kompromiss vor, die

---

32 http://www.bmwi.de/DE/Themen/Industrie/Industriepolitik/buendnis-zukunft-der-industrie.html

nach dem Arbeitnehmer-Entsendegesetzes von 1996 geltende Regelung für die Bauindustrie auf weitere Branchen (z.B. Zeitarbeit, Postdienste, Bewachungsgewerbe, Friseurhandwerk, Fleischverarbeitung, Gaststättengewerbe) anzuwenden. Als Argumente gegen einen gesetzlichen Mindestlohn führten Wirtschaftswissenschaftler und CDU vornehmlich einen angeblich drohenden Verlust von (niedrig entlohnten) Arbeitsplätzen ins Feld;[33] daneben verwiesen sie auf die Zuständigkeit der Tarifparteien für die Lohnfindung.

Weder in der ersten Großen Koalition (2005-2009) unter Kanzlerin Merkel und erst recht nicht in der darauf folgenden schwarz-gelben Koalition (2009-2013) fiel eine Entscheidung für einen gesetzlichen Mindestlohn. Erst mit der Bildung der zweiten Großen Koalition (ab 2013) konnte die SPD den im Koalitionsvertrag vereinbarten Mindestlohn durchsetzen. Ab 1. Januar 2015 wurde ein flächendeckender allgemeiner gesetzlicher Mindestlohn für Arbeitnehmer in Höhe von 8,50 Euro pro Stunde eingeführt. Er soll regelmäßig alle zwei Jahre, erstmals Anfang 2017, entsprechend der Entwicklung der Tariflöhne durch Rechtsverordnung der Bundesregierung erhöht werden. Die Erhöhung erfolgt auf Vorschlag einer ständigen Kommission der Tarifpartner (Mindestlohnkommission), die alle fünf Jahre durch die Bundesregierung neu berufen wird. Sie besteht aus einem Vorsitzenden, je drei stimmberechtigten ständigen Mitgliedern der Arbeitnehmer- und der Arbeitgeberseite, sowie zwei wissenschaftlichen Mitgliedern ohne Stimmrecht.

Als ein weiteres Projekt zur Regulierung des unter Kanzler Schröder teilweise deregulierten Arbeitsmarktes ist ein Gesetzesentwurf der Arbeitsministerin zu sehen, der die Regulierung von Leiharbeit und Werkverträgen vorsieht. Ihm zufolge sollen Betriebsräte erweiterte Informationsrechte über Art und Umfang von Werkverträgen erhalten, sollen Leiharbeitnehmer nach neun Monaten den gleichen Lohn wie die Stammbeschäftigen erhalten und nach 18 Monaten Beschäftigung vom entleihenden Betrieb übernommen werden, auch dürfen sie nicht als Streikbrecher eingesetzt werden.

---

33 Diese Annahme wurde im Falle Großbritanniens mit einer fundierten ökonomischen Untersuchung David Metcalfs (2007) von der London School of Economics widerlegt.

In diesem Kapitel wurde die Rolle des Staates für die industriellen Beziehungen beschrieben und die verschiedenen staatlichen Strategien der letzten fünf Jahrzehnte erörtert.

Übungsaufgaben:

1. *Inwiefern kann von einer „dritten Regulierungsebene" der industriellen Beziehungen gesprochen werden?*
2. *Welche Ziele verfolgte die Konzertierte Aktion?*
3. *Welche Strategien kennzeichnen das neoliberale De-Regulierungsmodel?*
4. *Was berechtigt, von einer konzertierten Flexibilisierung unter der Kanzlerschaft von Angela Merkel zu sprechen?*
5. *Mit welchen Maßnahmen und Strategien wurde die Wirtschaftskrise ab 2007 bewältigt?*

Sozialstruktureller Wandel und wirtschaftliche Globalisierung 5

Die Arbeit, nach Marx eine „ewige Naturnotwendigkeit", änderte ihre Formen und ihren Charakter im Verlaufe der Geschichte mal langsamer, mal schneller. Seit der Industrialisierung lassen sich drei große Entwicklungsperioden in der Organisation der gesellschaftlichen Arbeit unterscheiden:

1. der Übergang vom zünftigen Handwerk zur arbeitsteiligen und maschinellen Fabrikproduktion,
2. die Epoche der tayloristisch-fordistischen Massenfertigung und
3. der Übergang zum High-tech-Kapitalismus oder *Postfordismus* mit flexibler Spezialisierung und „diversifizierter Qualitätsproduktion" von Gütern und Dienstleistungen.

Den Beginn jeder Epoche markierte eine Industrielle Revolution. In den fortgeschrittenen kapitalistischen Ländern sind wir derzeit Zeuge einer industriellen Revolution, die freilich nicht – wie die früheren – sich vorwiegend im nationalstaatlichen Rahmen abspielt, sondern einher geht mit einer Globalisierung von Märkten, Produktionsstrukturen und sonstigen Wirtschaftsbeziehungen, kurz: mit einer weltweit vernetzten Ökonomie unter der Dominanz von Finanzmärkten.

5.1 Industrielle Revolutionen

Industrielle Revolutionen sind weder bloße technische Revolutionen noch lassen sie sich auf Revolutionen der hauptsächlichen Energiebasis (etwa nach dem Muster: vom Dampf über die Elektrizität zur Atomkraft) reduzieren. Sie sind Revolutionen des Gesamtsystems der Produktivkräfte, zu denen neben der Technik auch die Arbeitskräfte und ihre Qualifikationen sowie die Organisationsformen der Arbeit zählen. Über rein technische Revolutionen gehen sie insofern hinaus, als sie nicht nur qualitative Neuerungen in der Technologie der Werkzeuge, Maschinen und Produktionsverfahren bewirken, sondern gleichzeitig den Wandel von Arbeitskräftestrukturen und Fachqualifikationen, von Arbeits- und Gütermärkten, von Formen der Arbeitsorganisation und der Managementkontrolle einschließen. Sie wälzen, mit anderen Worten, nicht nur technische Verfahren und den Charakter der produktiven Arbeit, sondern auch soziale Verhältnisse um (Müller-Jentsch 1994).

Abbildung 7 Industrielle Revolutionen

	Zeitraum	*Schrittmacher*	*Charakteristische Produktionsweise*
Erste	1780 - 1830/50	England	mechanisierte Fabrikproduktiom
Zweite	1880 - 1930	USA und Deutschland	Massenproduktion („Fordismus")
Dritte	ab 1970	fortgeschrittene Industrieländer	flexible Spezialisierung, vernetzte & digitalisierte Produktion (Industrie 4.0)

In der ersten Industriellen Revolution des späten 18. und frühen 19. Jahrhunderts in England erfolgte der Übergang von der Hausindustrie und manufakturellen Produktion zum Fabriksystem auf der technischen Grundlage der Teilmechanisierung von Arbeitsvorgängen und mechanischen Energieerzeugung. Sie war zugleich die Geburtsstunde des Industrieproletariats als einer neuen Klasse und dem Nukleus der Arbeiterbewegung.

Die zweite Industrielle Revolution des späten 19. und frühen 20. Jahrhunderts revolutionierte – auf der technischen Basis von mechanischer Fertigung, Fließband und elektrischer Energienutzung – die Fabrikproduktion zur standardisierten

5.1 Industrielle Revolutionen

Massenfertigung nach den Leitlinien des Taylorismus und Fordismus.[34] Ihre Folge war die Homogenisierung der Lohnarbeiterschaft durch Angleichung der Soziallagen und Entwertung von Qualifikationen.

Von einer dritten Industriellen Revolution ist die Rede im Zusammenhang mit der Einführung und Anwendung von Informations- und Kommunikationstechnologien in Produktion und Verwaltung seit etwa Mitte der 1970er Jahre. Mehr noch als in den beiden vorangegangenen Industriellen Revolutionen, bleibt die epochenspezifische Technologie der dritten Industriellen Revolution – Mikroelektronik und Informationstechnologie – nicht auf spezielle Sektoren und Industrien begrenzt; sie reicht in zahllose Bereiche der Arbeits- und Lebenswelt hinein. Die schier endlose Liste ihrer potentiellen Verwendung veranlasste die Angelsachsen zum Wortspiel „chips with everything".

Neben den nahezu unbegrenzten Anwendungsmöglichkeiten notierte der amerikanische Soziologe Daniel Bell folgende vier Basisinnovationen als konstitutiv für die neue Industrielle Revolution: 1. den Wechsel von den mechanischen, elektrischen und elektromechanischen zu elektronischen Systemen; 2. Die Miniaturisierung der elektronischen Komponenten; 3. die Digitalisierung und 4. die Loslösung der Software von der Hardware mit der überragenderen Bedeutung der ersteren gegenüber der letzteren (Bell 1990: 31f.).

Worin bestehen die spezifischen Auswirkungen der neuen Technologie auf Produktion und Verwaltung? Industrielle Verarbeitungsprozesse setzen sich aus einer Kombination von drei verschiedenen, aber funktional miteinander verbundenen Teilprozessen zusammen: 1. der Umwandlung von Materialien und Komponenten (Transformation), 2. dem Transport dieser Materialien zwischen den einzelnen Arbeitsstationen (Transfer) und 3. der kognitiven Kontrolle über den Vollzug der ersten und zweiten Operation (vgl. Coombs 1985). Nachdem in der ersten und zweiten Industriellen Revolution die Transformations- und Transferoperationen mechanisiert worden waren, ermöglichen die Informationstechnologien der dritten Industriellen Revolution nunmehr auch die Mechanisierung der Kontrolloperationen. Gerade wegen ihrer universellen und flexiblen Einsatzmöglichkeit als *Kontroll-* und *Steuerungs*technologie stellen sie eine qualitativ neue Etappe in der Entwicklung von Mechanisierung und Automation dar. Sie erhöhen die Kontrolleffizienz von Operateuren über Maschinerie und Produktionsprozess

---

34 Frederic Winslow Taylor (1856-1915) und Henry Ford (1863-1947) legten die betriebswirtschaftlichen und arbeitsorganisatorischen Grundlagen für die moderne Massenpodukation, Taylor durch Arbeitszerlegung und Zeitstudien, Ford durch die Einführung des Fließbandes für die Montage.

durch Rückkoppelungsinformationen und/oder automatische Computerkontrolle mit entsprechenden Korrekturen.

Arbeiten, die hohe Fachqualifikationen erfordern, werden in zunehmendem Maße mit einer avancierten Kontrolltechnologie ausgestattet, die ihrerseits nicht mehr Maschinenbediener, sondern „Systemregulierer" benötigt. Diese Entwicklungen werden begleitet von Prozessen der Integration vormals getrennter Aktivitäten und Bereiche. Einige Experten sprechen auch von „integrierter" oder „systemischer Rationalisierung" (Altmann u.a. 1986; Baethge/Oberbeck 1986). Bei dieser Form der Rationalisierung werden die organisationstechnischen Potentiale der Informationstechnologien für die Integration der betrieblichen Teilprozesse (vom Auftragseingang bis zur Auslieferung an die Kunden), aber auch für den Aufbau zwischenbetrieblicher Netzwerke (zwischen Hersteller und Zulieferer, Produzent und Händler) genutzt). Damit wird sie zu einer veritablen Steuerungstechnologie.

Weitere Anwendungsmöglichkeiten eröffnen die Informationstechnologien zur Rationalisierung der Büro- und Verwaltungsarbeit. Sie erlauben in großem Umfang die Automatisierung von Routinearbeiten in den Schreib- und Zeichenbüros und die Effektivierung von Sacharbeitertätigkeiten mit programmgestützten Arbeitsmitteln. Ohne die Nutzung von Informationstechnologien wäre auch die stürmische Expansion wissensbasierter Arbeit in Produktion, Forschung und Entwicklung nicht denkbar gewesen. Schon in den siebziger Jahren hat Daniel Bell (1975) auf die zentrale Bedeutung des theoretischen Wissens als Quelle von Innovationen hingewiesen und es zum „axialen Prinzip" der nachindustriellen Gesellschaft erklärt. Wissen wird nicht nur in Produkten und Dienstleistungen vergegenständlicht, sondern wird selbst zur Ware (Buss/Wittke 2001). Andere Sozialwissenschaftler (Nico Stehr, Helmut Willke, Martin Heidenreich) zögern nicht, die moderne Gesellschaft als „Wissensgesellschaft" zu apostrophieren (vgl. den Sammelband von Konrad/Schumm 1999; Heidenreich 2003) Als Nachfolgeterminus der „Informationsgesellschaft" beinhaltet er in einem erweiterten Verständnis auch die Organisation von Wissensprozessen und die systematische Generierung von Wissen durch Wissensmanagement (Kocyba 2004).

Die mikroelektronische oder digitale Revolution hat den Charakter einer bloß technischen Revolution längst überschritten; mit der Diffusion der neuen Technologie ging eine grundlegende Reorganisation der Arbeits- und Produktionsprozesse mit qualitativen Veränderungen im Charakter der Arbeit und in der Stellung der Menschen in der Arbeitswelt einher (Jäger 1999).

Unter dem Schlagwort „Industrie 4.0" wird in der Fachwelt und den Medien über einen neuen Technologieschub mit der Vermutung diskutiert, dass es sich um eine vierte industrielle Revolution handele. Selbst das Weltwirtschaftsforum in Davos stellte 2015 seine Debatten unter das Motto „Vierte industrielle Revolution". Dies ist indessen eine voreilige, technologiezentrierte Schlussfolgerung, möglicherweise ein „Hype", wie die Technologieexpertin der IG Metall vermutet (Kurz 2015: 96). Genau besehen, handelt es sich um eine weitere Entwicklungsstufe der „systemischen Rationalisierung". Der Wirtschafts- und Industriesoziologe Hartmut Hirsch-Kreinsen spricht nüchterner von einer „zweiten Phase der Digitalisierung", die für eine dichtere Vernetzung und engere horizontale Integration von Planung, Steuerung und Überwachung der Produktion ausschlaggebend sei (Hirsch-Kreinsen 2015: 11 f.). Gleichwohl gehen von dieser Entwicklung erhebliche Risiken, aber auch neue Gestaltungsoptionen für die Arbeitsplätze aus. Dass durch sie auch viele Arbeitsplätze eingespart werden können, ist die nicht unberechtigte Sorge der Gewerkschaften.

Indes ist bei allem zu beachten, dass „jede Aussage zur Industrie 4.0, ihrer Ausgestaltung und ihrer Konsequenzen (...) zum heutigen Zeitpunkt notwendigerweise spekulativ (ist). Konkrete Erfahrungen mit Industrie 4.0 – im Sinne des anspruchsvollen technologischen Konzepts, das in Wissenschaft, Wirtschaft und Politik diskutiert wird (...) – gibt es in der Industrie bisher nicht oder nur in Ansätzen" (Kärcher 2014: 19).

5.2 Wandel der Arbeitskräftestruktur

Im Verlauf der früheren industriellen Revolutionen kristallisierte sich ein für die jeweilige Epoche typischer Arbeitscharakter heraus. Zwar repräsentierte der *Fabrikproletarier* der frühen Industrialisierung und der (verberuflichte oder angelernte) *Massenarbeiter* des fordistischen Zeitalters keineswegs die jeweilige Majorität, sondern nur bestimmte Teilmengen der Arbeitskräfte ihrer jeweiligen Epoche, aber dennoch konnten beide unschwer als die für ihre Zeit charakteristischen Typen gelten, selbst wenn daneben noch eine Unzahl anderer Arbeitsformen existierten.

Für unsere Zeit fällt es indessen schwer, einen derart signifikanten Arbeitnehmertypus zu benennen. Zwar hatte der in Horst Kerns und Michael Schumanns Buch über das „Ende der Arbeitsteilung" (1984) als neuer Typus figurierende „Systemregulierer" alle Chancen dazu, aber – wie spätere Untersuchungen ergaben – nimmt er selbst in seinem angestammten Milieu, der industriellen Produktion, nur die Position einer kleinen Minderheit ein. Auch der *Intrapreneur* (s. unter 6.2) als „Rollenmodell marktzentrierter Arbeit" und „idealtypischer Gegenentwurf zum ‚fordistischen Normalarbeiter'" (Brinkmann/Dörre 2006: 140) hat noch nicht die kritische (quantitative) Masse erreicht. Wir müssen zur Kenntnis nehmen, dass nicht nur der Flickenteppich von Erwerbs- und Beschäftigungsformen bunter wird, sondern dass sich auch die Halbwertzeiten der Formen und Gestalten der gesellschaftlichen Arbeit rapide verkürzt haben. Die moderne Arbeitsgesellschaft ist eine in verschiedenartige Beschäftigungssegmente mannigfach differenzierte Gesellschaft.

Ohne Anspruch auf Vollständigkeit können wir moderne Arbeit mit folgenden Merkmalen kennzeichnen:

a) Dienstleistungen haben, qualitativ wie quantitativ, die produktiven (herstellenden, verarbeitenden) Tätigkeiten auf den zweiten Platz verwiesen, selbst in der industriellen Produktion verschiebt sich das Gewicht von „Herstellungsarbeit" auf „Gewährleistungsarbeit".
b) Informationstechnologien sind konstitutiv für die Ausführung moderner, wissensbasierter Arbeit; sie sind unentbehrliche Grundlage flexibler Spezialisierung und flexibler Automation; nur noch wenige herstellende Tätigkeiten und Dienstleistungen können ohne deren Nutzung ausgeführt werden.
c) Atypische Beschäftigungsverhältnisse werden zu typischen; die Erosion des auf beruflicher Ausbildung, tarifvertraglichen, sozialpolitischen und arbeitsrechtlichen Absicherungen und steter Beschäftigung basierenden Normalarbeitsverhältnisses ist weit vorangeschritten.
d) Im Arbeitsprozess ersetzt und ergänzt die Eigenkontrolle zunehmend die managerielle Überwachung; vielfach tritt die „verantwortliche Autonomie" an die Stelle der direkten Kontrolle.
e) Projektarbeit mit eigenverantwortlicher Arbeitsgestaltung wird bei der Lösung komplexer und zeitlich befristeter Aufgaben zu einer verbreiteten Form der Auftragserledigung.
f) „Employability"[35] oder die Transformation des abhängig Beschäftigten in den „Arbeitskraftunternehmer", der für die Marktfähigkeit seiner Qualifikationen („lebenslanges Lernen") selbst verantwortlich ist, wird zu einer zentralen Anforderung an den modernen Arbeitnehmer.
g) Flexibilität („Biegsamkeit") in allen Dimensionen des Arbeitsvermögens ist die Schlüsselqualifikation moderner Arbeitsformen schlechthin.

Drei bedeutsame Trends des Arbeitsmarktes seien hervorgehoben: Tertiarisierung, Feminisierung, Prekarisierung.

---

35 Nur annähernd mit „Beschäftigungsfähigkeit" zu übersetzen; im englischen Terminus schwingt auch noch das aktive Bemühen des Arbeitskraftbesitzers um seine Verwertbarkeit auf dem Arbeitsmarkt mit.

5.2 Wandel der Arbeitskräftestruktur

Es gibt eine langfristige Tendenz zur Verlagerung der Beschäftigung von herstellenden zu dienstleistenden Tätigkeiten. Mit diesem säkularen Wandel zur *Tertiarisierung der Berufsstruktur* ist auch in Deutschland der Anteil der Angestellten an der Erwerbsbevölkerung kontinuierlich gestiegen: seit 1970 von knapp 30 auf fast 60 Prozent (vgl. *Tabelle 5*). „Tertiarisierung" umfasst drei Dimensionen: eine *sektorale*, eine *berufliche* und eine *funktionale*. Nicht nur der Dienstleistungssektor (tertiärer Sektor), sondern auch die Dienstleistungsberufe und Dienstleistungsfunktionen in Sektoren der Güterproduktion (primärer und sekundärer Sektor) wachsen an.

Tabelle 5 Struktur der Erwerbstätigen in Deutschland in Prozent (bis 1990 nur Westdeutschland)

	1970	1980	1990	2000	2010	2013
Selbständige	10,7	8,6	8,8	10,0	10,9	10,7
Mithelfende Familienangeh.	6,8	3,4	2,0	0,9	0,6	0,5
Beamte	5,5	8,4	8,5	6,3	5.4	5,1
Angestellte	29,6	37.2	43,3	48,2	57,9	59,3
Arbeiter	47,4	42,3	37,4	34,6	25,3	24,4

Quelle: iw 2006, iw 2015

Generell ist mit einer weiteren Zunahme der Dienstleistungstätigkeiten zu rechnen. Sie werden hauptsächlich in den privatwirtschaftlichen Sektoren anwachsen; die Expansion im öffentlichen Dienst ist seit Ende der 1970er Jahre, infolge der Haushaltsdefizite und der staatlichen Sparpolitik und schließlich der umfangreichen Privatisierungen öffentlicher Unternehmungen, nicht nur zum Stillstand gekommen, sondern seit den 1990er Jahren in einen rückläufigen Trend umgeschlagen (iw 2006: 74; iw 2015: 79; Müller-Jentsch/Ittermann 2000: 53). Überdies sind rund 10 Prozent befristet und rund 30 Prozent teilzeitbeschäftigt.

Von den privatwirtschaftlichen Dienstleistungen werden vor allem unternehmensbezogene sowie markt- und kundennahe Dienstleistungen anwachsen. Erwartet wird eine Polarisierung der Angestellten, die entlang der Trennungslinie zwischen marktbezogenen, steuernden und dispositiven Positionen einerseits und administrativen Abwicklungsarbeiten andererseits verläuft. So werden z.B. Rechts- und Wirtschaftsberatung sowie Forschungs- und Entwicklungstätigkeiten stark expandieren, während die Zahl der Erwerbstätigen mit klassischen Bürotätigkeiten und Routinearbeiten, wie sie vom Verkaufspersonal, von Schreibkräften und Sachbearbeitern erledigt werden, zurückgehen.

Ein qualitativ bedeutendes Segment der Dienstleistungstätigkeiten bilden die Wissensarbeiter. Der aus dem Englischen importierte Terminus (*knowledge worker*) hebt die zunehmende Quantität und veränderte Qualität der Wissensanwendung und Wissenserzeugung in den jeweiligen Arbeitsvollzügen hervor. Zu finden ist dieser hochqualifizierte Beschäftigungstyp vornehmlich in jenen Sektoren, die durch intensive Nutzung von Informations- und Kommunikationstechnologien geprägt sind. Sie sind „symbolanalytische Dienstleister", deren Berufsbezeichnungen u.a. lauten: „Software- und Organisationsberater, Informationsbroker, Finanzdienstleister (...), Wirtschaftsingenieur, Netzwerkexperte, Systemberater" (Franzpötter 2000: 163). Schätzungsweise arbeiten 750.000 Menschen in der IT-Branche (einblick. Gewerkschaftlicher Info-Service Nr. 2 vom 15.2.2016, S. 16). Insgesamt gesehen wird die „Dienstleistungsklasse" weiter anwachsen und zu einer fortschreitenden Differenzierung und Individualisierung der Soziallagen beitragen, wodurch sich die Probleme der Mitgliederrekrutierung für die Gewerkschaften kumulieren.

Femininisierung des Arbeitsmarktes. Allgemein zugenommen hat die Erwerbstätigkeit der Frauen. Innerhalb von drei Jahrzehnten hat sich der *Anteil* der Frauen an den abhängig Beschäftigten von 34 Prozent (1970, nur Westdeutschland) auf 46,8 Prozent (2014) erhöht. Eine zweite Messziffer ist die *Erwerbsquote* der Frauen;[36] sie ist in Deutschland von 46 (1970, nur Westdeutschland) auf 69,3 Prozent (2014) angestiegen. Die Differenz zur Erwerbsquote der Männer liegt bei 69 : 78 Prozent. Parallel zur zunehmenden Frauenerwerbstätigkeit hat auch der Anteil der Teilzeitbeschäftigten zugenommen: er betrug 2014 in Deutschland 15,2 Prozent der abhängig Beschäftigten; die überwiegende Mehrheit (85,5 %) stellen die Frauen (St. Jb. 2015; iw 2015). Die Schwerpunkte der Frauenbeschäftigung liegen in Niedriglohnbereichen; sie konzentrieren sich auf Bürotätigkeiten, den Einzelhandel und die Sozial- und Gesundheitsdienste. Auf der Top-Seite der Berufsskala schlagen sich die verstärkten Bildungsbemühungen von Frauen nieder: die (in Deutschland vergleichsweise immer noch niedrigen) Akademikerquoten von beschäftigten Männern und Frauen differieren nur noch um wenige Prozentpunkte.

Erstaunlicherweise hat, trotz des allerorten zu hörenden Rufes nach mehr Selbständigkeit und „Employability", der Anteil der formal Selbständigen an den Erwerbstätigen seit den 1970er Jahren nicht zugenommen (vgl. *Tabelle 5*). Die Ausnahme bildet Ostdeutschland: dort hat sich der Anteil von einem sehr niedrigen Ausgangsniveau dem westdeutschen angenähert.

Atypische Beschäftigungsverhältnisse und Prekarisierung. Weniger statistisch nachweisbar ist die wachsende Nachfrage nach einem Typus von Arbeitnehmer,

---

36 Anteil der erwerbstätigen (einschl. der arbeitslos gemeldeten) Frauen an der Gesamtzahl der Frauen im Alter von 15 bis 65 Jahren

5.2 Wandel der Arbeitskräftestruktur

der dem des freien Selbständigen durchaus ähnlich ist, der des „Arbeitskraftunternehmers" (Voß/Pongratz 1998), der in sich die Eigenschaften von Autonomie und Selbstausbeutung vereinigt. Von ihm wird erwartet, dass er sein Arbeitsvermögen aktiv vermarktet und, je nach Lage, mal als moderner Nomade die ihm zugänglichen Arbeitsmärkte abgrast, mal als Arbeitseremit, zurückgezogen in seiner Wohnbüro-Klause, mit der Welt nur noch telekommunikativ verkehrt. Von Ortlosigkeit, der Entwertung persönlicher Erfahrung und dem Verlust der Kontrolle über sein Leben spricht der amerikanische Soziologe Richard Sennet (1998) mit Blick auf den „flexiblen Menschen" im „neuen Kapitalismus". Der „Arbeitskraftunternehmer" zählt zu den atypisch Beschäftigten. Weitere atypische Beschäftigungsformen sind: befristete Arbeit, Teilzeitarbeit, Leiharbeit, Arbeitsbeschaffungsmaßnahmen, geringfügige Beschäftigung (Mini-, Midijobs), Ich-AG und Scheinselbständigkeit. Das Statistische Bundesamt grenzt die atypisch Beschäftigten wie folgt ein: „Personen, die kein Normalarbeitsverhältnis haben, d. h. Teilzeitbeschäftigung mit 20 oder weniger Stunden, geringfügige oder befristete Beschäftigung oder ein Zeitarbeitsverhältnis" (St. Jb. 2015: 352). Für 2014 wird ein Anteil an den abhängig Beschäftigten von 23 Prozent ausgewiesen, wobei der Anteil der Frauen zweieinhalbmal so hoch ist wie der der Männer (ebd.). Mit Einbeziehung der Teilzeitbeschäftigten auch mit höherer Wochenstundenzahl schätzen Keller und Seifert den Anteil auf mehr als ein Drittel (Keller/Seifert 2011: 17).

Die als flexible Beschäftigungsform angesehene Leiharbeit (auch: Zeitarbeit) verzeichnete in den letzten 20 Jahren einen ansteigenden Trend: von 100.000 (1994) auf 960.000 (Juli 2015); davon sind 78 Prozent vollzeit- und 92 Prozent sozialversicherungspflichtig beschäftigt (BfA 2016: 7 und 9). Anders als bei der Teilzeit stellen die Männer bei der Leiharbeit den überwiegenden Anteil (70 %) (ebd.: 11). Nach den rechtlichen Einschränkungen gegen den Missbrauch von Leiharbeit verlagerte sich das Interesse von Unternehmen auf Werkverträge als eine neue prekäre Beschäftigungsform (Hertwig u.a. 2015; Siebenhüter 2014). Mit Werkverträgen übertragen Unternehmen bestimmte Leistungen Drittfirmen. Relativ unproblematisch ist die Vergabe von Werkverträgen für Randbereiche wie Kantine, Reinigungs- und Wachdienste. Aber auch in Kernbereichen der Wertschöpfung nutzen insbesondere Großunternehmen Werkverträge. Hier besteht die Gefahr ihres Missbrauchs, weil Mindestlohnregelungen und Mitbestimmungsrechte des Betriebsrats umgangen werden können. Werden im Einsatzbetrieb die Werkvertragsarbeitskräfte in den Produktionsprozess eingegliedert oder führen sie gleiche oder ähnliche Arbeiten wie die Stammbeschäftigten aus, handelt es sich in der Regel um „Schein-Werkverträge", um verdeckte Leiharbeit.

Atypische Beschäftigungsverhältnisse sind nicht per se prekäre; auch gut dotierte und hochqualifizierte Tätigkeiten etwa von Wissensarbeitern können darunter fallen. So sind etwa befristete Arbeitsverträge „sowohl unter den unteren als auch den höheren Beschäftigungskategorien besonders stark verbreitet" (Konietzka/Sopp 2006: 334). Zu prekären werden atypische Beschäftigungen erst, wenn folgende Merkmale hinzukommen:

- geringes (weit unterdurchschnittliches) Einkommen (unter 2000 €),
- wechselnde und zeitlich befristete Anstellungsverträge,
- unfreiwillig geringe Arbeitszeit,
- sowie ungesicherte Zukunftsvorsorge.

Die mittlerweile auch als „Prekariat" bezeichnete Erwerbsgruppe wird auf 14 Prozent der Erwerbstätigen geschätzt (Brinkmann u.a. 2006). Beunruhigend an diesem wachsenden Segment unsicherer Beschäftigungs- und Lebensverhältnisse ist, dass es sich dabei keineswegs um ein Phänomen am Rande der Arbeitsgesellschaft handelt, sondern durch seine Expansion auch die Mittelklasse reicher Gesellschaften verunsichert. Wer fürchtet heute nicht um seinen Arbeitsplatz und um seine Rente?

Eines der ungelösten Probleme des vereinigten Deutschlands bleibt die hohe Arbeitslosigkeit von rund 3 Millionen abhängiger Erwerbspersonen, davon 1 Million Langzeitarbeitslose. seit Mitte der 1990er Jahre. Die Annahme, dass der „Arbeitsgesellschaft" die Arbeit ausgeht (wie Dahrendorf 1980 in einem vieldiskutierten Aufsatz konstatierte), ist kein ökonomisches Gesetz und findet in den Daten für die Erwerbs- und bezahlte Lohnarbeit in Deutschland keine plausible Stütze. *Abbildung 8* zeigt die Entwicklung der Erwerbstätigkeit und des *Arbeitsvolumens* (= Gesamtzahl der in einer Volkswirtschaft im Laufe eines Jahres geleisteten Arbeitsstunden der Erwerbstätigen) für die Zeit von 1992 bis 2014 Die Kurve für die Zahl der Erwerbstätigen weist eine steigende Tendenz auf, die des Arbeitsvolumens seit 2005 ebenfalls.

Abbildung 8 Zahl der Erwerbstätigen und Arbeitsvolumen (in Mio. Std.) der Erwerbstätigen in Deutschland (1994-2014)

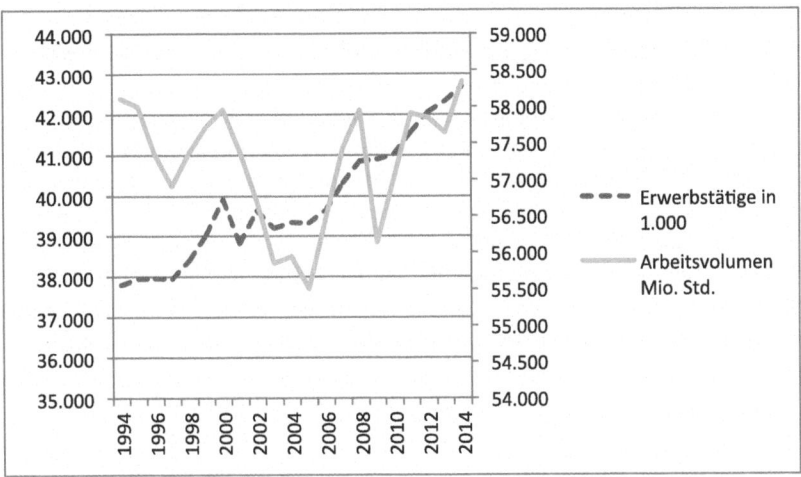

Wegen der hohen und weiterhin steigenden Arbeitsproduktivität bei tendenziell gesättigten Märkten einerseits und der schwindenden Arbeitsplätze für niedrig Qualifizierte in einer Hochlohnökonomie andererseits handelt es sich um eine strukturelle (und nicht nur konjunkturelle) Beschäftigungskrise. Das zeigt bereits eine einfache Gegenüberstellung: 1 Million Langzeitarbeitslose bei 1 Million offener Stellen (IAB 2016).

Um die Beschäftigungskrise zu beheben, plädieren die einen für eine *Umverteilung der Arbeit* durch weitere Arbeitszeitverkürzung, „Job sharing", vermehrte Teilzeitarbeit, Frühverrentung und diskontinuierliche Erwerbsarbeit, die anderen für die *Schaffung neuer Arbeitsplätze* durch Produktinnovationen, Ausbau der sozialen Dienstleistungen, subventionierte Niedriglohnbereiche, ökologische Erneuerung und engagierte Bürgerarbeit (vgl. Rifkin 1995; G. Bosch 1998; Beck 2000; Gorz 2000). Einig sind sich alle darin, dass es kein Patentrezept gibt.

Mit der Umsetzung der Vorschläge der Hartz-Kommission (s. unter 4.2) wurde zwar die passive Verwaltung der Arbeitslosigkeit durch aktivierende Arbeitsmarktpolitik nach dem „Prinzip des Forderns und Förderns" ersetzt, gleichwohl bleibt die Skepsis vorherrschend, ob mit diesen Instrumenten das Problem der verfestigten Massenarbeitslosigkeit mit rund einem Drittel Langzeitarbeitslosen gelöst werden kann. Flexibilisierung des Arbeitsmarktes ist zwar eine notwendige, aber keine hinreichende Bedingung für erfolgreiche Beschäftigungspolitik (Seifert 2006).

5.3 Globalisierung und Finanzialisierung der Wirtschaft

Dass die Herstellung des Weltmarktes in der Konsequenz der kapitalistischen Warenproduktion lag, wusste schon Marx, auch wenn er den Imperialismus des ausgehenden 19. Jahrhunderts, der auf einen florierenden Welthandel und expandierenden Kapitalexport gründete, nicht mehr erlebte. Eine neue Qualität gewann der Weltmarkt durch die politisch zielstrebig verfolgte Liberalisierung der weltweiten Marktbeziehungen im ausgehenden 20. Jahrhundert. Die fortschreitende Internationalisierung der Märkte und Wirtschaftsbeziehungen hat transnationale Wirtschaftsräume geschaffen, in denen nicht nur ein grenzüberschreitender Handel mit Produkten und Dienstleistungen betrieben wird, sondern auch die „Produktionsfaktoren" Kapital und Arbeitskraft an internationaler Mobilität gewonnen haben. Wie sich an den Bewegungen der internationalen Finanzmärkte und den ausländischen Direktinvestitionen einerseits, den Migrationsströmen andererseits ablesen lässt, ist das Kapital um ein Vielfaches mobiler als die Arbeitskraft. Dies zeigt sich auch in der Intensivierung der internationalen Arbeitsteilung in Form von transnationalen Produktionsverbünden, strategischen Allianzen und globalen Unternehmensnetzwerken. Führende Agenten der Internationalisierung der Produktion sind die multi- und transnationalen Konzerne, die als „global players" mehr als ein Drittel der Weltproduktion bestreiten und über Produktionsstandorte, Investitionen und Arbeitsplätze allein nach ökonomischen Effektivitäts- und Rentabilitätskriterien entscheiden. „Wie bei einem Menü à la carte picken sich die Manager weltweit agierender Wirtschaftsriesen in den einzelnen Ländern die Angebote heraus, die ihnen am meisten Gewinn versprechen. Produzieren, wo die Löhne niedrig, forschen, wo die Gesetze großzügig sind, und Gewinne dort ausweisen, wo wenig Steuern anfallen." (Wirtschaftswoche v. 16.9.1994)

Eine Folge der Globalisierung der Wirtschaftsaktivitäten und Kapitalflüsse ist, dass die nationalen Volkswirtschaften, schon aufgrund ihres wirtschaftlichen Gefälles, zunehmend in einen *Standortwettbewerb* geraten, bei gleichzeitiger Einbuße an wirtschafts- und sozialpolitischen Steuerungsmöglichkeiten im nationalstaatlichen Rahmen. Sie stehen unter dem erhöhten Anpassungsdruck, für transnationale Unternehmen attraktive Investitionsmöglichkeiten zu schaffen, mit einem optimalen Angebot an Infrastruktur, Kommunikationsnetzen, Forschungsinstitutionen, qualifizierten Arbeitskräften, niedrigen Lohnkosten und kooperativen Arbeitsbeziehungen. Die daraus resultierende Gefahr einer sozial-,

5.3 Globalisierung und Finanzialisierung der Wirtschaft

arbeits- und umweltpolitischen Abwärtsspirale ist häufig beschrieben worden.[37] Der internationale, von den Finanzmärkten forcierte Wettbewerb mündet ein in eine Konkurrenz der Kapitalismen. Michel Albert hat in seinem vieldiskutierten Buch „Kapitalismus contra Kapitalismus" (1992) zwischen dem rheinischen und angelsächsischen Kapitalismus unterschieden. Kennzeichen des „rheinischen Kapitalismus" sind, neben „sozialer Marktwirtschaft" Institutionalismus, Kollektivismus und Konsens. Die Rolle der Banken ist in ihm wichtiger als die der Börse, und den Vereinbarungen zwischen den Sozialpartnern wird eine erhebliche Bedeutung zugewiesen. Der angelsächsische Kapitalismus, häufig mit den Schlagworten vom „Turbo-Kapitalismus" und „Shareholder Value" gekennzeichnet, ist demgegenüber an kurzfristigem wirtschaftlichen Erfolg, an Aktienwert und Dividende orientiert. Ein Unternehmen sei aber, so Albert, nicht nur den Eigentümern („shareholders") verpflichtet, sondern auch den „stakeholders", das heißt allen an einem Unternehmen beteiligten Anspruchsgruppen (Aktionäre, Manager, Arbeitnehmer, Lieferanten, Gläubiger, Kunden). Peter Hall und David Soskice (2001) haben Alberts fruchtbaren Gedanken weiter verfolgt und zu einem Tableau von Kapitalismusvarianten („varieties of capitalism") ausdifferenziert.

Sie stellen den liberalen Marktwirtschaften angloamerikanischer Provenienz die koordinierten Marktwirtschaften Nord- und Westeuropas (mit zahlreichen Mischformen) gegenüber. Jeder Typus, so ihre zentrale These, verfügt über ein – quasi naturwüchsig auf historischen Entwicklungspfaden entstandenes – Ensemble komplementärer Institutionen, die sich funktional ergänzen. Die Diskussion der wechselseitigen Stärken und Schwächen der unterschiedlichen Kapitalismustypen zeigt, dass das rheinische Modell nach Kriterien sozialer Gerechtigkeit zwar erfolgreicher ist (höhere Sozialstaatsquote, geringere Einkommensspreizung und Armutsquoten, besserer Zugang zum Gesundheitswesen), aber gegenüber der sich verändernden kapitalistischen Umwelt mit globalen Märkten und Finanzinstitutionen verwundbarer ist als der Typus der flexibleren liberalen Marktwirtschaften. In der internationalen Diskussion wurde seine Überlebensfähigkeit in Frage gestellt (vgl. zusammenfassend Hoffmann 2006: Kap. VIII); ja, seine Abwicklung in instruktiven Fallstudien bereits dokumentiert (vgl. Streeck/Höpner 2003).

Der mit dem neuen Begriff der „Finanzialisierung" bezeichnete zunehmend dominierende Einfluss der Finanz- und Kreditmärkte auf die Realökonomie macht Kapitalunternehmen tendenziell zu Umschlagplätzen von Renditen, deren Zielgrößen vornehmlich von institutionellen Investoren wie Pensionskassen und Hedgefonds vorgegeben werden. Entwicklungen der Aktienkurse und Dividenden wer-

---

37 Besonders eindringlich und kompetent in den Büchern des amerikanischen Nobelpreisträgers für Wirtschaft, Joseph Stiglitz (2002, 2004, 2006).

den zu Erfolgsmaßstäben für „Shareholder Value", und Finanzkennzahlen dienen der internen Unternehmenssteuerung („Corporate Governance"[38]) (ausführlicher dazu: Windolf 2005). Vielfach werden Unternehmen aufgekauft, in profitable und weniger profitable Bestandteile zerlegt und vermarkt. So mancher Arbeitnehmer, der jahrzehntelang in einer Traditionsfirma gearbeitet hat, findet sich über Nacht in einer ausgegliederten („ausgesourcten") neuen Unternehmung wieder.

So hat der von den Finanzmärkten ausgehende Veränderungsdruck zwar in über einem Drittel der großen deutschen Kapitalgesellschaften die *Corporate Governance*-Strukturen in Richtung Kapitalmarktorientierung mit kurzfristigen Renditeerwägungen verändert (Höpner 2003), aber, wie die Sozialwissenschaftler Michael Faust, Reinhard Bahnmüller und Christiane Fisecker (2011) in einer Untersuchung über die Effekte der einseitigen Kapitalmarktorientierung auf Personalpolitik und Mitbestimmung in börsennotierten deutschen Unternehmen ermittelten, sich keineswegs bruchlos auf die operationale Unternehmensebene ausgewirkt. Auch dank der Mitbestimmung konnte sich das angelsächsische Modell der Unternehmensführung nicht durchsetzen. Die gesetzliche Absicherung der Mitbestimmung erwies sich als ein Widerlager gegen neoliberale Unternehmensreformer. Eine Zeitlang ließen neoliberale Maximen die deutsche Wirtschafts- und Sozialverfassung als obsolet und sklerotisch erscheinen. Der Wirtschaftshistoriker Werner Plumpe (2005) hatte schon das „Ende des deutschen Kapitalismus" prognostiziert: „Nationale Sonderwege und entsprechende Kapitalismusmodelle gibt es nicht mehr." (2005: 22). Demgegenüber bescheinigte sein Kollege Werner Abelshauser der „korporativen Marktwirtschaft" in Deutschland: „Je mehr sein größter Widersacher in der Krise an Strahlkraft verliert (…), desto mehr gewinnt das europäische Modell im Allgemeinen und das deutsche im Besonderen seine ethische Anziehungskraft und wirtschaftliche Reputation zurück." (Abelshauser 2009: 458; 2011: 491). Dies gilt umso mehr nach der erfolgreichen Überwindung der jüngsten Finanz- und Wirtschaftskrise, die Wirtschaft und Arbeitsmarkt in Deutschland derart glimpflich beeinträchtigt haben, dass die europäischen Nachbarn die Erfolgsrezepte des „deutschen Modells" (u.a. duale Berufsausbildung, flexible Arbeitsmarktinstrumente, sozialpartnerschaftliche Krisenbewältigung) diskutieren (Unger 2015). Vor zehn Jahren noch der „kranke Mann" Europas, genießt Deutschland heute einen vorbildlichen Ruf für wirtschaftliche Stärke, finanzielle

---

38 Ein schwierig zu übersetzender Terminus, der in zahlreichen wirtschafts- und sozialwissenschaftlichen Publikationen über Fragen der Unternehmensführung im globalisierten Kontext auftaucht. In erster Annäherung steht er für (Institutionen der) *Unternehmenskontrolle*, die im hier diskutierten Zusammenhang letztlich durch die Finanzmärkte (*shareholder value*) nach den Zielgrößen Rendite und Kapitalwert an der Börse erfolgt.

Solidität und sozialen Frieden. Der rheinische Kapitalismus habe, Abelshauser zufolge, dazu beigetragen, dass die Produktivität der deutschen Wirtschaft im internationalen Vergleich mit an der Spitze liegt (Abelshauser 2011: 503).

In diesem Kapitel wurden drei Rahmenbedingungen der industriellen Beziehungen analysiert: technologische Entwicklung, Struktur der Arbeitskräfte und globalisierte Wirtschaft.

Übungsaufgaben:

1. *Was versteht man unter einer industriellen Revolution?*
2. *Skizzieren Sie die wichtigen Merkmale bisheriger industrieller Revolutionen!*
3. *Nennen Sie die wichtigsten Veränderungen der Arbeitskräftestruktur in den letzten Jahrzehnten!*
4. *Erläutern Sie die Begriffe „Globalisierung" und „Finanzialisierung"!*

Offensive des Managements und neue Rolle der Betriebsräte 6

Mit der Globalisierung der Märkte und der zunehmenden weltweiten Vernetzung aller Arten ökonomischer Aktivitäten stieg der Druck zur wettbewerbs- und kapitalmarktorientierten Restrukturierung von Unternehmens- und Arbeitsorganisationen. Deren Hauptstichworte heißen: *Dezentralisierung, Flexibilisierung, Selbstregulierung*. Ihre Hauptakteure sind zwar die Manager, aber die in Deutschland etablierten, verrechtlichten Arbeitsbeziehungen machen eine erfolgreiche Reorganisation von Arbeits- und Produktionsprozessen weiterhin von der Kooperation der Betriebsräte abhängig.

6.1 Neue Managementkonzepte

Indiziert wird der dramatische Wandel bereits in der Vielzahl „neuer Managementkonzepte", die seit Mitte der 1980er aufkamen: wie Unternehmenskultur, Lean Production, Business Reengineering, Total Quality Management, Fraktale Fabrik, Virtuelles Unternehmen, Lernende Organisation und dergleichen mehr (vgl. dazu Bullinger/Warnecke 1996), und die von emsigen Unternehmensberatern ebenso wie von seriösen Arbeits- und Organisationswissenschaftlern als neue Gestaltungskonzepte angeboten und propagiert werden.

Vielfach laufen die Reorganisationsmaßnahmen auf eine (reflexive) Rationalisierung der Rationalisierungsfolgen tayloristischer Provenienz hinaus (Deutschmann u.a. 1995). Die technischen Funktionsbereiche (Arbeitsplanung und -vorbereitung, Instandhaltung, Qualitätskontrolle etc.), die Dienstleistungsstäbe und erweiterten Hierarchieebenen, welche teils direkte, teils indirekte Folgen tayloristischer Produktionsrationalisierung sind, werden nun teilweise zurückgenommen; die hierarchische Aufbauorganisation tritt hinter die kunden- und marktnähere Ablauforganisation[39] zurück. Und mit der Umstellung auf absatzorientierte Produktion werden Dienstleistungs- und Kundenorientierung, auch für die organisationsinternen Abläufe, verpflichtende Erwartung.

Die Zielvorstellungen der vielfältigen unternehmerischen Bemühungen um organisatorische Neugestaltung kulminieren in der dreifachen Optimierung von *Kosten, Zeit* und *Qualität*.

Kostenminimierung gilt ohnehin als übergreifendes Ziel allen Wirtschaftens und wird jedem Unternehmen als Imperativ des Marktes aufgeherrscht. Die tayloristischen Konzepte der Kosteneinsparung waren zunächst vorwiegend auf die Produktionsbereiche konzentriert; erst später gerieten auch die Verwaltungsbereiche ins Visier strenger Kostenkalkulation. Einen neuen Schub zur Kostenminimierung und Zeitökonomie lösten die international vergleichenden Untersuchungen des *Massachusetts Institute of Technology* (MIT) über die Automobilindustrie (Womack u.a. 1990) aus, indem sie – am Modell japanischer Produktionsmethoden („Toyotismus") – die gesamte Wertschöpfungskette, d.h. das ganze Unternehmen einschl. seiner externen Partner (Zulieferer, Abnehmer und Distributeure), unter Gesichtspunkten der Einsparung von Kosten und Zeit sowie der Verbesserung der Prozess- und Produktqualität einer kritischen Überprüfung unterzogen. Die Publikation dieser Studie wurde zum Managementbestseller. Fortan gewannen die Dimensionen Zeit und Qualität für die Reorganisation von Unternehmen ein ähnliches Gewicht wie die Kosten.

Die zentralen Gestaltungsparameter der Reorganisation sind *Technologie, Personal* und *Organisationsstruktur*. Im Vergleich zu früheren Rationalisierungsschüben sind die neueren Gestaltungsansätze weniger technologie- als personal- und organisationsorientiert, wenngleich die Informations- und Kommunikationstechnologien eine unentbehrliche Grundlage fast aller Gestaltungskonzepte sind.[40] Die

---

39 Die Unterscheidung zwischen Aufbau- und Ablauforganisation geht auf den deutschen Betriebswirt Nordsieck zurück, der sie Anfang der dreißiger Jahre einführte. In der Perspektive der Aufbauorganisation wird das Unternehmen in seiner hierarchischen Gliederung in Organisationseinheiten und seiner horizontalen und vertikalen Aufgabenverteilung betrachtet, in der der Ablauforganisation in seiner zeitlich-prozesslichen Aufeinanderfolge der einzelnen Arbeitsfunktionen (Müller-Jentsch 2003: 86-88).

40 Erst die unter dem Schlagwort „Industrie 4.0" diskutierten Ansätze zu einer dichteren Vernetzung und Digitalisierung von Planung, Produktion und Absatz basieren wieder auf den Technologiepotentialen der Mikroelektronik, aber hierbei handelt es sich weitgehend noch um eine „Vision", um „Einschätzungen zu zukünftigen Entwicklungspfaden" (Ittermann/Niehaus 2015: 37); konkrete Erfahrungen liegen noch nicht vor (s. unter 5.1).

6.1 Neue Managementkonzepte

Ansätze zur Modernisierung von Arbeits- und Unternehmensorganisationen zielen auf die umfassendere Nutzung von Humanressourcen und Organisationswissen. Bei den Humanressourcen geht es primär um die innovativen, motivationalen und qualifikatorischen Potentiale der Beschäftigten, deren optimale Nutzung durch „intelligente" Organisationsstrukturen gefördert werden soll.

Die Managementkonzepte sind vorwiegend an der Optimierung des Wertschöpfungsprozesses orientiert und verändern die herkömmlichen Strukturen von Unternehmens- und Arbeitsorganisation grundlegend. Ihrem Anspruch nach zielen sie auf ein „neues", ja „revolutionäres" Denken im Management und bei den Beschäftigten, die „mitdenkende Unternehmer" werden sollen. Das neue Leitbild des „internen Unternehmertums", des *Intrapreneur,* erhält nicht nur für mittlere und untere Führungskräfte, sondern für die Mitarbeiter generell Verbindlichkeit. Anders als in tayloristischen Organisationskonzepten, die mit der Zentralisierung der Planung und Entscheidung sowie der Perfektionierung der Arbeitsteilung die Beschäftigten zu bloßen Objekten der Rationalisierung machten, sollen die Beschäftigten nunmehr „Rationalisierung in Eigenregie" (D'Alessio u.a. 2000) betreiben, indem sie zu aktiven Trägern kontinuierlicher Verbesserung (KVP) und Optimierung von Arbeitsabläufen und Organisationsstrukturen werden. Gefordert wird die Kombination von innerorganisatorischer Innovationsfähigkeit und *Commitment* – „das Beste aus den zwei Welten innovativen Unternehmertums und abhängiger Beschäftigung" (Brinkmann/Dörre 2006: 142).

Zu erreichen sind diese Ziele freilich nur, wenn die fachlichen und sozialen Kompetenzen der Arbeitnehmer gestärkt und erweitert werden, damit ihr Wissen mit den wechselnden Anforderungen Schritt hält. Um dies zu gewährleisten, wird ihre kontinuierliche Weiterbildung zu einer conditio sine qua non moderner Güter- und Dienstleistungsproduktion. Schließlich beruht das „lernende Unternehmen" auch auf den Lernprozessen seiner Organisationsmitglieder, wenngleich grundlegende Entscheidungen über die Neugestaltung von Unternehmensstrukturen dem strategischen Organisationsmanagement vorbehalten bleiben.

Dezentralisierung und *Vermarktlichung* sind nach Sauer/Döhl (1997) die leitenden Prinzipien der Reorganisation. Dezentralisierung schließt Enthierarchisierung, neue Arbeitsformen und Teamarbeit ein; sie sollen den Mitarbeitern ein höheres Maß an Kompetenz, Eigenverantwortung, Selbstorganisation und Partizipation einräumen. Formen markt- und kundennaher Koordinierung der Unternehmensaktivitäten (u.a. durch Bildung von cost- und profit-center), Ziel- und Leistungsvereinbarungen gewinnen gegenüber hierarchisch-bürokratischen Koordinations- und Kontrollmechanismen an Bedeutung und erhöhen die (Kosten-) Verantwortung der einzelnen Organisationseinheiten. Flachere Hierarchien zielen auf eine Beschleunigung und Optimierung von Arbeitsabläufen und intendieren eine Diffusion von Managementaufgaben auch auf untere Hierarchieebenen: Was in der tayloristischen Konzeption ausdrücklich dem Management vorbehalten war, wird nun auch an die traditionellen „Nicht-Manager" delegiert. Team- und gruppenarbeitsförmige Organisationsmuster schließlich sollen eine Erweiterung und Integration von Arbeitsaufgaben und -bereichen sowie ein höheres Maß an Selbstregulation der Beschäftigten garantieren. An die Stelle der (tayloristischen) „Misstrauensorganisation" soll die postbürokratische „Vertrauensorganisation" treten.

Auch im öffentlichen Dienst finden wir erste zögerliche Reformen nach dem Fahrplan des „Neuen Steuerungsmodells" der Kommunalen Gemeinschaftsstelle, welches das überkommene Modell regelgesteuerter hierarchischer Bürokratie, wie von Max Weber idealtypisch beschrieben, ablösen soll. „In der Verwaltungsrealität ist das Neue Steuerungsmodell als die deutsche Variante eines neuen ‚Public Management' seit Mitte der 1990er Jahre zum Schlüsselkonzept eines sich beschleunigenden Reformprozesses avanciert. Vor allem in den Kommunalverwaltungen bildet es für Verwaltungspraktiker und -theoretiker ebenso wie für Personalräte und Gewerkschaften den Bezugspunkt praktischer Reformprojekte, die in der Mehrzahl der Städte, Gemeinden und Kreise mittlerweile zum Alltag gehören" (Sperling 1998: 5). Analog zu den neuen Managementkonzepten zielt die Binnenmodernisierung kommunaler Verwaltungen auf die Reform von Strukturen, Verfahren und personalem Verhalten, unter Einschluss einer stärkeren Bürger- bzw. Kundenorientierung.

Kehrseite des schlanken, grenzenlosen, fraktalen, virtuellen Unternehmens ist, dass der Betrieb als wirtschaftliche und soziale Einheit sich aufzulösen tendiert. Betriebsaufsplitterungen und Firmenausgründungen (*Outsourcing*) auf der einen, zwischenbetriebliche Netzwerke und subbetriebliche Centerbildung auf der anderen Seite haben die *Dezentrierung des Betriebs* als eines exemplarischen Ortes der normativen Regulierung der Arbeit und kollektiven Interessenvertretung zur Konsequenz.

Letzteres gilt besonders für *Unternehmensnetzwerke* (s. grundlegend dazu: Windeler 2001), die, als eine neuartige, unternehmensübergreifende Organisationsform ökonomischer Aktivitäten, zwei Koordinationsmechanismen in sich vereinigen: die der preisgesteuerten Marktkoordination mit der anweisungsgesteuerten Hierarchie. Die Gründe für die Entstehung von Unternehmensnetzwerken sind vielfältig. Sie können das Ergebnis sowohl von Externalisierungs- wie von Internalisierungsstrategien sein. Ein verallgemeinerbares Motiv ist, die Vermarktlichung von unternehmerischen Aktivitäten nicht einem ungezügelten Wettbewerb zu überantworten, sondern diesen durch mehr oder weniger stabile Kooperationsbeziehungen zwischen wirtschaftlich selbständigen Unternehmen zu temperieren.

Weil Unternehmensnetzwerke keine klaren Organisationsgrenzen und auch keine Entscheidungszentralisation kennen, sind dieser Organisationsform insbesondere die institutionalisierten Systeme der Arbeitsregulierung und Mitbestimmung inadäquat (Sydow/Wirth 1999).

6.2 Partizipatives Management

In der Summe zielen die resümierten Veränderungen in der Arbeits- und Unternehmensorganisation auf eine größere Selbständigkeit und wachsende Selbstverantwortung der Beschäftigten, ohne dass damit der Zeitdruck und die Leistungsverdichtung für sie gemindert würden; eher ist das Gegenteil zu erwarten. Aber moderne und aufgeklärte Manager wissen auch, dass weder die Informationstechnologien optimal genutzt noch die angestrebten ökonomischen Effekte neugestalteter Organisationsstrukturen erzielt werden können, wenn die Akzeptanz der Beschäftigten verfehlt wird. Eine suboptimale Nutzung der neuen Technologien, mangelndes *Commitment* und „innere Kündigung"[41] der Mitarbeiter würden die Intentionen der Rationalisierer durchkreuzen. Immerhin scheint es möglich, dass mit intelligenten organisatorischen Maßnahmen Win-win-Situationen geschaffen werden, die gleichzeitig eine Steigerung der Arbeitsproduktivität und eine Verbesserung der Arbeitsbedingungen im Sinne einer „Humanisierung der Arbeit" oder – zumindest – einer Reduzierung des Arbeitsleids ermöglichen. Selbstverständlich handeln und entscheiden die betrieblichen Akteure nach unterschiedlichen Präferenzen und Interessen, aber ökonomische Effizienz und soziale Rationalität müssen sich keineswegs ausschließen. Unternehmen, welche die Logik der Kosten und Effizienz mit der Logik der sozialen Fairness und Gerechtigkeit in Übereinstimmung zu bringen vermögen, zählen zu den sozialinnovativen und wirtschaftlich erfolgreichen Organisationen. Freilich sind derartige *Positivsummenspiele*, bei denen beide Seiten gewinnen, an voraussetzungsvolle Konstellationen geknüpft, deren Eckpfeiler mit Vertrauen und Kooperation, Partizipation und (Arbeitsplatz-)Sicherheit bezeichnet werden können.

Als ein neues und anspruchsvolles Managementkonzept aus den USA (vgl. Staehle 1989) intendiert das *Human Resource Management* (HRM) die traditionell untergeordnete Personalpolitik durch die Einbindung des Personalmanagements in das strategische Management (Boxall u.a. 2007: 2) und durch die integrierte Anwendung verschiedener Elemente zu überwinden. Zu diesen Elementen zählen: die

---

41 Als Ausdruck mangelnder Arbeitsmotivation wird die innere Kündigung von Gross (1992: 87) als die „stille, mentale Verweigerung engagierter Leistung" definiert.

strategische Orientierung der Personalpolitik und langfristige Personalentwicklung, die Übertragung der Personalverantwortung auf das Linienmanagement, die Förderung der Kommunikation und Mitarbeiterpartizipation sowie die bewusste Gestaltung einer gemeinsamen Unternehmenskultur (Fischer 1998, zit. n. Weitbrecht 1998: 17). Explizit fand dieses integrierte Strategiekonzept in Deutschland bislang keine sonderlich starke Rezeption; implizit und teilweise unter anderem Namen (z.B. „partizipatives Management") wurden jedoch einige seiner wesentlichen Elemente – wie Unternehmenskultur, Kommunikation und vor allem Mitarbeiterbeteiligung – gezielt in die Praxis umgesetzt.

Wenn das Management bei der Restrukturierung von Unternehmensprozessen eine initiierende, ja hegemoniale Rolle einnimmt, bleibt es doch gleichzeitig, ja in zunehmendem Maße auf die aktive Beteiligung der Beschäftigten und ihrer Interessenvertretungen angewiesen; denn die angesprochenen Reorganisationsprozesse erhöhen den Bedarf an Zustimmung und Aushandlung. „Der Erfolg von Restrukturierungen ist in entscheidendem Maße davon abhängig, dass die geplanten Änderungen in vollem Umfang von den Interessenvertretungen der Mitarbeiter – in erster Linie vom Betriebsrat – mitgetragen werden", konstatiert der aus namhaften Praktikern und Wissenschaftlern zusammengesetzte „Arbeitskreis ‚Organisation' der Schmalenbach-Gesellschaft" (1996: 625).

Die geringere Intensität der Diskussion und Praxis des HRM führt Weitbrecht (1998: 24 f.) auf eine entscheidende Differenz zwischen deutschen und anglo-amerikanischen Unternehmen zurück: Die Existenz gesetzlich verankerter Betriebsräte und die lange Praxis der betrieblichen „vertrauensvollen Zusammenarbeit" haben in vielen Unternehmen ein kooperatives Klima geschaffen, weshalb sich eine derartig dramatische Umorientierung der Personalpolitik, wie sie teilweise in USA und Großbritannien zu beobachten ist (vgl. Boxall u.a. 2007), erübrigt. In deutschen Unternehmen schätzen Betriebsräte und Management ihre Zusammenarbeit als überaus positiv ein; einer repräsentativen Befragung zufolge bezeichnen 72 Prozent der Geschäftsleitungen und 67 Prozent der Betriebsräte ihre Kooperation als gut bis sehr gut ein (Hauser-Ditz 2008: 173 f.).Im deutschen Kontext werden die Beteiligungskonzepte in der Regel in Kooperation mit dem Betriebsrat eingeführt. Und statt, wie dort, die Institutionen der kollektiven Interessenvertretung zu verdrängen und zu ersetzen, ergänzen und verlängern sie hier die (indirekte und repräsentative) Mitbestimmung der Betriebsräte nach unten.

6.3 Neue Rolle der Betriebsräte

In vielen Unternehmen waren und werden die Betriebsräte maßgeblich an den Rationalisierungs- und Restrukturierungsprozessen des Managements beteiligt. Häufig werden sie an Entscheidungen über technische oder organisatorische Veränderungen in einer Form beteiligt, die über die gesetzlichen Mitbestimmungsrechte hinausgehen (Müller-Jentsch/Seitz 1998; Kriegesmann/Kley 2012). Untersuchungen zum Verhältnis von Betriebsrat und Management konstatieren einen tiefgreifenden Wandel der Verhandlungsbeziehungen und der „Interaktionskultur" zwischen den betrieblichen Akteuren (A. Bosch 1997; A. Bosch u.a. 1999). Auch Kotthoff hat in seiner *Follow-up*-Studie (1994), einer Replikation seiner Betriebsräte-Untersuchung aus den 1970er Jahren (1981),[42] einen grundlegenden Wandel festgestellt. In dem fünfzehnjährigen Zeitraum zwischen erster und zweiter Untersuchung hat sich der Anteil der Gruppe der effektiven und respektierten Betriebsräte (mit den vier Typen: „standhafter Betriebsrat", Betriebsrat als „konsolidierte Ordnungsmacht", Betriebsrat als „kooperative Gegenmacht", Betriebsrat als „aggressive Gegenmacht") von einem auf zwei Drittel erhöht (Müller-Jentsch 1997: 274). Dass die Betriebsräte in den letzten beiden Dekaden „eine erhebliche Erweiterung und Aufwertung ihrer Rolle erfahren" haben, ist auch das Resümee der repräsentativen WSI-Betriebsrätebefragung von 2015 (Baumann/Maschke 2016). Die veränderten Beziehungen werden umschrieben mit den Topoi: Versachlichung, Rationalität und Professionalisierung; sie basieren auf dem Konsens über betriebswirtschaftliche Erfordernisse und der Reziprozität von Zugeständnissen und Gegenleistungen. Nicht selten werden selbst einschneidende Krisenmaßnahmen, die den Abbau gewohnter Besitzstände verlangen, „in schweren Zeiten" als „zumutbarer Arbeitnehmerbeitrag" zur Unternehmenssanierung von den Betriebsräten mitgetragen (Kotthoff 1998).

Auch in Ostdeutschland finden wir in der Mehrzahl der Betriebe kooperative Verhandlungsbeziehungen zwischen Management und Betriebsrat vor (Röbenack 1996; Schmidt 1998). „Geschichtlich gewachsen ist dieses Interaktionsmuster aus den engen notgemeinschaftlichen Interessenpakten der Transformationsmisere" (Schmidt 1998: 26) und besteht als „funktionale Kooperation" im Dienst der wirtschaftlichen Restrukturierung und des Überlebens der Betriebe fort. Offenbar verhalten sich viele ostdeutsche Betriebsräte erstaunlich unideologisch, wenn es

---

42 Durchgeführt wurden beide Untersuchungen in den gleichen Betrieben. Die erste Untersuchung umfasste 63, die zweite (da 8 Betriebe nicht mehr existierten) 55 Betriebsfallstudien.

darum geht, Managementaufgaben zu übernehmen; eine Kollision mit der Wahrnehmung ihrer Interessenvertretungsaufgabe fürchten sie nicht.

In den letzten Jahrzehnten haben – in West- wie in Ostdeutschland – die Formen und Gegenstände dezentraler Aushandlungen zugenommen, wodurch die Tendenz zur „Verbetrieblichung" der Arbeitsregulierung unverkennbar verstärkt wurde. Mit zahlreichen tariflichen Vereinbarungen über Öffnungsklauseln und Regelungskorridore haben die Tarifparteien, Gewerkschaften und Arbeitgeberverbände, den Betriebsparteien die Möglichkeit eingeräumt, flexible betriebliche Vereinbarungen, z.B. über variierende tägliche und wöchentliche Arbeitszeit, abzuschließen, die eine Entkoppelung von Betriebs- und Maschinenlaufzeiten erlauben. Daneben finden wir zahlreiche Varianten des betrieblichen „concession bargaining" (Rosdücher 1997), sei es in Form von Beschäftigungssicherungsabkommen (Arbeitszeitverkürzung ohne Lohnausgleich für temporäre Arbeitsplatzgarantie), sei es in Form von Standortvereinbarungen zur Sicherung von Wettbewerbsfähigkeit und Beschäftigung an einem gegebenen Standort (z.B. Zusicherung des Betriebsrats, die Strategien des Managements zur Kosteneinsparung und/oder Produktivitätssteigerung aktiv zu unterstützen).

Unter dem Terminus betriebliche „Bündnisse für Arbeit" fanden derartige Vereinbarungen seit Ende der 1990er Jahren in deutschen Unternehmen eine wachsende Verbreitung (Massa-Wirth/Seifert 2004). Die sich verschlechternde Arbeitsmarktlage machte die Sicherung der Arbeitsplätze zur dringlichen Aufgabe der Betriebsräte. Betriebsvereinbarungen zur Beschäftigungssicherung existieren nach der letzten Betriebsrätebefragung des WSI von 2015 in knapp einem Fünftel aller Betriebe mit Betriebsrat und mindestens 20 Beschäftigten (Baumann/Maschke 2016: 228). Die „Bündnisse für Arbeit" haben das Aufgabenspektrum der Betriebsräte wesentlich erweitert und ihnen mehr und mehr tarifpolitische Kompetenzen übertragen – mit der Kehrseite, dass dies von vielen Betriebsräten als Überforderung ihres Amtes empfunden wird.[43] Die damit beabsichtigte Flexibilisierung des Tarifvertragssystems unterläuft mit noch nicht absehbaren Konsequenzen die bewährte Arbeitsteilung zwischen gewerkschaftlicher Tarifpolitik und betrieblicher Mitbestimmung.

Von den Betriebsräten wird die Gewichtsverlagerung kollektiver Regelungen hin zum Betrieb zwiespältig beurteilt; denn neben der tendenziellen Überforde-

---

43 Schon Anfang der 1990er Jahre konstatierten Bahnmüller u.a. in ihrer Analyse der Umsetzung des ersten Qualifizierungstarifvertrags in der Metallindustrie ein „Überforderungssyndrom" der Betriebsräte (1993: 191). Es ist daher nicht verwunderlich, wenn die Betriebsräte von den Gewerkschaften mehr Unterstützung und Service-Leistungen für ihre Tagespraxis erwarten (Müller-Jentsch/Seitz 1998: 379ff.; Schäfer 2005: 299).

6.3 Neue Rolle der Betriebsräte

rung birgt sie die Gefahr der Erpressbarkeit (Rehder 2006). Erpressbar werden Betriebsräte dann, wenn Unternehmensleitungen mit Arbeitsplatzabbau oder Produktionsverlagerung drohen, um Zugeständnisse in Form untertariflicher Leistungen zu erreichen. Da Betriebsräte ihren Wählern, den Betriebsangehörigen, verpflichtet sind, müssen sie deren – häufig von Ängsten diktierten – Erwartungen nachkommen. In solchen Fällen kann es für den Betriebsrat ein rettender Anker sein, wenn er an tarifvertragliche Regelungen gebunden ist und sie nicht aushebeln darf. Auf diesen Anker kann er sich immer weniger verlassen, wenn die Tarifverträge zu viele Abweichungen erlauben – ganz zu schweigen vom offenen Bruch es Tarifvertrages.

Sieht man einmal von einigen spektakulären Fällen kaum noch verhüllter Erpressung des Betriebsrats durch die Unternehmensleitung ab, dann beruht die Logik des „concession bargaining"[44] auf drei Grundsätzen: (a) gemeinsame Problemlösung statt eines Verteilungskampfes; (b) Reziprozität von Zugeständnissen und Gegenleistungen; (c) unpopuläre Entscheidungen, die vom Betriebsrat mitgetragen werden, finden in der Belegschaft größeres Vertrauen als einseitige Maßnahmen des Managements.

Ihre aktive Einbeziehung in Prozesse der „kooperativen Modernisierung" (Bertelsmann Stiftung/Hans-Böckler-Stiftung 1998: 71) von Unternehmen macht Betriebsräte tendenziell zu *Co-Managern* (Müller-Jentsch 1995; Müller-Jentsch/ Seitz1998), welche auf diese Weise zwar ihre Beteiligungsparameter erweitern (vor allem in wirtschaftlichen Fragen, für die das Betriebsverfassungsgesetz in der Regel nur Informationsrechte vorsieht), aber ihren Vertretungsauftrag durch die Beschäftigten unter Umständen gefährden (s. exemplarisch Rehder 2006). Professionalität und Selbstbewusstsein sind – neben dem Vertrauen der Beschäftigten in ihre Interessenvertreter – die unabdingbaren Voraussetzungen eines (durchaus konfliktfähigen) Co-Managements[45] in schwierigen Zeiten, die den Betriebsräten

---

44 *Concession bargaining* kommt aus den USA und beinhaltet den Tausch von Leistungen gegen Zugeständnisse (z.B. Lohnkürzungen gegen Beschäftigungsgarantie); vgl. Rosdücher (1997: 225 ff). Rehder hebt demgegenüber hervor, dass sich in den USA die Konzessionen in der Regel einseitig auf die Arbeitnehmerseite beziehen, während im deutschen Kontext „in 90 Prozent der untersuchten Vereinbarungen" (2003: 63) Gegenleistungen der Arbeitgeberseite erfolgten.

45 Zu differierenden Einschätzungen des Betriebsrats als Co-Management vgl. Minssen/ Riese (2007: 129-139) und Jürgen Prott (2013: 139-147), die die einschlägige Literatur dazu referieren.. Prott setzt sich auch mit der Widersprüchlichkeit zwischen der rhetorischen Abwehr des Handlungskonzepts des Co-Managements von Gewerkschaften und Betriebsräten und der tatsächlichen Handlungsroutine von Betriebsräten auseinander.

teilweise ungewöhnliche Zugeständnisse abverlangen. „Ein Hauptgrund dafür, dass die ‚Realpolitik', die streckenweise eine ‚Verzichtspolitik' ist, nicht die institutionelle Bedeutung der Betriebsräte verändert hat, liegt darin, dass sie mit ihrer kooperativ-kritischen Haltung des Mittragens und Mitverantwortens bisher tatsächlich die Haltung der Belegschaftsmehrheiten repräsentiert haben und diese immer wieder davon zu überzeugen in der Lage waren" (Kotthoff 1998: 96).

Insbesondere in Großunternehmen, konstatieren die Autoren einer repräsentativen Bochumer Umfrage unter Personalverantwortlichen und Belegschaftsvertretern, „lassen sich Anzeichen für eine verbreitete Rolle der Betriebsräte als Co-Manger finden" (Hauser-Ditz u.a. 2008: 262).

Hatten in der Vergangenheit die zur Arbeitsplatzsicherung vereinbarten „Bündnisse für Arbeit" ihre Hochkonjunktur, dann ist im letzten Jahrzehnt als ein relativ neues Aktivitätsfeld für die betriebliche Mitbestimmung die Beteiligung an Innovationen hinzugetreten – ein Feld, das geeignet ist, den co-manageriellen Charakter der Betriebsratstätigkeit stärker zu konturieren. Mitbestimmung, die in neoliberalen Diskursen häufig eher als eine Innovationsbremse gesehen wurde (Schwarz-Kocher u.a. 2011: 9), mutierte in neueren Untersuchungen gar zum „Innovationstreiber" (Kriegesmann/Kley 2012).

Die Hans-Böckler-Stiftung hat mehrere Forschungsprojekte initiiert, in denen aus verschiedenen Blickwinkeln das Verhältnis von Innovation und Mitbestimmung untersucht wird (Übersichten dazu bei Gerlach (2012) und Pfeiffer (2014)). Die Ergebnisse zweier repräsentativer Untersuchungen seien hier summarisch vorgestellt.

Eine quantitative Befragung von 1.660 Unternehmen und 14 qualitativen Fallstudien, durchgeführt von einer Forschergruppe um Martin Schwarz-Kocher, erbrachten als Ergebnis, dass die Beteiligung vom Beschäftigten und Betriebsrat Innovationspotentiale erschließen können, die Vorteile im globalisierten Wettbewerb ermöglichen (Schwarz-Kocher u. a. 2011: 266). Die quantitativen Befunde ergaben, dass der Einsatz beteiligungsorientierter Organisations- und Managementkonzepte (wie KVP, Aufgabenintegration, Personalentwicklungsgespräche, Gruppenarbeit) das spezifische Wissen der Beschäftigten mit innovationsförderlichen Wirkungen aktivierte (ebd.: 103f.). Aus den Fallstudien zog die Forschergruppe die Schlussfolgerung, dass der Betriebsrat in einem „Modus arbeitsorientierter Innovationsprozesse" bestrebt ist, „die vom Management entwickelten Innovationsvorschläge in Richtung einer *Win-win-Innovation* oder zumindest in den Bereich *sozial regulierbarer Innovation* gestaltend zu beeinflussen. Gelingt dies, können Innovationen mit der Unterstützung der Mitbestimmungsinstitutionen rechnen, was ihre Erfolge deutlich steigert. (…) Innovationsvorhaben des Managements, die zu große Nachteile für die Beschäftigten enthalten, treffen auf den Widerstand der

Betriebsräte. Die Chancen steigen deutlich, wenn es den Betriebsräten gelingt, Alternativen mit *ökonomischem Nutzen*, die *sozial regulierbar* sind, zu entwickeln" (ebd.: 259; kursiv im Original). Eine Untersuchung von Bernd Kriegesmann und Thomas Kley (2012) basiert auf der Auswertung der WSI-Betriebsrätebefragung von 2008/2009 mit 1.700 befragten Betriebsräten in der Privatwirtschaft und auf 26 Betriebsfallstudien in drei Branchen (Maschinenbau; Chemie; Informationstechnologie). Eines ihrer Ergebnisse lautet: Bei vom Management initiierten Innovationsprozessen werden etwa 60 Prozent der Betriebsräte eingebunden, nahezu ein Drittel gar als „machtvolle Mitgestalter" (ebd.: 31). Zwar handelt es dabei mehrheitlich um prozess- und arbeitsorganisatorische Innovationen, aber auch Produkt- und Dienstleistungsinnovationen sowie die Erschließung neuer Märkte erfolgen zu 44 bzw. 22 Prozent unter Beteiligung der Betriebsräte (ebd.: 73). Dass es gleichwohl zwischen Betriebsräten und Geschäftsführung zu Konflikten bei Innovationen kommt, geben 37,8 Prozent („gelegentlich") bzw. 10,8 Prozent („häufig") an (ebd.: 51).

Wir gewinnen aus den Studien ein differenziertes Bild von den Herausforderungen, Chancen und Risiken und den damit eingehergehenden Rollenkonflikten der betrieblichen Interessenvertretung in der Konfliktregulierung und Prozessgestaltung. Von Co-Management zu sprechen, macht nur Sinn, „wenn Betriebsräten faktisch Mitbestimmungsrechte nicht zuletzt auf Investitionsentscheidungen zugesprochen werden, die über den engen Rahmen der im Betriebsverfassungsgesetz gezogenen Einflusschancen qualitativ hinausreichen" (Prott 2013: 141). Gerade die Betriebsräte mit erweiterten Machtbefugnissen scheuen nicht die Kooperation mit dem Management, weil sie auch bei der Lösung schwieriger Probleme selbstbewusst auf ihre Innovationskompetenz und Konfliktfähigkeit vertrauen. Die Forschergruppe um Schwarz-Kocher formuliert es so: „Erfolgreiche Handlungskonzepte der Mitbestimmungsinstitutionen müssen immer die Fähigkeit einschließen, Konflikte führen und konstruktiv lösen zu können" (Schwarz-Kocher u.a. 2011: 260). Für den Industrie- und Gewerkschaftssoziologen Jürgen Prott ergibt sich daraus, dass auch unter den Bedingungen des Co-Managements das „Konzept der Konfliktpartnerschaft" seine Rechtfertigung finde (Prott 2011: 146).

Zusammenfassend ist zu konstatieren, dass der Betriebsrat zu der entscheidenden Schaltstelle im deutschen System der industriellen Beziehungen geworden ist. Ihm obliegt es, einerseits die neuen, flexiblen Tarifregelungen (Arbeitszeit, Beschäftigungssicherung, Altersteilzeit etc.) gemeinsam mit dem Management den betrieblichen Gegebenheiten anzupassen, und andererseits die neuen Systeme der direkten Partizipation (s. weiter unten) mit dem System der repräsentativen Mitbestimmung zu vernetzen. „Wenn es den Betriebsrat nicht gäbe", meinen einflussreiche Vertreter aus dem Management, „müsste man ihn erfinden" (Eberwein/

Tholen 1990: 263). Umfragen des (arbeitgebernahen) Instituts der deutschen Wirtschaft belegen diese Meinung mit mehreren positiven Statements, (z.B. Betriebsrat ist eine betriebliche Führungskraft, ein wichtiger Produktionsfaktor), denen jeweils große Mehrheiten der Unternehmer zustimmen (Niedenhoff 2002: 350ff.). Etwas plakativ bringt es der Arbeitsdirektor und ehemalige Betriebsratsvorsitzende von Degussa/Evonik, Ralf Blauth, auf die Formel: „Die Rollen haben sich geändert: von den kämpfenden Betriebsräten über die bewahrenden Betriebsräte zu den gestaltenden Betriebsräten" (Blauth 2007). Betriebsräte sind vielfach zu kompetenten Krisenmanagern, Agenten des Wandels und Promotoren der Modernisierung geworden. Die in der gesetzlichen Konstruktion des Betriebsrats angelegte „intermediäre Funktion" (s. Kapitel 3.5), das heißt die Interessenvertretung des Faktor Arbeit unter Beachtung der wirtschaftlichen Betriebsziele, ist in den letzten beiden Jahrzehnten voll zur Geltung gekommen, ohne dass der Betriebsrat (wie auch die Gewerkschaften) aufgehört hätten, als Kontrahenten in einer Konfliktpartnerschaft zu agieren.

6.4 Andere Vertretungsorgane und direkte Partizipation

Neben dem Betriebsrat haben sich in den letzten Jahren noch andere, rechtlich nicht abgesicherte „Mitarbeitervertretungen" (Ellguth/Kohaut 2015) beziehungsweise „Andere Vertretungsorgane" (Hauser-Ditz u.a. 2008) etabliert, die als Mitarbeiterausschuss, Runder Tisch, Vertrauensleute oder Sprecher tätig sind. Über ihre Verbreitung gibt es divergierende Angaben. Nach dem IAB-Betriebspanel (Betriebe ab 5 Beschäftigten) sind sie in 13 Prozent der Betriebe mit 16 Prozent der Beschäftigten vertreten (Ellguth/Kohaut 2015: 294.); eine repräsentative Bochumer Untersuchung (Betriebe ab 10 Beschäftigten) kommt auf 19 Prozent der Betriebe mit 11 Prozent der Beschäftigten (Hauser-Ditz u.a. 2008: 107). Sie sind vornehmlich in Klein- und Mittelbetrieben (bis 100 Beschäftigten) zu Hause (ebd.: 106). Im Gegensatz zum Betriebsrat, der ein von den Arbeitnehmern gewähltes Vertretungsorgan ist, fungieren diese Organe in ihrer Mehrheit als von der Geschäftsführung eingesetzte (63 %) und agieren als gemeinsame Gremien von Arbeitnehmern und Betriebsleitung (56 %) (Zahlen nach Hauser-Ditz u.a. 2008: 109). Sie unterliegen überdies einer starken Fluktuation; ein Großteil dieser alternativen Vertretungsformen existiert nur über einen relativ kurzen Zeitraum, alljährlich werden viele neu gegründet (Ellguth/Kohaut 2015: 296). Auch die Bochumer Untersuchung kommt zu dem Schluss, dass es sich bei einem „nicht unerheblichen Teil (…) eher um ‚ad hoc-Gremien' als um dauerhafte feste Strukturen" handelt (Hauser-Ditz u.a. 2008: 171).

6.4 Andere Vertretungsorgane und direkte Partizipation

Die in der letzten Dekade des 20. Jahrhunderts vorwiegend durch Initiativen des Managements eingeführten Formen direkter Arbeitnehmerpartizipation bedeuten in der Tendenz, dass Beschäftigte „von Anweisungsempfängern zu Verhandlungspartnern" (Minssen 1999: 131) werden; sie werden an Organisationsentscheidungen beteiligt, von denen sie in irgendeiner Weise betroffen sind und die zuvor ihren Vorgesetzten vorbehalten waren. Damit erhalten die betrieblichen Arbeitsbeziehungen eine neue Qualität: nicht nur, dass innerbetriebliche Verhandlungsprozesse an Relevanz gewinnen, auch das betriebliche Mitbestimmungssystem findet seine Ergänzung nach unten, in Form einer „Mitbestimmung in der ersten Person". Aus managerieller Sicht stellt die direkte Partizipation ein Element „diskursiver Koordination wirtschaftlichen Handelns und Entscheidens" (Braczyk 1997: 562) dar; aus der Perspektive der institutionalisierten Mitbestimmung stellt sie das Vertretungsmonopol des Betriebsrats in Frage. Notwendigerweise verändern sich damit Rolle und Aufgaben des Betriebsrats sowohl im Verhältnis zu den Beschäftigten wie zum Management.

Die vielfältigen Formen direkter Partizipation – Gruppenarbeit, Qualitätszirkel, Projektteams – gehören zum Kernbestand des Human Resource Management. Die Diskussionen und Untersuchungen konzentrieren sich vorwiegend auf Gruppenarbeit und Qualitätszirkel. Bei *Qualitätszirkeln* (auch: Lernstatt, Werkstattkreis, Lern- und Vorschlagsgruppe) handelt es sich um Organisationsformen, die quer und parallel zur regulären Arbeitsorganisation eingeführt werden; man spricht auch von „Problemlösungsgruppen" beziehungsweise „diskontinuierlichen Formen der Gruppenarbeit" (Bungard/Antoni 1993: 383). Ein Qualitätszirkel besteht in der Regel aus einer Kleingruppe von 6 bis 12 Teilnehmern aus gleichen oder ähnlichen Arbeitsbereichen, die sich in regelmäßigem Turnus während der Arbeitszeit treffen, um unter der Leitung eines Moderators betriebs- und arbeitsbezogene Probleme zu diskutieren und Lösungen dafür zu erarbeiten.

Im Vergleich dazu ist bei der Team- oder *Gruppenarbeit* die Beteiligung in das Arbeitshandeln integriert; wir haben es hier mit einer Organisationsform zum Zwecke der kontinuierlichen Ausführung der Arbeitsaufgabe zu tun. Obwohl die Bandbreite der Gruppenarbeitskonzepte im Hinblick auf Arbeitsumfang und Autonomie sehr breit ist (vgl. am Beispiel der Autoproduktion: Berggren 1991), können wir zwei markante Typen unterscheiden. *Fertigungsteams* und *teilautonome Arbeitsgruppen*. Erstere sind weiterhin in kurzzyklisch-tayloristische Arbeitsabläufe eingebunden, allerdings mit flexibler Arbeitsplatzrotation, integrierten indirekten Funktionen, wie Instandhaltung und Qualitätskontrolle, und kontinuierlicher „Rationalisierung in Eigenregie". Den Prototyp dieses „flexibilisierten Taylorismus" finden wir vornehmlich bei Toyota (Jürgens u.a. 1989), er ist aber auch in der deutschen Automobilproduktion keine Seltenheit (vgl. Mickler u.a. 1996; Bahnmüller/

Salm 1996). Die teilautonome Arbeitsgruppe hingegen verkörpert die Rücknahme tayloristischer Arbeitszerlegung durch Reintegration vormals ausgegliederter, den indirekten und planenden Bereichen (Arbeitsvorbereitung, Instandhaltung, Qualitätsprüfung etc.) übertragenen Arbeitsaufgaben. Die Gruppe und ihre Mitglieder übernehmen dabei gewissermaßen Funktionen des Arbeitsmanagements. Zu ihren konstitutiven Elementen gehören das Gruppengespräch und der Gruppensprecher.

Mit diesem weitreichenden Gruppenarbeitskonzept hat auch die Volkswagen AG ihr Modellprojekt „Auto 5000" (s. unter 7.3) im Jahr 2001 realisiert (vgl. Schumann u.a. 2006). Die Produktionsteams (deren Größe von 7 bis 17 reicht) organisieren sich weitgehend selbst, von den Arbeitsabläufen mit teaminterner Rotation bis zur Urlaubsplanung. Die prozessnahe Integration indirekter Bereiche (z.B. Wartung, Instandhaltung, Logistik, Qualitätsprüfung) und die kontinuierliche Qualifizierung der Arbeitnehmer binden die Teams in den betrieblichen Rationalisierungs- und Optimierungsprozess ein. Auf den wöchentlichen Teambesprechungen werden die Themen frei bestimmt und wichtige Entscheidungen gemeinsam getroffen. Die Teamsprecher werden jährlich neu gewählt. In regelmäßigen Teamsprecher-Runden tauschen sie miteinander und mit dem Management ihre Erfahrungen aus. Umfragen unter den Beschäftigten zeigen, dass diese über die Teamsprecher weit positivere Urteile abgeben als über die Betriebsräte (Schumann u.a. 2006: 169ff.).

Die (meist gewählten) Gruppensprecher betreten als neue Akteure die Arena der betrieblichen Arbeitsbeziehungen, zwar nicht notwendigerweise als Konkurrenten der Betriebsräte, aber sie stellen deren traditionelle Vertretungsaufgaben zumindest teilweise in Frage. Wir verfügen über empirische Evidenz, dass starke und selbstbewusste Betriebsräte keine Angst vor Gruppenarbeit und Gruppensprechern haben; oftmals agieren diese sogar als Protagonisten weiterreichender Partizipationsmodelle, für die sie mit großem Engagement Betriebsvereinbarungen aushandeln. Von den Betriebsräten im Maschinenbau, die Erfahrung mit Gruppenarbeit haben, befürchten nur 30 Prozent eine Beschneidung ihres traditionellen Aufgabenbereichs durch die Existenz von Arbeitsgruppen, während jeweils 35 Prozent in den Gruppenaktivitäten entweder neue Aufgabenbereiche sehen oder eine Entlastung, die den Betriebsräten Raum für die Bearbeitung neuer Aufgaben öffnen (Müller-Jentsch/Seitz 1998: 375). Kotthoff sieht die Hauptfunktion des Betriebsrats „nach wie vor darin, dass er Betriebspolitik macht, und diese Funktion wird in arbeitsplatznahen Fragen durch Moderation und Beratung ergänzt" (1998: 89). „Von Hause aus ist er der geborene Zentralist. Er ist der Repräsentant der Gesamtbelegschaft, der Fachmann für das Ganze, der zusammenhält, was zusammengewachsen ist. (...) Er sorgt für einen Rest von Einheitlichkeit der

6.4 Andere Vertretungsorgane und direkte Partizipation

Arbeits- und Lebensbedingungen im Unternehmen und verteidigt zugleich die interessenpolitische Qualität zentraler Regelungen gegen ihre Verwässerung." (ebd.) Zur quantitativen Verbreitung von Qualitätszirkeln und Gruppenarbeit geben einige Untersuchungen differierende Auskünfte (vgl. Antoni 2006; Fecht/Unbehend 2003: 59-68). Wenngleich die Einzelstudien jeweils nur Befunde über verschiedenartige Segmente vorlegen, kann bei konservativer Schätzung für ein gutes Drittel aller Industriebetriebe die Anwendung von Gruppenarbeitskonzepten in der einen oder anderen Form für die 1990er Jahre nachgewiesen werden. In der Automobilindustrie, die in der Vergangenheit am stärksten durch tayloristisch-fordistische Produktionskonzepte geprägt war, wurde, angestoßen durch die MIT-Studie „The Machine That Changed the World" (Womack u.a. 1990), die Gruppenarbeit zum Hebel der Reorganisation der Arbeits- und Produktionsprozesse.

Auch wenn sie nicht flächendeckend verbreitet ist, prägt die Gruppenarbeit doch in erheblichem Maße die heutige Arbeitswelt. Freilich ist das Spektrum, das mit dem Begriff Gruppenarbeit gefasst wird, sehr breit. Seine beiden Pole bilden die strukturkonservative und die strukturinnovative Variante (Gerst u.a. 1995). Verbreiteter ist der strukturkonservative Typus, mit dem an wesentlichen Prinzipien bisheriger Arbeitskraftnutzung festgehalten wird, während die strukturinnovative Variante neue Leitlinien der Arbeitsgestaltung (weite Handlungs- und Entscheidungsspielräume; Selbstorganisation; Integration ausführender mit planenden und indirekten Funktionen) verkörpert.[46]

Von einigen Autoren (Bahnmüller 1996; Kern/Schumann 1998; Schumann 1998; Springer 1999) wird ein zeitlicher Bruch konstatiert, der zur Neubewertung von Gruppenarbeit nach der wirtschaftlichen Krise 1992/93 geführt habe. Während in den Jahren davor, der Phase der „Wiederentdeckung der Gruppenarbeit", die Erschließung von Qualifikations-, Motivations- und Selbstregulierungspotentialen der Beschäftigten im Vordergrund gestanden habe, seien mit dem Konjunktureinbruch die Kosten- und Leistungsgesichtspunkte dominant geworden. Die auf kurzfristige Kostensenkungen zielende neue Rationalisierungspolitik richte sich gegen den „‚Geist' der innovativen Arbeitspolitik" (Kern/Schumann 1998: 11). Die Skepsis in der Beurteilung der zukünftigen Chancen einer auf „Eigeninitiative, Partizipation, Verantwortlichkeit und diskursive Zielfindung" (ebd.) setzenden Arbeitspolitik ist auch ein Resultat vorgängiger Euphorie; über-

---

46 Unter Zugrundelegung eines strengen Konzepts der Gruppenarbeit, das mit der strukturinnovativen Variante zwar nicht deckungsgleich ist, aber ihr nahe kommt, haben Kleinschmidt/Pekruhl (1994) in einer repräsentativen Befragung von Arbeitern, Angestellten und Beamten herausgefunden, dass 7 Prozent der Befragten in derartigen Gruppen arbeiten.

dies beruht sie vorwiegend auf Erfahrungen in der Automobilproduktion (und hier wiederum in den Montagebereichen), wo in der Tat das Experimentieren mit strukturinnovativen Konzepten weitgehend aufgegeben wurde zugunsten von restriktiv-tayloristischen Formen der Gruppenarbeit (Ausnahme „Auto 5000"). Voreilig wäre es jedoch, daraus bereits eine eindeutige Tendenz abzulesen; die Welt der Gruppenarbeit bleibt weiterhin vielgestaltig. Solange die Arbeitsorganisation im Zentrum der unternehmerischen Rationalisierungsstrategien steht, bleiben auch Chancen für unterschiedliche Gestaltungsoptionen bestehen.

Projektteams sind vornehmlich in der Informations- und Telekommunikations(IT)-Industrie verbreitet; dort ist die Projektarbeit eine dominante Form der produktiven Aufgabenbewältigung. Da diese Arbeit primär auf Innovation gerichtet ist, kann sie nur in geringem Maße vorab geplant werden. Ressourcenzuweisung und die Festlegung des Abschlusstermins sind die wichtigsten Faktoren, mit denen das Management auf die Projektteams Einfluss nehmen kann, denen im Übrigen ein hohes Maß an Selbstorganisation eingeräumt wird. Die Arbeitsplanung stellt „einen komplexen sozialen Prozess dar, in dem durch Aushandlung zwischen Projektteam, Unternehmensleitung und Kunden (...) Ziele, Arbeitsteilung und Ressourcen festgelegt werden" (Boes/Baukrowitz 2002: 114).

Auch im öffentlichen Dienst führte der Modernisierungspfad über die Partizipation der Arbeitnehmer. Neben den Personalvertretungen und Gewerkschaften, die aktiv und teilweise auch initiativ zur Verwaltungsreform beitragen, werden die Beschäftigen selbst zur direkten Mitgestaltung aufgerufen (vgl. Sperling 1999: 28ff.). In nahezu keiner Äußerung zur Verwaltungsreform fehlt die Beteuerung, dass eine „umfassende Mitarbeiterbeteiligung" Voraussetzung und Garant effektiver Verwaltungsmodernisierung sei. „In vielen Kommunen ist die Beschäftigtenbeteiligung eine tragende Säule im Modernisierungskonzept, wenn auch mit unterschiedlichen Absichten: als Motivationsverstärker, als Akzeptanzgewinnungsinstrument oder als Element zur Effizienzsteigerung" (Kißler u.a. 1997: 203). Viele Personalräte verstehen sich teilweise als Co-Manager der Reformen; sie sind an zahlreichen Reformgremien, wie runden Tischen, Lenkungs- und Projektgruppen und dergleichen, vertreten. Freilich ist unter dem Druck der Haushaltskonsolidierung und Budgetkürzungen die Verwaltungsmodernisierung deutlich ins Stocken geraten und die Beteiligungsbereitschaft durch rigorose Sparpolitik erheblich gedämpft worden.

In diesem Kapitel wurden neuere Entwicklungen im Management der Unternehmen und in der betrieblichen Interessenvertretung beschrieben und analysiert.

Übungsaufgaben:

1. *Erläutern Sie die neuen Managementkonzepte unter Bezugnahme auf die zentralen Gestaltungsparameter!*
2. *Welche neuen Aufgaben und Zuständigkeiten sind den Betriebsräten zugewachsen? Welche wurden auf andere Akteure übertragen?*
3. *Worin besteht die Logik der betrieblichen „Bündnisse für Arbeit"?*
4. *Was berechtigt es, vom Betriebsrat als Co-Management zu sprechen? Erläutern Sie die Gefährdungen, Vorteile und Rollenkonflikte des Betriebsrats in seinen co-manageriellen Funktionen!*
5. *Welches sind die wichtigsten Merkmale der Konzepte Gruppenarbeit, Qualitätszirkel und Projektteam?*
6. *Beschreiben Sie die Unterschiede zwischen strukturkonservativen und strukturinnovativen Gruppenarbeitskonzepten!*

Krise und Reform der Tarifpolitik 7

Dem relativen Bedeutungszuwachs der Betriebs- und Personalräte steht ein relativer Bedeutungsverlust der Gewerkschaften gegenüber. Bereits ein simpler Vergleich macht dies deutlich: Während die DGB-Gewerkschaften bei den Betriebsratswahlen seit vier Jahrzehnten mit relativ geringen Schwankungen drei Viertel der Betriebsrats-Mandate erzielen konnten (Müller-Jentsch/Ittermann 2000: 218; Wassermann 2002: 54; Greifenstein u.a. 2014: 17), haben sie seit Anfang der 1990er Jahre fast die Hälfte ihrer Mitglieder verloren (vgl. *Tabelle 2*). Auch die offiziellen gewerkschaftlichen Vertretungsorgane im Betrieb, die Vertrauensleute, stecken in einer Krise.[47] Demgegenüber haben, wie im vorstehenden Kapitel ausgeführt, die Betriebsräte, obwohl auch sie einen leichten quantitativen Rückgang zu verzeichnen haben (Ellguth/Trinczek 2016) an Kompetenzen und Aufgaben hinzu gewonnen, ein Zugewinn, der das Selbstbewusstsein gestärkt hat, aber von nicht wenigen auch als Last und Überforderung empfunden wird.

7.1 Erosion des Flächentarifvertrags

Noch setzt der Flächentarifvertrag wichtige Rahmenbedingungen für die Arbeitsregulierung in den Betrieben, und darauf wollen die Betriebsräte keineswegs verzichten. Bezeichnenderweise favorisieren gerade solche Interessenorganisationen

---

[47] Beispielsweise dokumentiert die IG Metall, die in der Vergangenheit über ein dichtes Netz aktiver Vertrauensleute verfügte, in ihren Auswertungen zu den Vertrauensleutewahlen seit Anfang der 1980er Jahre einen Rückgang der Betriebe mit Vertrauenskörpern (Rudolph/Wassermann 1996: 153f.). Jürgen Prott äußert die Vermutung, „dass annähernd die Hälfte der Vertrauensleute eigentlich nur auf dem Papier steht" (2015: 181). Um diesen Trend umzukehren, hat die IG Metall aktuell ihre Bemühungen bei den Wahlen zu den Vertrauensleuten 2016 kampagneartig verstärkt.

der Unternehmer, die keine tarifpolitischen Aufgaben wahrnehmen (wie das Präsidium des BDI und einige Wirtschaftsverbände) eine Änderung des § 77 Abs. 3 des Betriebsverfassungsgesetzes,[48] die auf eine Beseitigung des sog. Tarifvorbehalts hinausliefe. Mit anderen Worten, die Regelung des Arbeitsentgelts und sonstiger Arbeitsbedingungen soll nicht mehr exklusiv den Tarifvertragsparteien vorbehalten bleiben, sondern auch in die Regelungskompetenz der Betriebsräte fallen. Dieser Vorschlag stößt jedoch auf wenig Gegenliebe bei den Betriebsräten, die am Flächentarifvertrag als einer zentralen Voraussetzung ihrer Tätigkeit festhalten. Eine eindeutige Bestätigung dessen finden wir in den Ergebnissen jüngerer repräsentativer Umfragen unter Betriebsräten, die die „Verbetrieblichung der Tarifpolitik" generell problematisch (44 %) oder zwiespältig (33 %) beurteilen, während nur 15 Prozent sie begrüßen (Amlinger/Bispinck 2016: 220).

Sollte der Flächentarifvertrag zugunsten betrieblicher Vereinbarungen ausgehebelt werden, wäre dies gleichbedeutend mit einer Verlagerung des Lohnkonflikts von der überbetrieblich-tarifpolitischen auf die betriebliche Ebene, und dies würde zweifellos das duale System der Interessenrepräsentation destabilisieren. Mit der Übertragung der tarifpolitischen Kompetenz müsste den Betriebsräten letztlich auch das Streikrecht zugebilligt werden. Eine Zwischenlösung stellt gewissermaßen der *Haus-* oder *Firmentarifvertrag* dar, den die zuständige Gewerkschaft mit dem einzelnen Unternehmen abschließen kann. In der deutschen Tariflandschaft war er bisher eher die Ausnahme, doch seit 1990 nimmt die Zahl der Unternehmen mit Haustarifverträgen zu, stärker im Osten als im Westen Deutschlands..

Jahr für Jahr wird eine Vielfalt von Tarifverträgen abgeschlossen. *Tabelle 6* gibt Auskunft über die Zahl und Arten der im Jahre 2014 geltenden Tarifverträge.

---

48 Der § 77 Abs. 3 im Wortlaut: „Arbeitsentgelt und sonstige Arbeitsbedingungen, die durch Tarifvertrag geregelt sind oder üblicherweise geregelt werden, können nicht Gegenstand einer Betriebsvereinbarung sein. Dies gilt nicht, wenn ein Tarifvertrag den Abschluss ergänzender Betriebsvereinbarungen ausdrücklich zulässt."

7.1 Erosion des Flächentarifvertrags

Tabelle 6 Geltende Tarifverträge in West- und Ostdeutschland, 2014

Tarifvertragsart	Geltende Tarifverträge		
	Insgesamt	West	Ost
Verbands- bzw. Flächentarifverträge			
Manteltarifverträge	1.515	1.221	294
TV-Mantel-Bestimmungen	10.237	9.366	871
Einkommens-Tarifverträge	2.3693	1.923	446
Änderungs-, Parallel- und Anschluß-Tarifverträge	15.830	12.717	3.113
Zusammen	29.951	25.227	4.724
Firmen- bzw. Haustarifverträge			
Manteltarifverträge	7.346	5.638	1.708
TV-Mantel-Bestimmungen	19.125	16.181	2.944
Einkommens-Tarifverträge	6.534	5.177	1.357
Änderungs-, Parallel- und Anschluß-Tarifverträge	7.260	5.883	1.377
Zusammen	40.265	32.879	7.386
Insgesamt	70.216	58.106	12.110

Quelle: BMA-Tarifregister; WSI 2015: Tab. 1.3

Ein einzelner Flächentarifvertrag regelt ungleich mehr Arbeitsverhältnisse als ein Firmentarifvertrag, so dass der rein numerische Vergleich irreführend wäre, solange er nicht auch auf die Beschäftigten ausgedehnt wird. Wir tun dies mit Hilfe der „tarifvertraglichen Deckungsrate". Sie misst einmal den Anteil der Betriebe, die durch einen (Flächen- oder Firmen-)Tarifvertrag gebunden sind und – wichtiger noch – ein andermal den Anteil der Beschäftigten, deren Arbeitsverhältnis dadurch geregelt wird (vgl. *Tabelle 7)*

Tabelle 7 Tarifbindung nach Betrieben und Beschäftigten in West- und Ostdeutschland, 2014

Art des Tarifvertrags	Anzahl der Betriebe in %		Anzahl der Beschäftigten in %	
	West	Ost	West	Ost
Flächentarifvertrag	31	7	53	36
Firmentarifvertrag	2	2	7	11
Zusammen	33	20	60	47
bei < 20 Beschäftigen			70	59

Quellen: IAB-Betriebspanel 2014; Ellguth/Kohaut 2015

Berücksichtigt man, dass *Tabelle 7* repräsentative Aussagen über alle Betriebe ab 1 Beschäftigten macht, dann ist die Aussage berechtigt, dass die tarifvertragliche Deckungsrate, die mit der Betriebsgröße monoton zunimmt, für Betriebe ab 21 Beschäftigten noch relativ hoch ist. In Betrieben dieser Größenordnung besteht Tarifbindung für 70 Prozent der Beschäftigten in Westdeutschland (60 % Branchen-, 10 % Firmentarifvertrag) und rund 60 Prozent in Ostdeutschland (45 % Branchen-, 14 % Firmentarifvertrag).[49] Gleichwohl zeigt der Zeitvergleich für alle Betriebe (ab 1 Beschäftigten) eine stark rückläufige Entwicklung der Tarifbindung in beiden Teilen Deutschlands (vgl. *Tabelle 8*), wenn auch die Quoten seit 2012 konstant geblieben sind. Der Rückgang der Tarifbindung gilt allein für die Privatwirtschaft; im öffentlichen Dienst blieb sie in diesem Zeitraum mit nahezu 100 Prozent stabil..

Tabelle 8 Tarifvertragliche Deckungsrate, 1998 – 2014

Tarifbindung (Flächen- u. Firmentarifverträge)	1998	2014
in % der Beschäftigten Westdeutschlands	76	60
Ostdeutschlands	63	47
in % der Betriebe Westdeutschlands	53	33
Ostdeutschlands	33	20

Quellen: IAB-Betriebspanel; Ellguth/Kohaut 2015

Die Befragung des IAB-Betriebspanels ergab freilich auch, dass der Tarifvertrag über seine formalen Geltungsbereiche hinaus wirksam ist: Von den nichttarifgebundenen Unternehmen orientiert sich ein erheblicher Anteil (über 40% der Betriebe

---

49 Nach IAB-Betriebspanel 2014; schriftliche Auskunft des IAB.

7.1 Erosion des Flächentarifvertrags

mit über 50% der Beschäftigten) gleichwohl am Flächentarifvertrag (Ellgut/Kohaut 2015: Tab. 3 und 4). Damit, so resümieren Peter Ellguth und Susanne Kohaut ihre Ergebnisse aus dem IAB-Betriebspanel 2014, bildet der Flächentarifvertrag „für einen großen Anteil der Beschäftigten (...) noch immer den Rahmen ihrer Arbeitsbedingungen" (ebd.: 293).

Nicht zu übersehen ist indessen, dass die Arbeitgeber in der Privatwirtschaft das bestehende System der Flächentarifverträge mit seinen Bindungen und Standardisierungen heute kritischer als früher betrachten. Die sich häufenden Fälle von *Tarif- und Verbandsflucht* lassen eine fortschreitende Erosion der Integrations- und Verpflichtungsfähigkeit der Arbeitgeberverbände vermuten. Neben mittelständischen sind es vornehmlich jüngere und exportorientierte Unternehmen, die stärker als andere dazu tendieren, sich den tarifvertraglichen Regelungen zu entziehen. Sie als Verbandsmitglieder zu gewinnen und zu halten, fällt Arbeitgeberverbänden heute wesentlich schwerer. Um sich aus einem geltenden Flächentarifvertrag zu lösen, bedarf es nicht notwendigerweise des Verbandsaustritts; ein Unternehmen kann auch, als Ganzes oder mit Unternehmensteilen, formell die Branche und damit den Arbeitgeberverband wechseln, um von niedrigeren Tarifstandards zu profitieren (beispielsweise löste das Unternehmen IBM seine Unternehmensteile mit Informations- und Servicefunktionen aus dem Zuständigkeitsbereich der metallindustriellen Arbeitgeberverbände). Gleichwohl haben in den letzten Jahren die Verbandsaustritte zugenommen. Neben kleineren Unternehmen haben auch eine Reihe mittelgroßer Unternehmen, unter ihnen einige Verlagshäuser, die „Verbandsflucht" ergriffen. Das östliche Pendant zur Verbandsflucht ist die „Verbandsabstinenz", d.h. der Nichteintritt neugegründeter Unternehmen oder privatisierter Treuhandbetriebe in den für ihre Branche zuständigen Arbeitgeberverband.

Obwohl kaum präzise Daten über Organisationsgrade der Arbeitgeber bekannt sind, wissen wir doch, dass die Arbeitgeberverbände, ebenso wie die Gewerkschaften, in den 1990er Jahren einen deutlichen Rückgang der Mitgliederzahlen zu verzeichnen hatten (vgl. Kapitel 3.2).

Aber selbst formelle Mitgliedschaft in einem Arbeitgeberverband garantiert noch nicht, dass der jeweils gültige Tarifvertrag auch von allen Mitgliedsunternehmen eingehalten wird. Wiederum in Ostdeutschland ist die Unterschreitung von Tarifnormen keine Ausnahme mehr. Vor dem offenen Tarifbruch scheuten selbst Arbeitgeberverbände in den neuen Bundesländern nicht zurück. Um die vereinbarte Angleichung der Ostvergütungen an das Westniveau aufzuschieben, griffen zuerst die Verbände der Metallarbeitgeber (1993), dann die der Bauarbeitgeber (1996) zum Instrument der – in der Tarifordnung nicht vorgesehenen – „fristlosen Kündigung" der Tarifverträge. Ergebnis der nachfolgenden Auseinandersetzungen war die Vereinbarung von Härteklauseln, die Unternehmen in akuten wirtschaftlichen Schwierigkeiten definierte Abweichungen von den Tarifnormen erlaubten. Einige Organisationen mittelständischer Unternehmen haben erfolgreich eine „gespaltene Mitgliedschaft", d.h. die Wahlmöglichkeit zwischen einer Mitgliedschaft *mit* oder *ohne* Tarifbindung, in den Arbeitgeberverbänden durchgesetzt. Zahlreiche Arbeitgeberverbände haben mittlerweile ihre Satzungen für eine assoziierte Mitgliedschaft ohne gleichzeitige Tarifbindung verändert. Eine Auswertung von 300 Arbeitgeberverbandssatzungen ergab, dass ein Drittel der Fälle OT-Mitgliedschaften vorsieht, mit einem höheren Anteil im Osten Deutschlands (WSI 2006: 44).

Bei Tarif- und Verbandsflucht von Arbeitgebern haben die Gewerkschaften zwar noch die Möglichkeit, mit einem verbandsfreien Unternehmen einen Haustarifvertrag abzuschließen. Dies wird ihnen in der Regel dann gelingen, wenn sie das Unternehmen auch notfalls bestreiken können. Aber nur in den Unternehmen, in denen eine Gewerkschaft über eine ausreichende Zahl an mobilisierungsfähigen Mitgliedern verfügt, kann sie einen „Häuserkampf" (so der frühere Vorsitzende der IG Medien, Detlef Hensche) führen. Unternehmen, die sich mit einem derartigen Risiko konfrontiert sehen, werden Verbandsmitgliedschaft und Tariftreue vorziehen. Mit dem Arbeitskampfrisiko und dem Grad der gewerkschaftlich organisierten Arbeitnehmer steigt die Wahrscheinlichkeit der Verbandszugehörigkeit eines Unternehmens (Schnabel/Wagner 1996: 299f.).

Die Krise des Flächentarifvertrags ist für einige Branchen evidenter als für andere; sie ist insbesondere im Informations- und Kommunikationssektor, im Groß- und Einzelhandel und in den neuen Bundesländern manifest. Voreilig wäre es, von einer generellen Krise des Flächentarifvertrags zu sprechen.

Die Arbeitgeberverbände der chemischen Industrie beispielsweise haben in einer gemeinsamen Erklärung (Rheingauer Erklärung vom 18. Oktober 1996) die Funktionsfähigkeit des Flächentarifvertrags für die Regelung der Lohn- und Arbeitsbedingungen bekräftigt, gleichzeitig aber gefordert, Tarifverträge mit flexiblen Regelungen für die Unternehmen und Öffnungsklauseln für Nachverhandlungen der Betriebsparteien auszustatten. Führende Repräsentanten des Arbeitgeberbandes haben den Flächentarifvertrag wiederholt verteidigt. So etwa 2004 der Vorsitzende des Landesverbandes Chemische Industrie Rheinland-Pfalz und Vorstandsmitglied des BAVC, Ulrich Pitkamin: „Unsere Flächentarife gehören nicht zum alten Eisen, sondern sind Beispiele zukunftsgerichteter Tarifpolitik" (Presseerklärung des Landesverbandes Chemische Industrie Rheinland-Pfalz e.V. vom 1.7.2004). Der moderne Flächentarifvertrag diene als Ordnungsinstrument. Die darin enthaltenen Öffnungsklauseln lieferten vielfältige Instrumente zur Flexibilisierung. Die Unternehmen könnten damit angemessen auf ihre aktuelle wirtschaftliche Situation reagieren. In Reaktion auf die sich abzeichnende weltweite Finanz- und Wirtschaftskrise haben BAVC und IG BCE in einer gemeinsamen Erklärung 2008 zur „Nutzung der tariflichen Flexi-Instrumente" aufgerufen, um Standort und Beschäftigung zu sichern und die Zukunftsfähigkeit des Flächentarifvertrages zu erhalten.

Auch in der Metallindustrie haben sich die Optionen der Tarifparteien nach dem Abschluss des „Pforzheimer Abkommens" von 2004, das für Betriebe generell Öffnungsklauseln vorsieht (s. weiter unten) weitgehend angenähert.

7.2 Verbetrieblichung der Tarifpolitik

Dass die Tarifparteien zur Reform des Tarifvertragssystems bereit sind, zeigt ihre veränderte tarifpolitische Praxis seit Mitte der 1980er Jahren. Mittlerweile gehören Tarifverträge mit Korridorlösungen und Öffnungsklauseln zur üblichen Praxis. Beim Tarifkorridor gibt der Tarifvertrag einen Rahmen vor (z.b. variable Wochenarbeitszeit zwischen 30 und 40 Stunden, bei durchschnittlich 35 Stunden), im zweiten Fall wird der Tarifvertrag für ergänzende Betriebsvereinbarungen der Betriebsparteien geöffnet.

Im Kern zielen die Veränderungen der tarifpolitischen Praxis auf die Dezentralisierung und Differenzierung der Tarifpolitik ab. Reinhard Bispinck und Thorsten Schulten sprechen von zwei Formen der Dezentralisierung:

- „Die *kontrollierte Dezentralisierung*, bei der die Tarifvertragsparteien, etwa in Form von Öffnungsklauseln, bestimmte Regelungsfunktionen direkt den Betriebsparteien übertragen oder auf überbetrieblicher Ebene bestimmte Konditionen definieren, unter denen die betrieblichen Akteure von den tariflichen Standards abweichen dürfen.
- Die ‚wilde' *Dezentralisierung*, bei der einzelne Unternehmen aus den geltenden tarifvertraglichen Regelungen ‚aussteigen', sei es in Form eines offiziellen Austritts aus der Verbands- bzw. Tarifbindung, sei es durch betriebliche Vereinbarungen, die faktisch bestehende Tarifstandards unterlaufen." (Bispinck/Schulten 1999: 198)

Die kontrollierte Dezentralisierung erlaubt betriebliche Abweichungen von tarifvertraglichen Regelungen. Die Abweichungen können die Form der *Flexibilisierung* und *Differenzierung* (für bestimmte Beschäftigtengruppen, Branchen oder Betriebe) oder der *Absenkung* unter definierten Bedingungen annehmen. Ihr Instrument sind Öffnungsklauseln in Tarifverträgen, die zu einer üblichen Praxis der Tarifpolitik geworden sind. Der Betriebsräte-Befragung des WSI zufolge wurden 2015 in rund einem Fünftel aller tarifgebundenen Betrieben mit über 20 Beschäftigten, die über einen Betriebsrat verfügen, tarifliche Öffnungs- und Differenzierungsklauseln genutzt (Amlinger/Bispinck 2016: 217). Das IAB-Betriebspanel kommt zu ähnlichen Ergebnissen. Ihm zufolge haben 28 Prozent aller tarifgebundenen Betriebe (ab 5 Beschäftigten) im Tarifvertrag eine Öffnungsklausel stehen, die indessen nur von 20 Prozent der Betriebe genutzt wird (Ellguth/Kohaut 2014: 442).

Die Öffnung des Tarifvertrags für die Abweichung von Tarifstandards ist an bestimmte Verfahren gebunden, bei denen die Tarifparteien in unterschiedlichem Ausmaß beteiligt werden: (a) sog. Härtefallklauseln (Abweichung kann bei definierten wirtschaftlichen Härtefällen erfolgen), (b) Öffnungsklauseln mit Zustimmungsvorbehalt der Tarifparteien, (c) Öffnungsklauseln ohne Zustimmungsvorbehalt und (d) Kleinbetriebsklauseln für Betriebe mit 10 bis 50 Beschäftigten (Seifert 1999).

Im Folgenden werden wir einige inhaltliche Regelungsbereiche der kontrollierten Dezentralisierung darstellen, wobei wir uns an den von Reinhard Bispinck (2004) unterschiedenen Etappen der „Verbetrieblichung der Tarifpolitik" orientieren

Flexibilisierung der Arbeitszeit

Die gewerkschaftlichen Bemühungen, Arbeitszeit zu verkürzen, konzentrierten sich in den 1980er Jahren auf die Verkürzung der Wochenarbeitszeit mit dem Ziel der 35-Stunden-Woche. Im Jahre 1984 gelang der IG Metall nach einem 7-wöchigen, der IG Druck und Papier nach einem 13-wöchigen Arbeitskampf der tarifpolitische Durchbruch zu diesem Ziel: die wöchentliche Arbeitszeit wurde zunächst auf 38,5 Stunden reduziert. Über einen Zeitraum von weiteren zehn Jahren wurde schrittweise die Wochenarbeitszeit schließlich auf 35 Stunden reduziert. Für den „Einstieg in die 35-Stunden-Woche" wurde den Gewerkschaften ein folgenreiches Zugeständnis abgetrotzt: sie mussten einer Flexibilisierung und Differenzierung der Arbeitszeit nach betrieblichen Erfordernissen zustimmen. Zu regeln war dies durch zusätzliche Betriebsvereinbarungen zwischen Betriebsräten und Unternehmensleitungen.

Die festgelegten Arbeitszeitkorridore waren anfangs eng definiert (in der Metallindustrie durfte bei einer durchschnittlichen Arbeitszeit von 38,5 Stunden die individuelle Arbeitszeit zwischen 37 und 40 Stunden schwanken), wurden aber danach immer weiter ausgedehnt; auch die Ausgleichszeiträume expandierten (anfangs umfassten sie nur wenige Wochen, mittlerweile bis zu drei Jahren). „Heute bieten die deutschen Tarifverträge ein reichhaltiges Instrumentarium zur Anpas-

7.2 Verbetrieblichung der Tarifpolitik

sung von Dauer, Lage und Verteilung der betrieblichen Arbeitszeit an die produktionsspezifischen, saisonalen und konjunkturellen Erfordernisse an" (Bispinck 2006: 238). Je breiter die Korridore und je länger die Ausgleichszeiträume, umso komplexer die Administration. Die praktische Umsetzung erfolgt vielfach mit Hilfe von individuellen Arbeitszeitkonten, deren Einrichtung zahlreiche Tarifverträge vorschreiben. Rund ein Viertel aller Beschäftigten können ihre Arbeitszeit weitestgehend flexibel über ein Arbeitszeitkonto organisieren (Seifert 2015: 316). Zwei Prozent der Beschäftigten verfügen über ein Langzeit- oder Lebensarbeitskonto (ebd.).

Die zunehmende Bedeutung der *Teilzeitarbeit* haben die Gewerkschaften, wenn auch zunächst eher zögerlich, zum Anlass genommen, auch die Teilzeitarbeitnehmer dem tarifvertraglichen Schutz zu unterstellen. Seitdem die meisten Gewerkschaften in den 1990er Jahren Tarifverträge über diesen Gegenstand abgeschlossen haben, kann die Teilzeitarbeit nicht mehr umstandslos mit prekären Beschäftigungsverhältnissen gleichgesetzt werden.

Zur Regelungsmaterie Arbeitszeitflexibilisierung gehören auch die Tarifverträge zur *Altersteilzeit*, die an das Altersteilzeitgesetz von 1996 anschließen. Damit soll älteren Arbeitnehmern ein gleitender Übergang vom Erwerbsleben in die Altersrente ohne größere Einbußen von Einkommen und Rentenansprüchen ermöglicht und Arbeitsplätze für jüngere Arbeitnehmer freigemacht werden. Arbeitnehmer ab 55 Jahren können zwischen zwei Modellen wählen, dem Teilzeitmodell und dem Blockmodell. Beim Teilzeitmodell wird die Arbeitszeit durchgehend halbiert und so über die gesamte Altersteilzeit verteilt. Beim Blockmodell dagegen gibt es zwei gleich lange Phasen: In der ersten Phase arbeitet der Arbeitnehmer nach wie vor in Vollzeit, erhält aber nur das bereits reduzierte Altersteilzeitgehalt. Die zweite Hälfte besteht dann aus der Freistellungsphase, während der er gar nicht mehr arbeiten muss, aber weiterhin sein Altersteilzeitgehalt bezieht. Rund 90 Prozent aller Arbeitnehmer wählen das Blockmodell.

Bis 2010 zahlte die Bundesagentur für Arbeit einem Arbeitgeber, der einen Beschäftigten ab 55 Jahre mit 50 Prozent der Vollzeit beschäftigte und den frei gewordenen Arbeitsplatz mit einem Arbeitslosen oder einem ausgelernten Auszubildenden besetzte, folgende Zuschüsse: (a) 20 Prozent des Altersteilzeiteinkommen für längstens 5 Jahre sowie (b) eine Aufstockung des Rentenversicherungsbeitrags, sofern der Arbeitgeber dem in Altersteilzeit Beschäftigten ein Nettoeinkommen von 70 Prozent des Vollzeiteinkommens und einen Rentenbeitrag von 90 Prozent des Vollzeitabkommens bezahlte.

Die in zahlreichen Wirtschaftszweigen abgeschlossenen Tarifverträge zur Altersteilzeit stocken das Einkommen auf 85 bis zu 100 Prozent des letzten Nettoeinkommens auf. In Einzelfällen wird auch der spätere Rentenabschlag zum Teil ausgeglichen. Die Zahl der Arbeitnehmer in Altersteilzeit ist nach der Einführung rasch gestiegen: von 120.000 (1999) auf 672.000 (2009) (Böcklerimpuls 16/2013). Seit dem Auslaufen der staatlichen Förderung 2010 ging die Zahl zurück, da nur noch tarifvertragliche Regelungen Ausgleichzahlungen vorsehen. Verlängert man die Fluchtlinie der Entwicklung der Arbeitszeitflexibilisierung, stößt man unweigerlich auf das Modell der *Vertrauensarbeitszeit*, einem Arbeitszeitsystem, in dem die Arbeitnehmer ihre arbeitsvertraglichen Verpflichtungen zur Arbeitszeit eigenverantwortlich und ergebnisorientiert erfüllen und der Arbeitgeber auf die Kontrolle dieser Einhaltung verzichtet. Aber selbst diesem Modell bleibt die grundlegende Ambivalenz der Arbeitszeitflexibilisierung zu eigen: Sie eröffnet dem Arbeitnehmer einerseits Chancen zur individuellen Zeitsouveränität, macht ihn jedoch andererseits unbeschränkt disponibel für die zeitökonomischen Erfordernisse saisonal oder konjunkturell schwankender Auftragslagen und variierender Marktbedingungen (Trinczek 2005).

Lohnkürzungen durch Härte- und Revisionsklauseln

Ein weiteres Beispiel für flexible Tarifverträge sind die zunächst nur in ostdeutschen Tarifbereichen, nach einem mehrwöchigen Streik in der Metallindustrie 1993, vereinbarten Härte- und Revisionsklauseln, wonach Arbeitgeber oder Betriebsrat in Notfällen bei den Tarifparteien eine tarifliche Sonderregelung beantragen können. Die Tarifparteien entscheiden über das Vorliegen eines Härtefalls, der Unterschreitungen oder einen zeitlichen Aufschub von tariflichen Vergütungen und Stufenerhöhungen rechtfertigt. Erstmals in der Tarifrunde 1994 sind derartige Härteklauseln auch in einigen westdeutschen Tarifbereichen vereinbart worden und haben sich in den folgenden Jahren weiter verbreitet. Bei wirtschaftlichen Schwierigkeiten können Arbeitgeber und Betriebsrat, meist erst mit Zustimmung der Tarifparteien, übereinkommen, die Tariflohnerhöhung ganz oder teilweise auszusetzen, die Jahressonderzahlung zu kürzen oder Zeitpunkt und Höhe der Jahressonderzahlung abweichend zu regeln. Werden die erlaubten Abweichungen von den vereinbarten Tarifstandards in Anspruch genommen, kann dies in der Regel nur mit einer Gegenleistung (z.B. Zusagen über Beschäftigungssicherheit bzw. Verzicht auf betriebsbedingte Kündigungen) seitens des Arbeitgebers erfolgen.

Abkommen zur Beschäftigungssicherung

Tarifverträge neuen Typs sind auch die Tarifabkommen zur Beschäftigungssicherung (vgl. Rosdücher 1997). Auslöser für die Aushandlung derartiger Tarifverträ-

7.2 Verbetrieblichung der Tarifpolitik

ge war die anhaltende Massenarbeitslosigkeit. Ihre Ziele sind die Sicherung bedrohter beziehungsweise die Schaffung neuer Arbeitsplätze. Sie folgen der Logik des „concession bargaining". Kernpunkt der Vereinbarungen sind zeitlich begrenzte Arbeitszeitverkürzungen ohne Lohnausgleich mit einer (ebenfalls zeitlich begrenzten) Arbeitsplatzgarantie.

Die Tarifverträge zur Beschäftigungssicherung autorisieren die Betriebsparteien zu Vereinbarungen über die Reduzierung der tariflichen Wochenarbeitszeit *ohne* Lohnausgleich, sofern dadurch Arbeitsplätze gesichert werden. So wurden im Steinkohlebergbau zusätzliche Freischichten, in der Metallindustrie die Absenkung der wöchentlichen Arbeitszeit auf 30 Stunden und in anderen Branchen ebenfalls befristete Unterschreitungen der tariflichen Wochenarbeitszeit, jeweils ohne Lohnausgleich, vereinbart. Besondere Aufmerksamkeit fand in der Öffentlichkeit der Ende 1993 mit der Volkswagen AG abgeschlossene Tarifvertrag zur Beschäftigungssicherung. Er sah folgende Regelungen vor:

- Absenkung der wöchentlichen Arbeitszeit um 20 Prozent, d.h. von 36 auf 28,8 Stunden, verteilt auf 4 Tage;
- Reduzierung des Jahreseinkommens um 16 Prozent (durch Kürzung von Urlaubs- und Weihnachtsgeld sowie sonstiger Sonderzahlungen blieben die Monatseinkommen konstant);
- Beschäftigungsgarantie für 2 Jahre.

Mit den in den 1990er Jahren abgeschlossenen Tarifverträgen zur beschäftigungssichernden Arbeitszeitverkürzung ohne Lohnausgleich haben die Gewerkschaften einen neuen Weg in der Arbeitszeitpolitik beschritten. Er ist sicherlich kein Königsweg zur Bekämpfung der Massenarbeitslosigkeit, aber eine sozialpolitisch sinnvolle Alternative zu betriebsbedingten Kündigungen.

Förderung von Beschäftigung und Wettbewerbsfähigkeit

Mit thematisch umfassenderen Tarifabkommen, die neben der Beschäftigungssicherung auch die Verbesserung der Wettbewerbsfähigkeit (Standortsicherung) zum Inhalt haben, gerieten nach den arbeitszeitlichen zunehmend auch entgeltbezogene Komponenten in den Umkreis möglicher Tarifabweichungen auf betrieblicher Ebene. Die Konzessionen der Arbeitnehmerseite können demnach beim Einkommen (z.B. Aussetzen oder zeitlich verzögerte Anpassung von Tariferhöhungen, Kürzungen von Sonderzahlungen), oder bei der Arbeitszeit (z.B. Mehrarbeit ohne Zuschläge, zusätzliche Samstags- oder Sonntagsarbeit) erfolgen. So haben die Tarifparteien für den Bankensektor und die chemische Industrie Abkommen unterzeichnet, die eine vom betrieblichen Ertrag abhängige Einkommensflexibilisierung erlauben, welche insbesondere die Jahressonderzahlungen, aber auch Anteile der laufenden Bezüge betreffen.

Der Anfang 2004 abgeschlossene und für die gesamte Metallindustrie übernommene, unter dem Namen „Pforzheimer Abkommen" bekannt gewordene Tarifvertrag bildet eine qualitativ neue Grundlage für die Verbetrieblichung der Tarifpolitik. Er postuliert als Ziel, „am Standort Deutschland bestehende Arbeitsplätze zu sichern und neue Arbeitsplätze zu schaffen" durch „Verbesserung der Wettbewerbsfähigkeit, der Innovationsfähigkeit und der Investitionsbedingungen". Die Tarifparteien verpflichten sich, „den Rahmen für mehr Beschäftigung in Deutschland zu gestalten", lassen dabei den Betriebsparteien den Vortritt. Diese sollen prüfen, ob die Maßnahmen im Rahmen der geltenden Tarifverträge ausgeschöpft sind, um Beschäftigung zu sichern und zu fördern. "Ist es unter Abwägung der sozialen und wirtschaftlichen Folgen erforderlich, durch abweichende Tarifregelung eine nachhaltige Verbesserung der Beschäftigungsentwicklung zu sichern, so werden die Tarifvertragsparteien nach gemeinsamer Prüfung mit den Betriebsparteien ergänzende Tarifregelungen (betriebliche Ergänzungstarifverträge) vereinbaren oder es wird einvernehmlich befristet von tariflichen Mindeststandards abgewichen". Nach der Intention der IG Metall soll das Pforzheimer Abkommen die vorher häufig lokal und unkontrolliert verlaufende Abweichungspraxis, den „Wildwuchs", beenden, indem es das Anwendungsfeld für betriebliche Abweichungen breit definiert: „z.B. Kürzung von Sonderzahlungen, Stundung von Ansprüchen, Erhöhung oder Absenkung der Arbeitszeit mit oder ohne vollen Lohnausgleich".

Nach einer Bestandsaufnahme des Vorstands der IG Metall aus dem Jahr 2014 gab es in 49 Prozent der verbandsgebundenen Betriebe abweichende oder ergänzende Regelungen zum gültigen Verbandstarifvertrag. Dieser Tatbestand traf für rund 60 Prozent der Beschäftigten und 65 Prozent der Mitglieder in verbandsgebundenen Betrieben zu (IG Metall 2014). Die Abweichungen betreffen in der Mehrzahl die Arbeitszeit, das Entgelt sowie das Weihnachts- und Urlaubsgeld (ebd.).

Auf die Erfahrungen der ersten Jahre Bezug nehmend, äußerte sich der damalige Präsident von Gesamtmetall, Martin Kannegießer, positiv über den Flächentarifvertrag als ein „Modell für die Zukunft" (Süddeutsche Zeitung vom 20.11.2006, S. 21). Nach zehnjähriger Praxis urteilte Reinhard Bahnmüller: „Öffnungsklauseln sind zum akzeptierten Bestandteil der industriellen Beziehungen geworden. (…) Man hat gelernt, mit ihnen umzugehen. Und aus diesem Lernen ist etwas Neues, nicht Intendiertes und zunächst auch nicht im Blick gekommenes entstanden: Strategieansätze zur Revitalisierung der Gewerkschaften durch eine offensive, beteiligungsorientierte und betriebsnahe Tarifpolitik, sowie Impulse zu einer stärkeren

'Vergewerkschaftlichung' von Betriebsräten, ein bisher kaum diskutierter Effekt des ‚Pforzheimer Abkommens'." (Bahnmüller 2015a: 48).

7.3 Innovative Tarifpolitik

Den strukturellen Veränderungen in der Lohn- und Arbeitszeitpolitik stehen einige bemerkenswerte Neuerungen in der „qualitativen" Tarifpolitik gegenüber. Fragen der Qualifizierung und Weiterbildung, der Arbeits- und Leistungsbewertung (bzw. der Entgeltdifferenzierung) und der Beschäftigungsförderung sind zum Gegenstand von Tarifverträgen geworden.

Qualifizierung und Weiterbildung

Mit dem Wandel der Technik (IuK-Technologien), der Zunahme wissensbasierter Arbeitsprozesse und den neuen Organisations- und Managementkonzepten erhielten Fragen der Weiterbildung eine neue Dringlichkeit. Ein früher Tarifvertrag zur Weiterbildung, der in der sozialwissenschaftlichen Forschungsliteratur (Bahnmüller u.a. 1993; Seitz 1997) eine aufmerksame Rezeption erfuhr, war der Lohn- und Gehaltsrahmentarifvertrag I, 1988 von den Tarifvertragsparteien für die Metallindustrie Baden-Württembergs abgeschlossen. Im Wesentlichen enthielt der Tarifvertrag Regelungen zur Arbeitsbewertung und Eingruppierung für Arbeiter und Angestellte; darüber hinaus Regelungen zur Qualifizierung der Arbeitnehmer. Der in § 2 formulierten allgemeinen Zielsetzung nach, sollte der Tarifvertrag „dazu beitragen, einen vielseitigen Arbeitseinsatz zu ermöglichen sowie den Erhalt und die Erweiterung der Qualifikation der Beschäftigten zu fördern". Die empirischen Befunde (Bahnmüller u.a. 1993) zeigten indessen eine geringe Wirksamkeit dieses Tarifvertrags, u.a. auch aufgrund der „überschätzten Systematik betrieblicher Personalplanung und Qualifizierungspolitik und den unterschätzten infrastrukturellen Voraussetzungen" (ebd.). Bereits unter günstigeren Bedingungen – erhöhte Relevanz des Themas und gestiegene Kompetenz bei Personalmanagement und Betriebsräten – stand der von den gleichen Tarifparteien 2001 abgeschlossene „Tarifvertrag zur Qualifizierung", der jedem Beschäftigten einen individuellen Anspruch auf ein Qualifizierungsgespräch mindestens einmal im Jahr einräumt. Bei Dissens entscheiden in Betrieben ab 300 Beschäftigten eine paritätisch besetzte Kommission, in kleineren Betrieben Betriebsrat und Arbeitgeber. Die betriebliche Weiterbildung ist breiter definiert als in der Vorgängervereinbarung; so wird zwischen Anpassungs-, Entwicklungs- und Erhaltungsqualifizierung differenziert. Die für

Maßnahmen dieses Typs aufgewandte Weiterbildungszeit ist wie die Arbeitszeit zu vergüten, die Maßnahmenkosten trägt der Arbeitgeber. Demgegenüber sind Maßnahmen der „persönlichen Weiterbildung", die jenseits des betrieblichen Bedarfs liegen, durch die Beschäftigten selbst zu finanzieren. Es besteht jedoch ein an die Dauer der Betriebszugehörigkeit geknüpfter Anspruch auf Freistellung mit garantiertem Rückkehrrecht bzw. Teilzeitarbeit.[50] Ein Novum stellt die von den Tarifparteien gemeinsam getragene und finanzierte Agentur zur Förderung der betrieblichen Weiterbildung dar, welche die Betriebe beraten und unterstützen, Modellvorhaben entwickeln und bei Konflikten schlichten soll (Bahnmüller/Fischbach 2004).

Vergleichbare Qualifizierungstarifverträge wurden – allerdings ohne die Agentur zur Förderung der betrieblichen Weiterbildung – bundesweit in der Metall- und Elektroindustrie (2005/2006), im Öffentlichen Dienst (2005/2006), im Versicherungsgewerbe (2008), in der Schmuckwarenindustrie sowie im Landmaschinenbau vereinbart (2011) (Lenz/Voß 2009; Bahnmüller 2015b).

Einen anderen Weg gingen die Tarifparteien in der chemischen Industrie. In einer Grundsatzvereinbarung von 1987 hat der Bundesarbeitgeberverband mit der IG Chemie-Papier-Keramik (die Vorgängerorganisation der heutigen IG Bergbau, Chemie, Energie) einen paritätisch besetzten Chemie-Berufsbildungsrat ins Leben gerufen, der mindestens einmal jährlich tagt. Zu seinen Aufgaben gehören die Erarbeitung bildungspolitischer Zielvorstellungen, Empfehlungen zur Förderung der Berufsbildung sowie die Neu- und Weiterentwicklung von Aus- und Fortbildungsordnungen. Des Weiteren haben die Sozialparteien 1993 eine gemeinsame Stiftung zur Förderung der Weiterbildung gegründet, die zwischenzeitlich in der „Chemie-Stiftung Sozialpartner-Akademie" (CCSA) aufgegangen ist. Deren Stiftungskapitel (8 Mio. DM) wurde von beiden Seiten aufgebracht und deren Organe (Vorstand und Beirat) werden von beiden Stiftern paritätisch besetzt. Ihre Aufgaben sind u.a.: Entwicklung von Weiterbildungskonzepten und –programmen, Erstellung von Unterrichtsmaterialien, Entwicklung beruflicher Fortbildungsmodelle, Beratung von Unternehmen und Betriebsräten. 2003 wurde schließlich der „Tarifvertrag zur Qualifizierung" abgeschlossen, der ein hohes Qualifikationsniveau sichern sowie dem Erhalt der Wettbewerbsfähigkeit der Unternehmen und der Beschäftigungsfähigkeit der Arbeitnehmer. dienen soll. Den Betrieben wird empfohlen eine Bedarfsermittlung bzw. Qualifizierungsplanung zu betreiben, ggf. Qualifizierungsgespräche anzubieten, Qualifizierungsvereinbarungen abzuschließen und dabei den Grundsatz „einer fairen Kostenverteilung unter Berücksichtigung des betrieblichen und individuellen Nutzens" zu beachten (§ 3). Verpflichtende Regelungen für die Betriebe

---

50 2015 wurde dieser Ansatz unter dem Stichwort „Einstieg in eine Bildungsteilzeit" erweitert.

7.3 Innovative Tarifpolitik

sind nicht vorgesehen. Der Tarifvertrag soll vielmehr als ein „Angebot" verstanden werden, das von den Betriebsparteien durch freiwillige Betriebsvereinbarung wahrgenommen und näher ausgestaltet werden kann (§ 1) (Lee 2013).

Eine dritte Variante sind überbetriebliche Weiterbildungsfonds. Sie finden sich allerdings nur in wenigen, i.d.R. klein- und mittelbetrieblich strukturierten Branchen wie der Bauwirtschaft, der Land- und Fortwirtschaft oder der Textil- und Bekleidungsindustrie (G. Bosch 2010). Die Betriebe dieser Branchen sind verpflichtet einen festgelegten Betrag an einen paritätisch durch die Tarifparteien verwalteten Fonds abzuführen, der hierüber als geeignet angesehene Weiterbildungsmaßnahmen finanziert.

In den späten 1990er Jahren haben auch eine Reihe von Firmen (AOK, debis, Deutsche Bahn, Deutsche Telekom, DITEC, SINITEC) mit der zuständigen Gewerkschaft Haustarifverträge über betriebliche Weiterbildung und Qualifizierung abgeschlossen. Aus der bisherigen Praxis von Tarifvereinbarungen zur beruflichen Weiterbildung ein Resümee zu ziehen, fällt nicht leicht. Überbetriebliche Tarifverträge können allenfalls Rahmenbedingungen festlegen, deren konkrete Umsetzung durch die Betriebsparteien erfolgen muss.

Entgeltrahmen-Tarifvertrag (ERA)

Als eines der „größten tarifpolitischen Reformprojekte der Nachkriegsgeschichte" bezeichnete der damalige 2. Vorsitzende der IG Metall, Bertold Huber (2006: 9), den Entgelt-Rahmentarifvertrag (ERA), der die Trennung von Arbeitern und Angestellten in Entgeltfragen aufhob. Mit dem Ziel, eine einheitliche und vergleichbare, den heutigen Arbeitsaufgaben entsprechende Arbeits- und Leistungsbewertung für alle Beschäftigtengruppen einzuführen, einigten sich IG Metall und Gesamtmetall im Jahr 2002, flächendeckend bis 2005 Entgeltrahmen-Tarifverträge in den einzelnen Tarifgebieten der Metallindustrie abzuschließen. Der erste dieser ERA-Tarifverträge wurde 2003 in Baden-Württemberg abgeschlossen; die übrigen Tarifgebiete folgten sukzessive.

Der Aufbau des Entgelts besteht demnach aus folgenden Elementen:

- *Grundentgelt*, das sich aus den Anforderungen für die Ausführung der Arbeitsaufgabe ergibt,
- *Belastungsentgelt* bzw. *-zulage* (nur in einigen Tarifgebieten), die sich aus der Belastungssituation ergibt, sowie das
- *Leistungsentgelt*, das die persönliche Leistung im Rahmen der Arbeitsaufgabe honoriert.

Mit der Aufhebung der kategorialen Unterscheidung zwischen Arbeitern und Angestellten und der Beseitigung der unterschiedlichen Bewertung von Arbeitsaufgaben und Leistung zwischen diesen Gruppen wurde qualifizierte Facharbeit aufgewertet und die Transparenz der Entgeltfindung für alle Beteiligten erhöht. Erreicht werden sollte damit ein höheres Maß an Entgeltgerechtigkeit unter Bewahrung des individuellen Besitzstandes. Für die Betriebe sollte der ERA-Prozess kostenneutral bleiben. Mehrkosten, die für Arbeitnehmer entstehen, die nach erfolgter ERA-Bewertung höhere Tarifentgelte erhalten, sollten ausgeglichen werden durch besondere betriebliche ERA-Anpassungsfonds, gespeist aus Geldanteilen aus der jeweiligen tariflichen Lohn- und Gehaltserhöhung. Die ERA-Einführung erfolgte in den Jahren 2004 bis 2008. Sie verlief phasenweise – insbesondere in Baden-Württemberg – recht konfliktreich, die intendierten Transparenz-, Ordnungs- und Gerechtigkeitseffekte wurden offensichtlich gleichwohl erreicht. Ob das Gebot der Verteilungsneutralität gewahrt wurde, war und blieb jedoch strittig (Bahnmüller/Schmidt 2009; Bender/Möll 2009; Kuhlmann/Sperling 2009; Brandl/Wagner 2011).

Sozialplan-Tarifvertrag

Der Sozialplan-Tarifvertrag, den der Bezirk Bayern der IG Metall mit der AEG in Nürnberg nach mehr als sechswöchigem Streik im März 2006 aushandelte, bedeutete gleichfalls eine tarifpolitische Innovation: avancierte doch eine Materie, die üblicherweise zwischen den Betriebsparteien in Sozialplänen vereinbart wird, zum Gegenstand eines Tarifvertrages – gleichsam die Umkehrung der oben geschilderten Verbetrieblichungstendenz. Der von der Unternehmensleitung Ende des Jahres 2005 angekündigten Schließung des Nürnberger AEG-Werks waren viele Aktivitäten des Vertrauenskörpers und Betriebsrats im Verein mit der IG Metall vorausgegangen, um den Standort mit 1.750 Beschäftigten zu erhalten. Als dieser Plan fehlschlug, weil die Unternehmensleitung die Schließung mit einem unzulänglichen Sozialplan vornehmen wollte, mobilisierte die IG Metall zum Widerstand. Ihr erreichtes Ziel war ein Sozialplan-Tarifvertrag, dessen materielle Ergebnisse bessere Abfindungsleistungen und für ältere Arbeitnehmer großzügigere Regelungen für den Übergang ins Rentenalter vorsah.

VW-Modellprojekt „Auto 5000"

Schließlich sei noch auf das Tarifvertragswerk „Auto 5000" verwiesen, das IG Metall und die Volkswagen AG im September 2001 vereinbarten – eine ambitio-

7.3 Innovative Tarifpolitik

nierte „Beschäftigungsinitiative mit arbeitspolitischem Innovationsanspruch" (Schumann u.a. 2006: 12), wie es der Leiter der vom Soziologischen Forschungsinstitut in Göttingen durchgeführten Begleitforschung, Michael Schumann, charakterisierte. Ihm lagen vier separate Tarifverträge zugrunde (vgl. zu folgendem Schumann u.a. 2006):

- Tarifvertrag über das Modellprojekt,
- Tarifvertrag über erweiterte Mitbestimmung,
- Tarifvertrag zur Qualifizierung,
- Tarifvertrag über gemeinsamen Betriebsrat für Auto 5000 und VW Wolfsburg

Ziel des Modellprojekts war, für eine eigens gegründete Auto 5000 GmbH in Wolfsburg 5.000 Arbeitslose einzustellen (tatsächlich waren es dann nur 3.500). Mit einer sechsmonatigen staatlich geförderten Vorabqualifizierung wurde die neue Belegschaft zusammengestellt. Die Festsetzung von Lohn und Arbeitszeit erfolgte auf der Basis des Flächentarifvertrags für die Metallindustrie Niedersachsens, der im Lohnniveau freilich 20 Prozent unterhalb des Haustarifvertrags für das VW-Stammwerk liegt. Die Prozessarbeiter erhielten ein einheitliches Entgelt von seinerzeit 5.000 DM; ihre durchschnittliche wöchentliche Arbeitszeit betrug 35 Stunden, die flexibel bis zu 42 Stunden ausgedehnt werden konnten. Hinzu kamen 3 Stunden Qualifizierungszeit in der Woche (nur zur Hälfte vergütet). Zu den wichtigsten Elementen der innovativen Arbeitsorganisation gehörten: (a) die flächendeckende Einführung von selbstorganisierter Teamarbeit in teilautonomen Gruppen, (b) flache Hierarchien (drei Führungsebenen oberhalb der Prozessteams), (c) kontinuierliche Qualifizierung („learning on the job" sowie Kurzschulungen in den produktionsnahen Lernfabriken vor Ort), (d) erweiterte Mitbestimmung des Betriebsrats bei Methoden und Inhalten der Qualifizierung, der Personalbesetzung, Leistungsboni und Ergebnisbeteiligung.

Das Modellprojekt „Auto 5000", das nach den Ergebnissen der wissenschaftlichen Begleitforschung (Schumann u.a. 2006) beschäftigungs- und arbeitspolitisch als erfolgreich evaluiert wurde, lief 2009 als Modellprojekt aus mit der erfolgten Integration der Beschäftigten der Auto 5000 GmbH (zum damaligen Zeitpunkt 4.200 Beschäftigte) in die Volkswagen AG.

Demnach wurden die Beschäftigten in das Volkswagen Haustarifvertragswerk übernommen. Ein „Integrationstarifvertrag" vom 14. November 2008 regelte die Bedingungen des Überganges der Beschäftigungsverhältnisse von der Auto 5000 GmbH zur Volkswagen AG (Meine/Reusch 2009). Im Rahmen der tariflichen Regelüberführung trat an die Stelle des ursprünglich geltenden einheitlichen Entgelts eine Eingruppierung in das Volkswagen-Entgeltsystem mit 20 unterschiedlichen Entgeltstufen mit zweijährigen Übergangsregelungen. Die arbeitsorganisatorischen Innovationselemente des Modellprojekts wurden aufgenommen im „Tarifvertrag zur nachhaltigen Standort- und Beschäftigungssicherung (Zukunftstarifvertrag)" zwischen der Volkswagen AG und der IG Metall Bezirksleitung Niedersachsen und Sachsen-Anhalt, abgeschlossen am 15. Dezember 2008. Gemäß § 5 „Innovative Arbeitsorganisation" wurde vereinbart: „Zur Förderung der Arbeitsplatz- und Beschäftigungssicherung sowie der Wettbewerbsfähigkeit finden die Gestaltungsprinzipien einer innovativen Arbeitsorganisation Anwendung." Diese Prinzipien beinhalten folgende Elemente: (a) beteiligungsorientierte Prozessgestaltung, (b) ganzheitliche Arbeitsaufgaben in einer Teamorganisation, (c) flache Hierarchien mit einer Steuerung mittels Zielvereinbarungsprozess, (d) prozessintegriertes Lernen, z.b. Lerninseln/Lernwerkstätten sowie (e) prozessintegrierte Kommunikationsformen. Zusammenfassend hießt es: „Die Arbeitsorganisation dient der Förderung der Effizienz, der Qualität und der nachhaltigen Beschäftigungsfähigkeit. Die Arbeitsorganisation ist so zu gestalten, dass die Beschäftigten weder über- noch unterfordert werden, dass ihnen abwechslungsreiche und ganzheitliche Arbeitsinhalte übertragen und insbesondere dabei ihre fachlichen sowie überfachlichen Kenntnisse und Fähigkeiten gefordert und gefördert werden." Betriebsbezogen konkretisiert wurden die Rahmenbedingungen der innovativen Arbeitsorganisation durch die Betriebsparteien mit einer Vereinbarung zum „Volkswagen-Weg".

7.4 Besondere Problemzonen

Die unter 7.2 beschriebenen Formen dezentralisierter Tarifpolitik gehören zur kontrollierten Dezentralisierung. Formen „wilder" Dezentralisierung liegen dann vor, wenn Unternehmen sich offiziell, durch Austritt aus dem Arbeitgeberverband oder durch Abtrennung und Outsourcing von Unternehmensbereichen, dem Geltungsbereich überbetrieblicher Tarifverträge entziehen oder inoffiziell die bestehenden Regelungen durch faktischen „Tarifbruch" unterschreiten.

Insbesondere für Ostdeutschland registrieren Bispinck und Schulten (1999) deutliche Erosionstendenzen der Tarifbindung, und hier wiederum besonders ausgeprägt in der Bauwirtschaft. Aber auch in Westdeutschland sind Fälle der „wilden" Dezentralisierung zu konstatieren. Belegschaften und Betriebsräte werden mit der Drohung eines Arbeitsplatzabbaus unter Druck gesetzt, durch den Verzicht auf bestehende tarifvertragliche Leistungen zur Kostenentlastung des Unternehmens beizutragen, um als „Gegenleistung" ein höheres Maß an Arbeits-

7.4 Besondere Problemzonen

platzsicherheit zu erhalten. Als ein besonders krasses Beispiel wurde das „Modell Viessmann" bekannt. Das Heizungsunternehmen setzte eine Arbeitszeitverlängerung von wöchentlich drei Stunden durch, ohne einen entsprechenden Lohnausgleich zu zahlen. Obwohl ein tarifvertraglich gebundenes Unternehmen, ließ die Unternehmensleitung mit Einwilligung des nichtorganisierten Betriebsrats die eingeschüchterten Beschäftigten über eine entsprechende Änderung ihrer individuellen Arbeitsverträge abstimmen.

Die Unternehmen der neuen Bundesländer verfügen nicht – wie die in der alten Bundesrepublik – über eine lange Tradition verbandlicher Bindungen und tarifvertraglicher Regelungen der Arbeitsverhältnisse. Im härteren Überlebenskampf am Markt müssen sie sich überdies stärker auf kurzfristige Ziele konzentrieren. Aber die Bereitschaft, Tarifnormen zu unterschreiten, ist nicht unbedingt an die ökonomische Situation gebunden. Während die ostdeutschen Niederlassungen westdeutscher Konzerne häufig den Verbands- und Vertrags-Bindungen ihrer Mutterunternehmen folgen, obwohl auch hier Erosionstendenzen zu beobachten sind, haben die originär ostdeutschen Unternehmen eher ein instrumentelles Verhältnis gegenüber den Tarifnormen. Auch die ostdeutschen Betriebsräte fühlen sich angesichts der desolaten Arbeitsmarktsituation stärker der Sicherung der Arbeitsplätze als der Verteidigung der Tarifnormen verpflichtet. Aufgrund ihrer eingeschränkten Durchsetzungs- und Regelungsmacht lehnen sie aber auch die weitere Öffnung der Tarifverträge für betriebliche Regelungen ab (Artus/Sterkel 1998). Neben den ostdeutschen Unternehmen haben generell die Klein- und Mittelbetriebe ein distanziertes Verhältnis zu überbetrieblichen kollektiven Regelungen. Häufig sind sie Familienbetriebe und ziehen eine Regelung der Arbeitsbedingungen durch Einzelarbeitsverträge vor.

Eine weitere Problemzone für die tarifpolitische Interessenvertretung sind die sich ausbreitenden Unternehmensnetzwerke (Sydow/Wirth 1999). Da Unternehmensvernetzung nicht an Branchengrenzen halt macht, bleiben auch tarifvertragliche Regelungen insbesondere für die peripheren Bereiche des Netzes (z.B. branchenfremde Zulieferer) häufig unwirksam. Eine Antwort auf diese Problematik findet sich in der Zielformulierung der IG Metall: „Eine Wertschöpfungskette – ein Tarifvertragssystem – eine IG Metall" (Wetzel 2014a: 18).

Eine zunehmende Gefährdung des einheitlichen Flächentarifvertrags erwächst aus der Forderung einzelner Berufsgruppen nach eigenständigen Tarifverträgen. Kleine Berufsgewerkschaften mit homogenem Mitgliederpotential – wie die Pilotenvereinigung Cockpit, die Ärztegewerkschaft Marburger Bund oder die Gewerkschaft der Lokomotivführer – ziehen mit dem Selbstbewusstsein strategisch bedeutsamer Schlüsselgruppen für ihre Klientel in den Tarifkampf. Bereits 2001 erstritten die Piloten der Lufthansa zum Ärger von Ver.di einen eigenen Tarifvertrag, 2006 unterzeichnete der Marburger Bund nach einem dreimonatigen Arbeitskampf einen separaten Tarifvertrag für Klinikärzte, 2007 war es die Gewerkschaft der Lokführer, die mit Streikmaßnahmen einen gesonderten Tarifvertrag für die Lokführer durchsetzte und 2014/15 in einem erbitterten Arbeitskampf einen Tarifvertrag für das gesamte Fahrpersonal der Bahn erstritt. Auch die Unabhängige Flugbegleiter Organisation (UFO) legte 2012 und 2015 mit Streiks den Flugverkehr lahm.

Diese Berufsgewerkschaften vertreten homogene „occupational communities", sie eint die Unzufriedenheit mit der nivellierenden Tarifpolitik der Industriegewerkschaften. Das von den DGB-Gewerkschaften immer wieder beschworene Ziel der solidarischen Lohnpolitik findet im Zeitalter der „Individualisierung" nur begrenzte Zustimmung. Sollte sich die Tendenz der Sparten- und berufgruppenorientierten Tarifverträge fortsetzen, wird neben der Erosion die Pluralisierung und Fragmentierung der Tariflandschaft zu einem weiteren gravierenden Problem der kollektiven Interessenvertretung werden. Ob das Tarifeinheitsgesetz von 2015 dieser Tendenz entgegenwirken kann, bleibt abzuwarten, zumal dessen Verfassungskonformität noch ungesichert ist.

In diesem Kapitel wurde die Tarifpolitik mit ihren Krisenerscheinungen von Erosion und Verbetrieblichung sowie mit ihren Innovationen und weiterhin bestehenden Problemzonen beschrieben und analysiert.

Übungsaufgaben:

1. *Welches sind die wichtigsten Krisenerscheinungen der gegenwärtigen Tarifpolitik?*
2. *Wie entwickelte sich die „Verbetrieblichung" der Tarifpolitik vom Einstieg in die 35-Stunden-Woche bis zum „Pforzheimer Abkommen"?*
3. *Was versteht man unter „concession bargaining"?*
4. *Auf welchen Gebieten fanden die Tarifpartien zu einer innovativen Tarifpolitik?*
5. *Beschreiben Sie die aktuellen Problemzonen der Tarifpolitik!*

8 Europäisierung der industriellen Beziehungen

Der bisher fortgeschrittenste transnationale Wirtschaftsraum, der neben den wirtschaftlichen Verflechtungen und Institutionen auch politische und sozialpolitische Einrichtungen kennt, ist der europäische. Die Europäische Union (EU) ist weit mehr als eine Freihandelszone und auch mehr als eine internationale Organisation; sie ist ein supranationales Gebilde mit spezifischen Regulierungs- und Steuerungsfunktionen. Stefan Leibfried und Paul Pierson (1998) sprechen von einem sich entwickelnden „Mehrebenen-System staatlichen Handelns" mit einer evolvierenden „sozialen Dimension".

Ohne Frage sind in der EU wirtschaftliche Integration und ökonomische Institutionenbildung wesentlich weiter vorangeschritten als die politische Integration und sozialpolitische Harmonisierung. Nach der Vollendung des europäischen Binnenmarktes ist mit der Bildung einer Europäischen Zentralbank (Sitz Frankfurt) und der Einführung einer gemeinsamen Währung (*Euro*) die Europäische Wirtschafts- und Währungsunion (EWWU) zu einem vorläufigen Abschluss gelangt. Im Vergleich dazu sind die supranationalen Systeme der industriellen Beziehungen und der politischen Institutionen noch defizitär. Die „Politische Union" wird eine langfristige Zukunftsaufgabe bleiben; und es bleibt ungewiss, bis zu welchem Grad am Ende eine parlamentarische, rechtsstaatliche Föderation stehen wird. Ungewiss bleibt auch, inwieweit der europäische Wirtschaftsraum sukzessive durch einen adäquaten Sozialraum ergänzt wird.

Zur Terminologie: Bis 1992 ist von der Europäischen Gemeinschaft (EG) die Rede. Mit den Verträgen von Maastricht (1992) wurde als Dach für die drei Europäischen Gemeinschaften (für Kohle und Stahl, Atom und Wirtschaft) sowie für eine gemeinsame Außen- und Sicherheitspolitik die Europäische Union (EU) gegründet. Mit dem Reformvertrag von Lissabon (2007) wurde alles in einem Vertrag zusammengefasst. Seither ist nur noch von der Europäischen Union (EU) die Rede.

8.1 Europäisches Sozialmodell

In der sozialwissenschaftlichen Diskussion wird von einem europäischen Sozialmodell gesprochen, meist im kontrastierenden Vergleich zwischen einem anglo-liberalen und einem europäisch-koordinierten Modell. Es wird dabei nicht immer unterschieden, ob es sich um ein empirisches Faktum, ein normatives Konzept oder um eine Zielvorstellung handelt. Auch werden die Ebenen nicht immer eindeutig festgelegt. Der Fokus ist mal die nationale, mal die europäische Ebene, mal eine Kombination von nationaler und europäischer Ebene.

Auf der nationalen Ebene werden gewöhnlich die kontinentalen EU-Länder mit ihren entsprechenden Organisationen, Institutionen und vorherrschenden Praktiken des Sozialstaates und der industriellen Beziehungen gebündelt und mit dem US-amerikanischen Sozialmodell verglichen. Auf der europäischen Ebene wird (wie in diesem Kapitel) das Sozialmodell („soziale Dimension") anhand der sozialpolitischen Richtlinien, der Gemeinschaftscharta der sozialen Grundrechte, der Institution des Europäischen Betriebsrats und des Sozialen Dialogs dargestellt. Kombiniert man beide Ebenen stellt sich das europäische Sozialmodell als ein Mehr-Ebenen-Modell dar, das sich markant vom anglo-liberalen Modell US-amerikanischer und, cum grano salis, auch britischer Provenienz unterscheidet.

Der niederländische Soziologie Jelle Visser (2006) diskutiert die Unterschiede zwischen europäischem und amerikanischem Modell, indem er die Standfestigkeit von „fünf Säulen" des europäischen Modells überprüft: starke und unabhängige Gewerkschaften, Einbeziehung der Gewerkschaften in politische Entscheidungen bzw. Beteiligung an tripartistischen Arrangements, universalistisch definierte und politisch garantierte soziale Rechte, einen gewissen Grad an solidarischer Lohnpolitik, Informations- und Konsultationsrechte auf betrieblicher Ebene.[51] Visser konstatiert. dass auf nationaler Ebene in Europa zwar verschiedenartige Sozialmodelle bestünden, die indessen über einige gemeinsame Merkmale verfügten, die sie von dem amerikanischen unterscheiden, unter Einbeziehung der europäischen Ebene, sogar deutlich. Wenn auch diese Säulen in der Vergangenheit manche Erschütterung hätten hinnehmen müssen, markierten sie immer noch deutliche Differenzen zu den USA. So hätten die Gewerkschaften in allen Ländern

---

51 Visser verweist darauf, dass die ursprüngliche Typisierung dieser fünf „institutional pillars" von Streeck (1992: 314) stammt.

empfindliche Mitgliederverluste erfahren, aber Ihre Präsenz in den europäischen Betrieben sei weiterhin ungleich höher als in den amerikanischen; das gelte auch für Frankreich, das zwar einen sehr niedrigen Organisationgrad der Gewerkschaften aufweise, die jedoch in rund 40 Prozent der Betriebe präsent seien (ebd.: 118). Wiederum im Gegensatz zu den USA würden in den meisten europäischen Ländern Gewerkschaften weiterhin als wichtige soziale und politische Machtfaktoren von den politischen Institutionen auf nationaler wie europäischer Ebene und in der öffentlichen Meinung akzeptiert (ebd.: 118ff.). Im Gegensatz zu den USA sei in europäischen Ländern die Mitsprache der Beschäftigten in den Unternehmen durch Information und Konsultation – in manchen Ländern auch durch Mitbestimmung – über wichtige personelle und soziale Belange durch nationales und europäisches Recht garantiert (ebd.: 229ff.). Auf den Gebieten der sozialen Rechte und der solidarischen Lohnpolitik blieben die Differenzen zwischen Europa und USA gleichfalls signifikant.

Nachdem die vorstehenden Kapitel das deutsche Sozialmodell zum Gegenstand hatten, wird im Folgenden das Sozialmodell auf europäischer Ebene dargestellt und analysiert. Es handelt sich dabei keineswegs um eine „Selbsttäuschung" der Gewerkschaften, wie es der Politologe Fritz Scharpf (2008) polemisch einstufte, sondern um eine Erweiterung der sozialen und gewerkschaftlichen Rechte auf transnationaler Ebene.

8.2 Europäische Sozialpolitik

Nachdem sich die gemeinsame Sozialpolitik bis Mitte der 1970er Jahre auf Regelungen zur Freizügigkeit von Wanderarbeitern und auf die Aktivitäten des Europäischen Sozialfonds (ein Finanzierungsinstrument zur Förderung von Maßnahmen zur Berufsausbildung, Umschulung und Wiedereingliederung von Arbeitslosen) beschränkt hatte, wurde mit dem ersten „Sozialen Aktionsprogramm", das der Ministerrat 1974 verabschiedet hatte, der EG grundsätzlich die Kompetenz zum Erlass von Vorschriften im Sozialbereich zugebilligt. Auf dem EG-Gipfel in Straßburg 1989 wurde eine Charta rechtlich verbindlicher, einklagbarer Sozialrechte verabschiedet (u.a. enthielt sie folgende Rechte: freie Arbeitsplatz- und Berufswahl, Recht auf berufliche Bildung und Gleichbehandlung von Männern und Frauen sowie das Recht auf Koalitionsfreiheit und Tarifverhandlungen). Nach kontroversen Debatten im Ministerrat und gegen die Stimme Großbritanniens verabschiedeten die übrigen elf Regierungschefs schließlich eine „Gemeinschaftscharta der sozialen Grundrechte", die indessen nur die Form einer „feierlichen Erklärung" hatte und keine verbindlichen Grundrechte mehr enthielt. Zu ihrer

Umsetzung legte die Kommission noch im gleichen Jahr ein Aktionsprogramm vor, welches einen Richtlinienentwurf zur Einsetzung Europäischer Betriebsräte enthielt (s. weiter unten).

Abbildung 9 Die wichtigsten Etappen der europäischen Integration

1951*	Bildung der Europäischen Gemeinschaft für Kohle und Stahl (EGKS)
1957	Bildung der Europäischen Atomgemeinschaft (EURATOM)
1957	Verträge von Rom über die Europäische Wirtschaftsgemeinschaft (EWG) (in Kraft ab 1.1.1958). *Europa der Sechs* (F, D, I, NL, B, L)
1965	Fusionsvertrag zwecks Zusammenfassung der drei Gemeinschaften zur Europäischen Gemeinschaft (EG) (in Kraft ab 1.7.1967)
1968	Zollunion – Abschaffung der Binnenzölle
1973-1986	*Europa der Zwölf*: 6 weitere europäische Länder treten der EG bei (1973: DK, GB, IR; 1981: GR; 1986: E, P)
1987	Änderung des EWG-Vertrags mit Einheitlicher Europäischer Akte (EEA): - Verwirklichung des Binnenmarktes bis Ende 1992 - Mehrheitsbeschlüsse im Ministerrat (nicht. soziale Angelegenheiten) - Stärkung der Kompetenzen für das Europäische Parlament
1989	Erklärung zur Sozialen Dimension des Europäischen Binnenmarktes: „Gemeinschaftscharta der sozialen Grundrechte der Arbeitnehmer" (nicht von GB unterzeichnet), Resolution ohne rechtliche Bindung
1992	Vertrag über Europäische Union und neuer EG-Vertrag (Maastrichter Verträge) (in Kraft ab 1.11.1993): - Beschluss über Wirtschafts- und Währungsunion (ab 1.1.1999) - Regelungen zur Politischen Union - Mitentscheidungsrecht des Europäischen Parlaments - Sozialprotokoll mit Sozialabkommen (zunächst ohne GB)
1995	*Europa der Fünfzehn*: 3 weitere Länder treten bei: S, SF, A
1997	Vertrag von Amsterdam (in Kraft ab 1.5.1999): - Stärkung des Europäischen Parlaments und der Kommission - Aufnahme des Sozialabkommens in den Vertrag
2000	Lissabon: Strategie für nachhaltiges wirtschaftliches Wachstum, mehr und bessere Arbeitsplätze, mit aktiver Einbindung der Sozialpartner (Sozialer Dialog)
2001	Vertrag von Nizza (in Kraft ab 17.2.2003): - institutionelle Reform im Hinblick auf EU-Erweiterung - neue Gewichtung qualifizierter Mehrheiten

8.2 Europäische Sozialpolitik

2002	Einführung des Euro als Bargeld-Währung in 12 (2015: 19) Mitgliedstaaten
2004	*Europa der Fünfundzwanzig*: weitere 10 Staaten treten bei (Osterweiterung)
2004	Rom: Vertrag über eine „Verfassung für Europa" (nach ablehnenden Referenden in F und NL ersetzt durch „Reformvertrag" von 2007):
2007	*Europa der Siebenundzwanzig*: Rumänien und Bulgarien treten bei
2007	Lissabon: Reformvertrag (in Kraft ab 1.12.2009): - Ratspräsident als ständiger Vorsitzender der EU mit 2,5jähriger Amtszeit - Abstimmungsmodus für Parlament: Mehrheit; für Rat: doppelte Mehrheit (EU-Länder und EU-Bevölkerung) - Außenminister: „Hoher Vertreter der EU" - Charta der Grundrechte wird EU-Primärrecht (außer für GB) Vertrag über die Arbeitsweise der Europäischen Union (AEUV) (in Kraft ab 1.12.2009)
2012	EU erhält den Friedensnobelpreis
2013	*Europa der Achtundzwanzig:* Kroatien tritt bei
2011-2015	Wirtschaftssteuerung und neue Finanzarchitektur: - Wirtschaftspolitische Koordinierung durch Europäisches Semester - Rettungsschirm für überschuldete Länder - Bankenaufsicht und Bankenabwicklung - Quantitative Lockerung der EZB-Geldpolitik

* In der Regel wird das Jahr des Vertragsabschlusses angegeben.

Da für die Verabschiedung sozialpolitischer Gesetzesvorhaben in der Regel ein einstimmiges Votum des Ministerrats notwendig war, konnten alle wichtigen Vorhaben durch das Veto Großbritanniens blockiert werden. Auf dem EU-Gipfel in Maastricht 1991 wurde aus diesem Grund eine neue vertragliche Grundlage für die europäische Sozialpolitik geschaffen. Gemäß dem in Maastricht beschlossenen *Sozialprotokoll* und *Sozialabkommen* konnten die Mitgliedstaaten sozialpolitische Entscheidungen von nun an auch ohne die Mitwirkung Großbritanniens treffen; freilich ohne dass diese Rechtsakte für Großbritannien Gültigkeit hatten. Überdies wurde das Einstimmigkeitsprinzip teilweise zugunsten einer qualifizierten Mehrheit aufgegeben. Damit konnten die Voraussetzungen für die Umsetzung der Sozialcharta in Mindestvorschriften im Rahmen des Gemeinschaftsrechts verbessert werden. Nach dem 1997 in Großbritannien erfolgten Wechsel der Regierungsverantwortung von der konservativen Partei zur Labour-Party zögerte der neue Ministerpräsident Blair nicht länger, dem Sozialabkommen beizutreten. Mit dem von der britischen Regierung unterschriebenen Amsterdamer Vertrag von

1997, zu dessen Bestandteilen auch das Sozialabkommen (als eigenes Sozialkapitel, Art. 136-145) gehörte, fand das britische „opting-out" zunächst ein Ende. Der auf dem Lissaboner Gipfel 2007 ausgehandelte „Reformvertrag" sieht hingegen bei der Grundrechtscharta wiederum ein „opting out" der Briten vor.

Auf dem Gebiet der Arbeits- und Sozialpolitik hat die EG/EU in den vergangenen zwanzig Jahren zahlreiche Verordnungen und Richtlinien verabschiedet, u.a. über Arbeitssicherheit und Unfallschutz, Arbeitszeit und Urlaubsdauer, Bildschirmarbeit sowie zur Gleichstellung von Mann und Frau. Unter den jüngeren Richtlinien sind vor allem die Entsende-Richtlinie (1996) und die Dienstleistungs-Richtlinie (2006) sowie die Richtlinie über Europäische Betriebsräte (1994) (s. weiter unten) und die Rahmenrichtlinie zur Unterrichtung und Anhörung von Arbeitnehmern (2002) von großer Bedeutung.

Unter den Experten ist strittig, ob der eingetretene Verlust an nationalstaatlichen Steuerungsmöglichkeiten durch die wirtschafts-, sozial- und arbeitsmarktpolitischen Instrumente auf europäischer Ebene kompensiert werden kann. „Euro-Skeptiker" bezweifeln dies grundsätzlich, „Euro-Optimisten" erwarten hingegen die sukzessive Schließung der entstandenen sozialpolitischen Lücken. Aber auch unter letzteren behauptet niemand, dass es in absehbarer Zeit einen supranationalen europäischen Sozialstaat geben wird, der die Nationalstaaten gewissermaßen ersetzen könnte.

Mit der 1994 von Ministerrat und Europäischem Parlament verabschiedeten „Richtlinie über Europäische Betriebsräte" wurde die erste europäische Institution der industriellen Beziehungen ins Leben gerufen und der Grundstein für ein (entwicklungsfähiges) Beteiligungssystem auf europäischer Ebene gelegt. Des Weiteren existieren supranationale Akteure – europäische Sozialpartner –, aus deren „sozialem Dialog" bereits eine Reihe gemeinsamer Stellungnahmen und erste Vereinbarungen hervorgegangen sind (s. weiter unten). Den Euro-Skeptikern wäre somit entgegenzuhalten, dass wir es zumindest mit einem europäischen System der industriellen Beziehungen in statu nascendi zu tun haben.

8.3 Institutionen und Rechtsetzungsverfahren

Die Rahmenbedingungen für ein europäisches System der industriellen Beziehungen werden durch die am Rechtsetzungsverfahren beteiligten politischen Institutionen der EU gesetzt. Im Folgenden soll dieses Verfahren, welches in der EU weitaus komplizierter ist als in den Nationalstaaten, im Interesse eines besseren Verständnisses der für die industriellen Beziehungen relevanten Rechtsakte kurz beschrieben werden.

8.3 Institutionen und Rechtsetzungsverfahren

Zunächst sei auf die Differenz zwischen Europäischer Gemeinschaft (EG) und Europäischer Union (EU) hingewiesen: Mit dem Maastrichter Vertrag von 1992 (am 1.1.1993 in Kraft getreten) wurde nicht etwa die EG durch die EU abgelöst, sondern es wurden zum einen die Gründungsverträge der EG (d.h. der zusammengefassten drei europäischen Gemeinschaften: EWG, EGKS, EURATOM) geändert und ergänzt (*EG-Vertrag*) und zum anderen die EU als eine weiterreichende, gleichsam die EG überwölbende politische Union (mit den mittelfristigen Zielen einer Unionsbürgerschaft sowie gemeinsamer Außen- und Sicherheitspolitik und Zusammenarbeit in der Justiz- und Innenpolitik) aus der Taufe gehoben (*EU-Vertrag*).

Die EG/EU ist zweifellos ein supranationales Gebilde. Wenn sie auch noch keineswegs ein föderativer Staat ist, so stellt sie aber mehr dar als eine intergouvernementale Zusammenarbeit, welche den Staaten ihre Souveränität belässt; denn bestimmte Bereiche haben die Nationalstaaten durch die diversen Verträge an supranationale Institutionen mittlerweile abgetreten und damit ihre Souveränität freiwillig eingeschränkt. Einen Rückschritt auf dem Weg zur weiteren politischen Integration stellten freilich die ablehnenden Referenden über den Verfassungsvertrag in Frankreich und den Niederlanden dar. Ihn zu ersetzen, handelten die Staats- und Regierungschefs 2007 einen „Reformvertrag" in Brüssel aus, der 2009 – nach den nationalen Ratifizierungsprozessen – in Kraft trat. Er fasst die bisherigen Verträge (EG- und EU-Vertrag) zusammen und regelt das Abstimmungsverhalten nach dem Prinzip der doppelten Mehrheit (55% der Länder und 65% der Bevölkerung) neu.

Man unterscheidet zwischen primärem und sekundärem Recht der EG/EU. Während das *primäre Recht* aus den Rechtsnormen der von den souveränen europäischen Staaten abgeschlossenen EG- und EU-Verträge (einschl. ihrer zugehörigen Dokumente) besteht, wird das *sekundäre Recht* von den Institutionen der Gemeinschaft erlassen, und zwar auf dem Wege

- der *Verordnung* (mit unmittelbarer allgemeiner Geltung),
- der *Richtlinie* (mit der Verpflichtung der Umsetzung in nationales Recht) und
- der *Entscheidung* (verpflichtend für diejenigen, an die sie gerichtet ist).

Die *Europäische Kommission* nimmt eine entscheidende Rolle in der europäischen Rechtsetzung ein. Sie hat das Initiativrecht, ja Vorschlagsmonopol für die gesamte sekundäre Rechtsetzung der Gemeinschaft (Verordnungen, Richtlinien, Entscheidungen). Nur auf Initiative der Kommission kann der Ministerrat, in Zusammenarbeit mit dem Europäischen Parlament,[52] in sozialpolitischen (und anderen) Fragen Rechtsnormen erlassen. Rat und Parlament können allerdings Vorschläge anfordern. Die Kommission ist die zentrale Ansprechpartnerin für die Interessengruppen. Bereits unter der Präsidentschaft Jacques Delors' (1985-94) hat die Kommission die europäischen Sozialpartner regelmäßig zu Gesprächen geladen, noch bevor das Sozialabkommen ihr die Aufgabe zuwies, die Anhörung der europäischen Sozialpartner und den sozialen Dialog zwischen ihnen zu fördern. Insbesondere vor der Unterbreitung von (Richtlinien-)Vorschlägen im Bereich der Sozialpolitik muss sie die Sozialpartner konsultieren. Nach Artikel 4 des Sozialabkommens haben die Sozialpartner die Wahl zwischen dem Anhörungsweg oder dem Verhandlungsweg. Sie können ein beabsichtigtes Rechtsetzungsverfahren anhalten, indem sie der Kommission mitteilen, dass sie über den betreffenden Gegenstand in Verhandlungen eintreten wollen. Kommen sie innerhalb eines gesetzten Zeitraums (i.d.R. 9 Monate) zu einem Verhandlungsergebnis, verzichtet die Kommission auf einen eigenen Vorschlag und unterbreitet dem Ministerrat statt dessen die Vereinbarung der Sozialpartner, falls diese es so wünschen, zur Beschlussfassung. Damit räumt „das Maastrichter Sozialprotokoll (...) den Sozialpartnern eine Art Vetoposition ein, indem sie Regelungsbereiche an sich ziehen können" (Weiss 1994: 1263).

Eine weitere wichtige Institution, in der Weichen für Entscheidungen über wirtschaftliche und sozialpolitische Fragen gestellt werden, ist der *Europäische Wirtschafts- und Sozialausschuss (EWSA)*, der 1957 durch den Vertrag von Rom ins Leben gerufen wurde. Als „organisierte Bürgergesellschaft" bildet er die Vertretung nationaler und europäischer Interessenverbände „mit beratender Aufgabe" auf EU-Ebene. Von seiner generellen Aufgabenstellung her beurteilt, ist er eine Ständevertretung und ständige Lobby-Konferenz. Seine 350 Mitglieder werden (gewöhnlich auf Vorschlag der Interessenverbände) von den nationalen Regierungen für eine Amtsperiode von vier Jahren vorgeschlagen, sind aber weisungsungebunden. Sie lassen sich drei Gruppen zuordnen: (a) den Arbeitgebern, (b) den Arbeitnehmern und (c) verschiedenen anderen Interessen (Landwirte, Handwerker, Verbraucher, Selbständige, Umweltschützer). Der WSA hat die Aufgabe, Ministerrat und Kommission beratend zu unterstützen; in den Gesetzgebungsprozess wird er insofern einbezogen, als ihm wirtschafts- und sozialpolitische Gesetzesvorhaben zur Stellungnahme vorgelegt werden, ohne dass Kommission und Ministerrat zur Berücksichtigung der Stellungnahme verpflichtet sind. Er kann auch aus eigener Initiative Stellungnahmen abgeben, wenn er es für zweckmäßig erachtet.

---

52 Das Europäische Parlament ist in unterschiedlicher Weise in das Rechtsetzungsverfahren eingebunden: durch Anhörung, Zustimmung, Zusammenarbeit und Mitentscheidung.

8.3 Institutionen und Rechtsetzungsverfahren

Abbildung 10 Die wichtigsten politischen Institutionen der EU

Europäischer Rat (ER)
  besteht aus den Staats- und Regierungschefs der Mitgliedstaaten sowie dem Präsidenten der Kommission und den Außenministern der Mitgliedstaaten; trifft sich mindestens zweimal im Jahr (nicht zu verwechseln mit dem *Europarat*, einem völkerrechtlichen Zusammenschluss von 47 europäischen Staaten, Sitz in Straßburg)

Europäisches Parlament (EP)
  besteht aus 751 Parlamentariern, die direkt gewählt werden; Funktionen nicht vergleichbar mit nationalen Volksvertretungen, da es keine Regierung gibt, die vom Parlament gewählt und kontrolliert werden kann; Kompetenzen (je nach Materie): Anhörung, Zustimmung, Zusammenarbeit, Mitentscheidung bei Rechtsetzung; Zustimmung zum vom ER vorgeschlagenen Präsidenten und dessen Kommission sowie bei EU-Erweiterung und Haushaltsverabschiedung

Europäische Kommission
  Exekutive der EU;
  besteht aus dem Präsidenten und 28 von den nationalen Regierungen der Mitgliedstaaten vorgeschlagenen Mitgliedern; Präsident wird vom ER benannt, mit Zustimmung des EP; Kompetenzen: Initiativrecht, Kontroll- und Durchführungskompetenzen in Bezug auf das Gemeinschaftsrecht

Rat der EU (Ministerrat)
  Legislative der EU (teilweise mit exekutiven Funktionen); repräsentiert die nationalen Regierungen der Mitgliedstaaten; besteht aus den Außen- und Fachministern der Mitgliedstaaten; stimmt über Vorschläge der Kommission ab (zumeist mit doppelter Mehrheit);
  erlässt EU-Gesetze unter Mitwirkung/Zustimmung des EP.

Europäischer Gerichtshof
  Judikative der EU;
  zuständig für Auslegung und Kontrolle der Einhaltung der europäischen Verträge und des Gemeinschaftsrechts

Europäischer Rechnungshof
  jeder Mitgliedstaat entsendet einen Staatsbürger;
  zuständig für die Rechnungsprüfung

Europäische Zentralbank
  zuständig für die Ausgabe von Banknoten (EURO) und die Geldpolitik innerhalb der EWWU

Die eigentlichen Akteure der industriellen Beziehungen auf europäischer Ebene sind die trans- und supranationalen Organisationen der Arbeitnehmer und Arbeitgeber.

8.4 Europäischer Gewerkschaftsbund

Der 1973 von 17 nationalen Gewerkschaftsbünden europäischer Länder gegründete Europäische Gewerkschaftsbund (EGB; *engl.*: European Trade Union Confederation, ETUC) setzt sich nach Satzung aus „freien, unabhängigen und demokratischen Gewerkschaftsbünden und europäischen Gewerkschaftsverbänden" zusammen, mit dem Anspruch, die gesamte arbeitende Bevölkerung auf europäischer Ebene zu repräsentieren. Im Jahre 2015 gehörten ihm 89 nationale Gewerkschaftsbünde (welche 60 Mio. Mitglieder repräsentieren) aus 39 Ländern als Mitgliedsverbände an. Neben den Gewerkschaftsbünden aus den EU-Ländern sind die gewerkschaftlichen Dachverbände aus Norwegen, Schweiz, Türkei und acht weiteren Nichtmitgliedstaaten der EU vertreten.

Der EGB vereinigt ein breites Spektrum nationaler Gewerkschaftsbünde, die unabhängige, sozialistische, christliche und kommunistische Gewerkschaften in ihren jeweiligen Ländern repräsentieren und dort teilweise als separate Dachverbände nebeneinander bestehen. Somit verwirklicht der EGB das Prinzip der Einheitsgewerkschaft in einem weit höheren Maße als viele seiner nationalen Mitgliedsverbände. Aus Frankreich gehören ihm fünf, aus Italien drei Dachverbände an. Aus Deutschland ist als nationaler Dachverband der DGB alleiniges deutsches Mitglied. Von den dem EGB angeschlossenen Gewerkschaftsbünden sind die drei mitgliederstärksten: der DGB, der Dachverband britischer Gewerkschaften, TUC (Trades Union Congress), und der Dachverband der italienischen sozialistisch-kommunistischen Gewerkschaften, CGIL (Confederazione Generale Italiana del Lavoro).

Neben den nationalen Gewerkschafts*bünden* gehören dem EGB auch die sektoralen Gewerkschafts*verbände* (das sind Organisationen nationaler Branchengewerkschaften) als weitere Mitglieder an. Zu den größten dieser sektoralen Verbände gehören der Europäische Gewerkschaftsverband für Bildung und Wissenschaft (EGBW) und der Europäische Gewerkschaftsverband für den öffentlichen Dienst (EGÖD/EPSU[53]). Ihnen gehören alle nationalen Industrie- und Berufsgewerkschaften an, deren Organisationsdomäne Bildung und Wissenschaft bzw. der öffentliche Dienst ist. Die nationalen Einzelgewerkschaften sind somit

---

53 European Federation of Public Service Unions.

8.4 Europäischer Gewerkschaftsbund

auf zweifache Weise mittelbare Mitglieder des EGB: einmal über die Mitgliedschaft im europäischen sektoralen Gewerkschaftsverband und ein andermal über die Mitgliedschaft im nationalen Dachverband. Die Zahl der (sektoralen) europäischen Gewerkschaftsverbände belief sich 2015 auf zehn (vgl. *Tabelle 8*)

Tabelle 8 Sektorale Europäische Gewerkschaftsverbände

Gewerkschaftsverband	Angeschlossene Gewerkschaften	Mitglieder in Tsd.
Europäischer Gewerkschaftsverband für Bildung und Wissenschaft (EGBW)	129	11.000
Europäischer Gewerkschaftsverband für den Öffentlichen Dienst (EGÖD-EPSU)	265	8.000
UNI-Europa (Europäische Regionalorganisation des Union Network International)	320	7.000
IndustriAll – European Trade Union	197	6.900
Europäische Transportarbeiter-Föderation (ETF)	230	3.500
Europäische Gewerkschaftsföderation für den Landwirtschafts-, Lebensmittel- und Tourismussektor (EFFAT)	120	2.600
Europäische Föderation der Bau- und Holzarbeiter (EFBH)	68	2.350
Eurocop – European Confederation of Police	35	500
Europäische Journalisten-Föderation (EJF)	60	320
European Art and Entertainment Alliance (EAEA)		

„Der Europäische Gewerkschaftsbund richtet seine Aktivitäten auf:

- die Europäische Union, deren Verstärkung auf sozialer, politischer und demokratischer Ebene (…) er fordert und deren Erweiterung auf andere europäische Länder (…) er unterstützt;
- den Europarat, die EFTA und andere Einrichtungen der europäischen Zusammenarbeit, die für die Interessen der Arbeitswelt bedeutsam sind;
- die europäischen Arbeitgeberorganisationen, um über den sozialen Dialog und Verhandlungen ein System industrieller Beziehungen auf europäischer Ebene herzustellen."[54]

---

[54] Laut Präambel der Verfassung des EGB. https://www.etuc.org/sites/www.etuc.org/files/other/pdf/brochure_statuts-def_en.pdf

Von seinen derzeitigen Hauptaktivitäten her beurteilt, ist der EGB eine europäische Lobby zusammengeschlossener nationaler Gewerkschaftsbünde und transnationaler Gewerkschaftsverbände. Neben dem Lobbying bei und in allen Institutionen der EU nimmt der soziale Dialog mit den Arbeitgeberorganisationen, der seit geraumer Zeit regelmäßig stattfindet, eine wichtige Rolle ein. Tarifverhandlungen auf europäischer Ebene werden derzeit nur geringe Chancen eingeräumt, da die nationalen wie europäischen Arbeitgeberverbände europaweite Tarifverhandlungen prinzipiell ablehnen. Für sie besteht wenig Anreiz, die durch den europäischen Binnenmarkt entstandenen Vorteile der Liberalisierung und Deregulierung durch tarifvertragliche Re-Regulierungen preiszugeben. Ihre Vorteile sind für die Gewerkschaften Nachteile. Diese sehen sich einer verstärkten Lohnkonkurrenz ausgesetzt und befürchten zunehmenden Druck auf nationale Lohnsätze und Sozialstandards. Um einem Lohn- und Sozialdumping entgegenzuwirken, bleibt ihnen, da die Chancen für europäische Kollektivverhandlungen schlecht stehen, nur ein koordiniertes Vorgehen in der Tarifpolitik. Neben der Festlegung von Mindeststandards erscheint die gemeinsame Abstimmung nationaler Tarifpolitiken als die derzeit allein praktikable und erfolgversprechende Vorgehensweise.

Zusammenfassend ist zu sagen, dass den imposanten Mitgliederzahlen und organisationspolitischen Erfolgen des EGB ein eklatanter Mangel an supranationaler Autorität gegenübersteht. Zurückzuführen ist dieser zum einen auf die außerordentliche Heterogenität der politischen Orientierungen und nationalstaatlich geprägten Traditionen seiner Mitgliedsverbände, zum anderen auf die mangelnde Bereitschaft der nationalen Gewerkschaften, hinreichende Ressourcen und Kompetenzen an transnationale Organisationen abzugeben und zum dritten auf den mangelnden Verhandlungswillen der Arbeitgeber, die sich, ihrem Interesse gemäß, die Regulierungslücken der „sozialen Dimension" zunutze machen können.

8.5 Europäische Organisationen der Unternehmer und Arbeitgeber

Die Dachorganisationen der nationalen Wirtschaftsverbände und Arbeitgeberorganisationen sind auf europäischer Ebene in der BUSINESSEUROPE zusammengeschlossen. Bis Januar 2007 trat sie unter dem französischen Akronym UNICE[55] als Union of Industrial and Employers' Confederations of Europe auf. Wie beim EGB sind auch in ihr nicht nur Dachverbände aus den EU-Staaten, sondern

---

55 Diese Abkürzung für die 1958 unter dem französischen Namen „Union des Industries de la Communauté Européenne" gegründete Arbeitgeberorganisation wurde auch

ebenfalls aus den EFTA- und anderen europäischen Staaten vertreten. Prinzipiell ist BUSINESSEUROPE offen für alle Dachverbände, die Wirtschafts- und Arbeitgeberverbände in den europäischen Staaten repräsentieren, die dem Europarat in Straßburg angehören. Im Jahre 2015 waren dies insgesamt 40 Dachverbände aus 34 Ländern. Eine separate Organisierung nach Wirtschaftsverbänden einerseits und Arbeitgeberverbänden andererseits, wie in Deutschland und anderen, vor allem skandinavischen Ländern, existiert auf europäischer Ebene nicht. Daher gehören sowohl der BDI wie die BDA als Mitgliedsverbände der BUSINESSEUROPE an.

Eine zweite, wesentlich kleinere Arbeitgeberorganisation ist die CEEP (Centre Européen des Entreprises Publiques / European Centre of Enterprises with Public Participation and of Enterprises of General Economic Interest). Sie wurde 1961 gegründet und repräsentiert öffentliche Unternehmen (z.B. Stadtreinigungs- und Verkehrsbetriebe, Gas- und Wasserwerke) sowie Verbände solcher Unternehmen und Arbeitgeberverbände des öffentlichen Sektors (z.B. Verband kommunaler Arbeitgeberverbände) aus europäischen Ländern.

Neben den branchenübergreifenden Dachorganisationen existieren zahlreiche sektorale europäische Spitzenverbände des Dienstleistungsbereichs und der Industrie. Abweichend vom gewerkschaftlichen Muster, sind die sektoralen Verbände der Unternehmer keine Mitgliedsverbände der BUSINESSEUROPE und wesentlich stärker fragmentiert; nicht selten repräsentieren sie nur schmale Branchensegmente (wie Schiffbau, Möbelindustrie, Reinigungsgewerbe etc.) Nach Pochet (2005) sind allein 48 Arbeitgeberföderationen in den Ausschüssen für den sektoralen europäischen Dialog vertreten (s. unter 8.7).

8.6 Europäischer Betriebsrat

Die erste originäre europäische Institution auf dem Gebiet der industriellen Beziehungen ist der Europäische Betriebsrat (EBR). Nach einer langen, mehr als zwanzigjährigen Periode kontroverser Diskussionen und gescheiterter Gesetzesinitiativen legte die Europäische Kommission im Dezember 1990 ihren Vorschlag für eine Richtlinie zur Einsetzung von Europäischen Betriebsräten vor. Nach intensiven Konsultationen mit den Sozialpartnern beschloss schließlich – unter der deutschen Präsidentschaft – der Rat der Sozialminister im September 1994 die „Richtlinie über die Einsetzung eines Europäischen Betriebsrats oder die Schaffung eines Verfahrens zur Unterrichtung und Anhörung der Arbeitnehmer in ge-

---

nach der 1987 erfolgten englischsprachigen Umbenennung des Verbandes bis zur erneuten Umbenennung im Januar 2007 beibehalten.

meinschaftsweit operierenden Unternehmen und Unternehmensgruppen" (EWC Directive 94/45/RC).

Über die allgemeine Zielsetzung einer solchen Einrichtung heißt es in der Präambel der Richtlinie: „Es sind geeignete Vorkehrungen zu treffen, damit die Arbeitnehmer gemeinschaftsweit operierender Unternehmen oder Unternehmensgruppen angemessen informiert und konsultiert werden, wenn Entscheidungen, die sich auf sie auswirken, außerhalb des Mitgliedsstaats getroffen werden, in dem sie beschäftigt sind."

Die Kriterien für ein gemeinschaftsweit operierendes, EBR-pflichtiges Unternehmen lauten:

- es muss mindestens 1.000 Arbeitnehmer in den Mitgliedsstaaten beschäftigen
- mit jeweils mindestens 150 Arbeitnehmern in mindestens zwei Mitgliedsstaaten.

Sofern die obigen Kriterien zutreffen, gilt die Richtlinie auch für die in EU-Ländern befindlichen Niederlassungen internationaler Konzerne, die ihren Hauptsitz außerhalb der EU haben. Die Novellierung der Richtlinie von 2009 (EWC Directive 2009/38/EC) enthielt nur geringfügige Verbesserungen. Zum einen wurden die im Zentrum der Richtlinie stehenden Rechte auf Information und Konsultation präziser definiert, zum anderen wurde den Repräsentanten der Arbeitnehmer das Recht auf Qualifizierung ohne Einkommenseinbußen zugestanden.

Beide Richtlinien sind in allen EU-Staaten in nationales Recht umgesetzt worden. 2005 hatten von den rund 2.200 EBR-pflichtigen Unternehmen erst 772 Unternehmen (also rund 35 %), die allerdings zwei Drittel der unter die Richtlinie fallenden Arbeitnehmer beschäftigten, europaweite Interessenvertretungen eingerichtet (Waddington 2006a: 329 u. 350). Verbreitet waren sie vor allem in der Metall-, Chemie- und Lebensmittelindustrie sowie im Dienstleistungssektor (Waddington/Kerckhofs 2003: 327). Zehn Jahre später (2015) zählte das Europäische Gewerkschaftsinstitut in 1.071 Unternehmen aktiv operierende EBR (De Spiegelaere/Jagodzinski 2015: 13).

Im Mittelpunkt der Richtlinie steht das „besondere Verhandlungsgremium" der Arbeitnehmer, dessen Wahlmodus nicht weiter festgelegt wird (Wahlvorschriften wurden der nationalen Gesetzgebung überlassen). Es soll eine Vereinbarung über die Zusammensetzung und Befugnisse eines zu gründenden EBR aushandeln. Für den Fall des Scheiterns greifen Mindestvorschriften, die im Anhang der Richtlinie als Eckdaten für die nationale Gesetzgebung aufgeführt werden; sie umreißen gewissermaßen das Aktionsfeld des EBR als Minimalmodell. Diese „subsidiären Vorschriften" bestimmen unter anderem, dass der EBR mindestens drei und

8.6 Europäischer Betriebsrat

höchstens 30 Mitglieder hat, dass jährlich einmal eine Sitzung mit der zentralen Leitung stattzufinden hat, in der diese über die „voraussichtliche Entwicklung der Geschäfts-, Produktions-, Absatz- und Beschäftigungslage, Änderungen der Organisation, Einführung neuer Arbeitsverfahren, Verlagerungen, Fusionen oder Schließungen" zu unterrichten hat. Der EBR kann hierzu seine Stellungnahme abgeben und hat die Arbeitnehmervertreter an den nationalen Standorten über Inhalt und Ergebnisse der Unterrichtung und Anhörung zu informieren.

Die Entscheidung über die Einsetzung eines EBR oder – alternativ dazu – über die Schaffung eines Verfahrens zur Unterrichtung und Anhörung der Arbeitnehmer wird in Verhandlungen zwischen dem besonderen Verhandlungsgremium der Arbeitnehmer und der zentralen Leitung des europaweit operierenden Unternehmens getroffen. Auf Initiative der zentralen Leitung oder der Arbeitnehmer (mindestens 100 Arbeitnehmer aus zwei Betrieben aus zwei Mitgliedstaaten) werden die Verhandlungen aufgenommen, wobei das besondere Verhandlungsgremium nach einzelstaatlichen Rechtsvorschriften zu bilden ist. Es setzt sich aus mindestens einem Mitglied für jeden Mitgliedstaat, in dem sich Betriebe des Unternehmens befinden, zusammen. Mitglieder des besonderen Verhandlungsgremiums können auch externe Vertreter (z.B. der Gewerkschaften) sein. Artikel 6 postuliert: Die Verhandlungen „müssen im Geiste der Zusammenarbeit" erfolgen.

In der Gestaltung der Vereinbarung sind das Verhandlungsgremium und die zentrale Leitung autonom. Die Richtlinie macht nur wenige Vorgaben; im Artikel 6 der Richtlinie werden mehrere Merkposten aufgelistet, über die Vereinbarungen getroffen werden müssen, u.a.

- Zusammensetzung des EBR, Anzahl der Mitglieder, Sitzverteilung, Mandatsdauer;
- Befugnisse im Hinblick auf Unterrichtung und Anhörung;
- Ort, Häufigkeit und Dauer der Sitzungen;
- finanzielle Mittel.

Der Sitz des EBR ist in der Regel bei der Konzernspitze, das heißt beim „herrschenden Unternehmen" (dafür werden verschiedene Kriterien genannt). Sofern die Konzernspitze ihren Sitz nicht in einem der EU-Staaten hat, muss sie einen Vertreter (z.B. Eurobeauftragten) als Verhandlungspartner benennen, andernfalls ist die Leitung des Unternehmens mit der höchsten Beschäftigtenzahl in einem Mitgliedstaat für die Verhandlungen zuständig.

Der in der Richtlinie zum Ausdruck kommende weitgehende Verzicht auf detaillierte Vorschriften zur Schaffung einheitlicher Strukturen der Arbeitnehmerbeteiligung (der übliche Weg zur „Harmonisierung") verweist auf einen rechtspolitischen Paradigmenwechsel – hin zum „Prozeduralismus" (Weiss 2006), zur „regulierten Vielfalt, gelenkten Freiwilligkeit" (Kotthoff 2006: 18). Anstelle materieller Festschreibung lässt der europäische Gesetzgeber die Akteure „im Schatten des Gesetzes" verhandeln.

Dem EBR-Modell entsprechen in der Struktur auch die Mitbestimmungsregelungen der neuen Rechtsform der Europäischen Aktiengesellschaft (*Societas Europaea* – SE), die gemäß einer Richtlinie seit Oktober 2004 in Kraft ist. In ihr wird die Mitbestimmung zum zwingenden Verhandlungsgegenstand: Ohne eine entsprechende Vereinbarung zwischen beiden Seiten kann keine SE registriert werden. Einige Bestimmungen bieten formal die Möglichkeit zur Umgehung oder Flucht aus der Mitbestimmung; bisher haben sich die Befürchtungen mancher Beobachter, die SE werde zum „Mitbestimmungskiller", jedoch nicht bewahrheitet (Böckler impuls 12/2013 v. 3. Juli 2013, S. 7).

Im Vergleich mit den Mitbestimmungsrechten des deutschen Betriebsrats verfügt der EBR über weitaus schwächere Beteiligungsrechte. Er besitzt keine echten Mitbestimmungsrechte, sondern nur Unterrichtungs- und Anhörungsrechte. Abstimmungen über kontroverse Fragen sind nicht vorgesehen, die Letztentscheidung verbleibt bei der Unternehmensleitung. Der EBR ist folglich kein multinationaler Gesamt- oder Konzernbetriebsrat, sondern eher vergleichbar einem europäischen *Wirtschaftsausschuss* mit jenen Informations- und Konsultationsrechten, die nach dem Betriebsverfassungsgesetz dem Wirtschaftsausschuss in einem deutschen Unternehmen mit mehr als 100 Beschäftigten rechtlich zustehen.

Gleichwohl ist die Richtlinie, mit deren Verabschiedung Euro-Skeptiker ohnehin nicht mehr gerechnet hatten (vgl. z.B. Streeck/Vitols 1995: 258), eine wichtige Grundlage für den Aufbau eines europäischen Systems kollektiver Interessenvertretung. Nach dem Urteil eines gewerkschaftsnahen Wissenschaftlers ist sie „ein Beispiel für eine durchaus ausgewogene Mischung von Subsidiarität (jeweils nationale Anpassung durch Implementierung), Proporz (Zusammenwirken von Regierungen und Verbänden bei ihrer Erstellung und Umsetzung) und Flexibilität (die Richtlinie eröffnet verschiedene Optionen zur Umsetzung)" (Lecher 1996: 469).

Empirische Untersuchungen über die Europäischen Betriebsräte (Lecher u.a. 1998; Lecher u.a. 1999; Marginson 1999; Waddington/Kerckhofs 2003; Müller/Platzer 2003; Kotthoff 2006) zeigen, dass die Varianz ihrer Praxis ähnlich breit ist wie die der deutschen Betriebsräte.

Auch eine erste Typologie der EBR wurde aus 15 Fällen gebildet: der *symbolische*, der *dienstleistende*, der *projektorientierte* und der *beteiligungsorientierte*

8.6 Europäischer Betriebsrat

EBR (Platzer/Rüb 1999: 402).[56] Bis auf den faktisch ineffektiven symbolischen EBR bilden die drei anderen Typen unterschiedliche Schwerpunktsetzungen und Entwicklungspfade dieser transnationalen Institution. Insbesondere im beteiligungsorientierten EBR, der über die Vorgaben der Richtlinie hinaus auch Absprachen und Vereinbarungen mit dem Konzernmanagement trifft, identifizieren die Sozialforscher ein vielversprechendes Potential für die Weiterentwicklung der europäischen industriellen Beziehungen. Eine Fünfertypologie hat Kotthoff (2006) aus 12 Falluntersuchungen erstellt. Am interessantesten ist der Typus des „mitgestaltenden Arbeitsgremiums", dessen Aktionsradius dem des deutschen Betriebsrats sehr nahe kommt. Als faktisches Verhandlungsgremium mit einem kontinuierlich arbeitenden Lenkungsausschuss überschreitet er als EBR eindeutig den von der Richtlinie gesetzten Rahmen der Information und Konsultation. Überraschenderweise sind die drei Konzerne, in denen dieser Typus vorgefunden wurde, eher angelsächsisch geprägte Konzerne, in denen es jedoch keine dominante Stammhauskultur gibt. Die schwachen Traditionen und „nomadisierenden Ausländer" in den Führungsgremien begünstigen, Kotthoff zufolge, eine genuin europäische, unideologische, strategisch rationale Arbeitsweise. Neben zwei weiteren vertretungswirksamen Typen beschreibt Kotthoff auch zwei ineffektive Typen des EBR. Mindestens die Hälfte seiner Fallstudien dokumentieren einen EBR als sozialen Faktor, der auf einer neuen Vertretungsebene Wirkungen hervorbringt, auf den das Konzernmanagement reagiert.

Eine erste repräsentative Befragung von 473 Vertretern europäischer Betriebsräte (Waddington 2006b) erbrachte ein zwiespältiges Bild: Die Mehrzahl beklagt, dass sie erst verspätet Informationen über geplante Umstrukturierungsmaßnahmen erhält, wodurch ihre potentielle Einflussnahme erheblich eingeschränkt wird; andererseits hat ein knappes Drittel der Befragten mit der Konzernleitung transnationale Vereinbarungen getroffen, deren Status die in der Richtlinie fixierten Kompetenzen des EBR überschreiten.

Einige bemerkenswerte Ergebnisse der Untersuchungen seien noch genannt:

- Gegenüber dem angelsächsischen und mediterranen Gegenmachtmodell scheint sich das „rheinische" und skandinavische kooperative Modell auch in jenen Konzernen durchzusetzen, die in Ländern mit konfliktorischen Arbeitsbeziehungen ihren Stammsitz haben. Kotthoff nennt als einsichtigen Grund: „Die Delegierten aus den partnerschaftlich orientierten Ländern haben einen

---

56 Später wurde unter Beibehaltung der Typologie die Fallzahl auf 23 erweitert (vgl. Müller/Platzer 2003).

Vorsprung an Ressourcen, Professionalität und Erfahrung, der sie für die Rolle des Schrittmachers im EBR prädestiniert" (2006: 173).

- Etwa zwei Drittel der EBR-Vereinbarungen bevorzugen gemischte Gremien, setzen sich also – analog zum französischen „comité d'entreprise" – aus Arbeitnehmer- und Arbeitgebervertretern zusammen.
- Die große Mehrzahl der EBR verfügt über besondere (Lenkungs-) Ausschüsse als permanente Kommunikations- und Arbeitsgremien.
- Die wichtigste Unterstützung der Gewerkschaften ist deren „Geburtshilfe" bei der Einrichtung eines EBR. In die laufenden Prozesse sind die Gewerkschaften weniger involviert; er droht ihnen zu entgleiten, mit der Tendenz zu isolierten, konzerninternen Vertretungsstrukturen.
- Das Sprachproblem ist in vielen Fällen ein gravierendes, aber kein unüberwindbares Problem. Die offiziellen Sitzungen werden simultan übersetzt. Wichtig für die Arbeitsfähigkeit ist, dass der EBR-Vorsitzende und die anderen Mitglieder des Lenkungsausschusses über hinreichende Sprachkenntnisse verfügen, um sich kontinuierlich über Telefon und E-Mail verständigen zu können.
- Eindeutiger Gewinner der Richtlinie sind die britischen Arbeitnehmervertreter, da ihnen mit dem EBR erstmals eine überlokale Institution auf nationaler Ebene (vom Betrieb zum Konzern) geschaffen wurde, dank derer sich die Shop Stewards in Zweigbetrieben und Niederlassungen untereinander abstimmen können.
- Ein länderspezifisches Problem ist das ungeklärte Verhältnis zwischen deutschem Konzernbetriebsrat und EBR und damit das latente Konkurrenzproblem zwischen beiden.

Wenn wir ein vorläufiges Resümee aus der EBR-Forschung ziehen, dann lassen sich zwar noch keine quantitativ-repräsentativen Aussagen in einem streng methodischen Sinn machen, aber so viel kann gesagt werden: die euroskeptische Sicht auf den EBR hat sich als unberechtigt erwiesen. Selbst wenn eine beträchtliche Zahl der untersuchten EBR (vorerst) nur „symbolisch" existiert und agiert, sind es gerade die avancierteren Beispiele der Fallstudien, die die inhärente Dynamik und das positive Entwicklungspotential dieser originären europäischen Institution anzeigen.

8.7 Sozialer Dialog

Zur sozialen Dimension des europäischen Wirtschaftsraums gehört zweifellos der *soziale Dialog*. Er umfasst Gespräche, Konsultationen, Verhandlungen und gemeinsame Maßnahmen von Organisationen der Arbeitgeber- und der Arbeitnehmerseite. Er findet in zwei unterschiedlichen Formen statt: als dreiseitiger Dialog zwischen den politischen Gremien der EU auf der einen und den europäischen Dachverbänden der Sozialparteien (BUSINESSEUROPE, CEEP, EGB) auf der anderen Seite, und als zweiseitiger Dialog zwischen den repräsentativen Verbänden der Arbeitgeber und Gewerkschaften sowohl auf europaweiter als auf sektoraler Ebene. Datiert wird die Geburtsstunde des zentralen (trilateralen) sozialen Dialogs auf das Jahr 1985, als der Kommissionspräsident Jacques Delors die drei europäischen Spitzenverbände der Sozialpartner nach Val Duchesse in Brüssel zum informellen Gespräch mit der Kommission einlud.

Mit der Aufnahme des Art. 118b in den EG-Vertrag durch die Einheitliche Europäische Akte von 1987 wurde die Förderung des sozialen Dialogs zu einer offiziellen Aufgabe der Kommission: „Die Kommission bemüht sich darum, den Dialog zwischen den Sozialpartnern auf europäischer Ebene zu entwickeln, der, wenn diese es wünschen, zu vertraglichen Beziehungen führen kann." Diese Verpflichtung wurde durch die Gemeinschaftscharta der sozialen Grundrechte 1989, das Sozialabkommen von Maastricht 1992 und den neuen EG-Vertrag von Amsterdam 1997 bekräftigt.

Durch die Verträge von Maastricht und Amsterdam erhielt der soziale Dialog eine neue Qualität. Zwar fanden bis dahin regelmäßige Konsultationen der drei Dachverbände der Sozialpartner mit der Europäischen Kommission statt und berieten die Sozialpartner, ohne Beteiligung der Kommission, über gemeinsame Stellungnahmen, die aber einen weniger verbindlichen Charakter hatten als sie Artikel 138 und 139 des Amsterdamer Vertrages, nunmehr die Artikel 154 und 155 der „Konsolidierten Fassung des Vertrags über die Arbeitsweise der Europäischen Union" (AEUV) von 2012, vorschreiben:

Artikel 154 (Ex-Artikel 138):
1. *Die Kommission hat die Aufgabe, die Anhörung der Sozialpartner auf Gemeinschaftsebene zu fördern, und erlässt alle zweckdienlichen Maßnahmen, um den Dialog zwischen den Sozialpartnern zu erleichtern, wobei sie für Ausgewogenheit bei der Unterstützung der Parteien sorgt.*
2. *Zu diesem Zweck hört die Kommission vor Unterbreitung von Vorschlägen im Bereich der Sozialpolitik die Sozialpartner zu der Frage, wie eine Gemeinschaftsaktion gegebenenfalls ausgerichtet werden sollte.*
3. *Hält die Kommission nach dieser Anhörung eine Gemeinschaftsmaßnahme für zweckmäßig, so hört sie die Sozialpartner zum Inhalt des in Aussicht genommenen Vorschlags. Die Sozialpartner übermitteln der Kommission eine Stellungnahme oder gegebenenfalls eine Empfehlung.*

4. *Bei dieser Anhörung können die Sozialpartner der Kommission mitteilen, dass sie den Prozess nach Artikel 155 in Gang setzen wollen. (...)*

Artikel 155 (Ex-Artikel 139):
1. *Der Dialog zwischen den Sozialpartnern auf Gemeinschaftsebene kann, falls sie es wünschen, zur Herstellung vertraglicher Beziehungen, einschließlich des Abschlusses von Vereinbarungen führen.*
2. *Die Durchführung der auf Unionsebene geschlossenen Vereinbarungen erfolgt entweder nach den jeweiligen Verfahren und Gepflogenheiten der Sozialpartner und der Mitgliedstaaten oder — in den durch Artikel 153 erfassten Bereichen — auf gemeinsamen Antrag der Unterzeichnerparteien durch einen Beschluss des Rates auf Vorschlag der Kommission. Das Europäische Parlament wird unterrichtet. Der Rat beschließt einstimmig, sofern die betreffende Vereinbarung eine oder mehrere Bestimmungen betreffend einen der Bereiche enthält, für die nach Artikel 153 Absatz 2 Einstimmigkeit erforderlich ist.*

Der *neue* soziale Dialog nach Maastricht könnte – dem Arbeitsrechtler Weiss (1994) zufolge – zu einem „Katalysator koordinierter Tarifpolitik" werden. Die Verpflichtung der Kommission, den sozialen Dialog zwischen den Sozialpartnern zu entwickeln, mit dem möglichen Ziel, dass es zwischen ihnen zu vertraglichen Vereinbarungen kommt, gibt ihr zur Aufgabe:

- die Anhörung der Sozialpartner auf Gemeinschaftsebene zu fördern;
- alle zweckdienlichen Maßnahmen zur Erleichterung des Dialogs zwischen den Sozialpartnern zu erlassen;
- vor Unterbreitung von Vorschlägen im Bereich der Sozialpolitik von den Sozialpartnern ihre Stellungnahme und gegebenenfalls ihre Empfehlung einzuholen;
- den Sozialpartnern die Option zu lassen, eine sozialpolitische Maßnahme durch Verhandlungen und Vereinbarungen autonom zu beschließen.

Im letzteren Fall können die Sozialpartner an die Kommission herantreten, damit diese ihre gemeinsame Vereinbarung zwecks Beschlussfassung dem Ministerrat unterbreitet. Kommt es zu einer solchen autonomen Regelung, erhält die Vereinbarung zwischen den Sozialpartnern den Charakter eines „Quasi-Richtlinienvorschlags". Ein solcher Vorrang kollektivvertraglicher Regelungen vor der EU-Rechtsetzung im Bereich der Sozialpolitik entspricht auch dem (aus der katholischen Soziallehre stammenden und im EU-Vertrag verankerten) Prinzip der Subsidiarität.

8.7 Sozialer Dialog

Seit 1997 werden die Sozialpartner von der Präsidentschaft des Europäischen Rates am Vorabend ihrer Tagung eingeladen. Nach Nizza (ab 2001) wurde dieses Treffen zu einem dreigliedrigen Sozialgipfel institutionalisiert, der vor der Frühjahrs- und Herbsttagung des Rates zusammentritt. Unter der gemeinsamen Leitung des Ratspräsidenten und des Präsidenten der Kommission erörtern jeweils zehnköpfige Delegationen von Arbeitnehmern und Arbeitgebern Fragen aus den vier Sachgebieten: Makroökonomie, Beschäftigung, Sozialschutz, und allgemeine und berufliche Bildung.

Die politische Strategie der europäischen Gewerkschaften läuft darauf hinaus, den sozialen Dialog schrittweise zu vertiefen und zu einem europäischen Tarifvertragssystem auszubauen. An die Stelle unverbindlicher „gemeinsamer Stellungnahmen" sollen verbindliche europäische Rahmenvereinbarungen treten. Demgegenüber richtet sich die Strategie der Arbeitgeber gegen Tarifvereinbarungen auf europäischer Ebene; diese sollen nach ihrem Verständnis ausschließlich im nationalen Rahmen erfolgen. Da indessen mit dem Maastrichter Sozialabkommen die Wahrscheinlichkeit sozialpolitischer Gesetzesvorhaben durch die Kommission größer geworden ist, haben die Arbeitgeber ihre Strategie modifiziert: Aus defensiven Gründen willigen sie in Verhandlungen ein, um „durch ein freiwillig ausgehandeltes und deshalb besser zu beeinflussendes Abkommen eine drohende Intervention der Kommission zu verhindern und einer im Verbandssinne ungünstigeren, weil verbindlichen Richtlinie zuvorzukommen" (Keller 1996: 215).

Eine erste kollektivvertragliche Vereinbarung zwischen EGB und CEEP war der „Europäische Rahmenvertrag (...) über die berufliche Ausbildung, die Ausbildung zu den neuen Technologien und für einen besseren Gesundheitsschutz und für mehr Sicherheit am Arbeitsplatz sowie die Mobilität der Arbeitnehmer" (1990). Zwischen UNICE, CEEP und EGB kam 1995 ein erstes Abkommen über Erziehungsurlaub für Eltern zustande, das der Rat, auf Vorschlag der Kommission, in Form einer Richtlinie im Juni 1996 verabschiedete. Weitere Rahmenvereinbarungen der Sozialpartner, die der Rat als Richtlinien verabschiedete, waren die Vereinbarung über Teilzeitarbeit 1997 und über befristete Arbeitsverträge 1999. Seit 2001 gibt es die sog. *autonomen Vereinbarungen*, die von den unterzeichnenden Parteien „nach den Verfahren und Gepflogenheiten der Sozialpartner und der Mitgliedstaaten" (Art. 155 Abs. 2 AEUV) selbst umgesetzt werden, d.h. für Durchführung und Überwachung sind allein die Sozialpartner zuständig. In der Terminologie der EU-Kommission handelt es sich um „Texte der neuen Generation" (Weber 2008). Hierzu gehören die Rahmenvereinbarungen über Telearbeit (2002), über Stress am Arbeitsplatz (2004), über Belästigung und Gewalt am Arbeitsplatz (2006) und über integrative Arbeitsmärkte (2010).

Der soziale Dialog auf *sektoraler Ebene* bietet ein buntscheckiges Bild. Zwar stehen die meisten europäischen sektoralen Verbände (Arbeitgeberföderationen und Gewerkschaftsverbände) miteinander im Dialog, aber der Grad der Institutionalisierung ihrer Gespräche und Verabredungen divergiert beträchtlich (Pochet 2005; Weber 2013) Zu unterscheiden ist überdies zwischen dem traditionellen und dem neuen sektoralen Sozialdialog.

Die erste Generation des sektoralen Dialogs bestand zum einen aus „paritätischen Ausschüssen", welche in den 1960er und 1970er Jahren auf Beschluss der Kommission zustande kamen und die sich mit integrierten Gemeinschaftspraktiken (z.B. den Verkehr-, Agrar-, Fischerei-, Kohle- und Stahlbereich betreffende Fragen) befassten, und zum anderen aus informellen Arbeitsgruppen, die während der 1980er Jahre auf Initiative der Sozialparteien mit Unterstützung der Kommission ins Leben gerufen wurden. In über 20 Sektoren gaben die Sozialparteien „mehr als 200 gemeinsame Stellungnahmen, Entschließungen und Erklärungen ab, die sich auf Rechtsetzungs- und Regulierungsvorhaben der EU mit sozialen Auswirkungen bezogen" (Keller 2006: 154).

Die Aufnahme des Maastrichter Sozialabkommens in den Vertrag von Amsterdam ebnete den Weg für eine zweite Generation der sektoralen Dialoge. Die Kommission schuf 1998[57] dafür eine neue institutionelle Basis. Die bestehenden Ausschüsse und informellen Gruppen wurden umgewandelt in „Ausschüsse für den sektoralen sozialen Dialog"; in den folgenden Jahren wurden weitere neu und direkt gegründet, so dass nach letzter Zählung (2014) 43 Ausschüsse für ebenso viele Industrie- und Dienstleistungssektoren zuständig sind. In diesen vertreten 16 europäische Gewerkschaften (außer den dem EGB angeschlossenen zehn Gewerkschaftsverbänden weitere sechs) und 65 Arbeitgeberföderationen über 145 Millionen Beschäftigte und 6 Millionen Unternehmen (Europäische Kommission 2010: 7 f., Europäische Kommission 2015: 119). Die einzelnen Gewerkschaftsverbände sind in mehreren Ausschüssen, in der überwiegenden Mehrheit aber mit jeweils nur einer Gewerkschaft vertreten. Die Mehrheit der Arbeitgeberföderationen ist jeweils nur in einem der Ausschüsse präsent. In einer Minderheit der Ausschüsse sind auf Gewerkschaftsseite maximal vier, auf Arbeitgeberseite maximal sechs Organisationen vertreten (Weber 2013: 42 sowie Tab. 2.3).

Den eindrucksvollen Zahlen stehen eher bescheidene Ergebnisse gegenüber. Eine Analyse von 191 Dokumenten, die die sektoralen Organisationen der Sozialparteien zwischen 1998 und 2004 gemeinsam beschlossen haben, ergab, dass sich darunter nur 5 (2,6 %) echte Rahmenvereinbarungen mit bindenden Ef-

---

57 Mitteilung der Kommission vom 20. Mai 1998: Anpassung und Förderung des Sozialen Dialogs auf Gemeinschaftsebene.

8.7 Sozialer Dialog

fekten für die unterzeichnenden Parteien und ihre nationalen Mitgliedsverbände befanden. Das Gros bildeten gemeinsame Stellungnahmen, Erklärungen, Empfehlungen, Verhaltenskodizes und interne Geschäftsordnungen (Pochet 2005). Auch eine neuere Untersuchung zieht das Fazit, dass die Ausschüsse keine nennenswerte Regulierungsfunktionen wahrnehmen und in begrenztem Ausmaß dem Expertenaustausch dienen und dass sich ihr „Kerngeschäft" weitgehend aufs gemeinsame Lobbying bei den Institutionen der EU erstreckt (Weber 2013: 203-207).

Die Annahme, dass gerade hier ein Keimbeet für europäische Tarifverhandlungen entstehen könnte, bleibt eine ungedeckte Erwartung an das Entwicklungspotential dieser Institution. Denkbar ist freilich, dass sich aus der Praxis der Europäischen Betriebsräte gleichsam naturwüchsig ein System konzernzentrierter Kollektivverhandlungen entwickelte (vgl. Marginson/Sisson 1996). Dieses entspräche dann mehr dem angelsächsischen Muster des *local bargaining* und geriete zweifellos in Konflikt mit dem in Deutschland und anderswo institutionalisierten System sektoraler Verhandlungen.

Tatsächlich hat sich seit Anfang der 2000er Jahre auf europäischer Unternehmensebene eine Vereinbarungspolitik herausgebildet, die konzernbezogen Themen wie Chancengleichheit, Arbeitssicherheit, Gesundheitsschutz und Gewinnbeteiligung zu regeln begann. Die weitgehend voluntaristischen Verhandlungen und Vereinbarungen erfolgen ohne eine einheitliche Vereinbarungsordnung, insbesondere gilt dies für die Rollenteilung von EBR und Gewerkschaft. Zumindest aus deutscher Sicht stellte sich dabei die Frage nach dem Verhandlungsmandat. In einer Reihe von Fallstudien, die das Team um Hans-Wolfgang Platzer untersuchte, kam es in der Tat zu Interferenzen in der Verhandlungsführerschaft zwischen dem für den Konzern zuständigen EBR und dem für die Branche zuständigen sektoralen Gewerkschaftsverband. Es zeigte sich, dass es für diese Form der Vereinbarungen zwar noch keine eingespielten Zuständigkeiten gibt, dass aber der gewerkschaftliche Einfluss selbst bei EBR-zentrierten Verhandlungen gewahrt bleibt (Rüb u.a. 2013).

Da wegen des Widerstands der Arbeitgeber in absehbarer Zeit nicht mit einer europäischen Tarifpolitik zu rechnen ist, haben verschiedene nationale Gewerkschaften die Initiative zur europaweiten Koordinierung und Vernetzung nationaler Tarifpolitiken ergriffen. Schulten und Bispinck (1999) dokumentieren in einem materialreichen Sammelband, dass die europäischen Metallgewerkschaften, programmatisch wie praktisch, bereits vielfältige Ansätze einer supranational koordinierten Tarifpolitik entwickelt haben. Durch Bildung interregionaler Tarifpartnerschaften kooperieren verschiedene IG Metall-Bezirke mit Gewerkschaften angrenzender Länder; der Europäische Metallarbeiterbund hat darüber hinaus einen europäischen Tarifausschuss und ein Informationsnetzwerk für Tarifpolitik ins Leben gerufen (Schulten 2004: 284ff.). Diesem Koordinierungsansatz sind mittlerweile andere europäische Gewerkschaftsverbände gefolgt (ebd.: 294ff.).

In diesem Kapitel wurden die Ansätze zu einer Europäisierung der industriellen Beziehungen am Beispiel der Richtlinien zur Sozialpolitik, des Euro-Betriebsrats und des Sozialen Dialogs dargestellt.

Übungsaufgaben:

1. *Mit welchem Recht spricht man von einem europäischen Sozialmodell?*
2. *In welchen Unternehmen sind Euro-Betriebsräte zu bilden? Welche Verbreitung haben sie gefunden?*
3. *Beschreiben Sie die Unterschiede zwischen einem Euro-Betriebsrat und dem deutschen Betriebsrat anhand der Beteiligungsrechte!*
4. *Welche wichtigen Befunde sind den Untersuchungen über den EBR zu entnehmen?*
5. *Was versteht man unter einem Sozialen Dialog im Rahmen der EU? Für welche Zuständigkeitsbereiche ist er vorgesehen?*

Ausblick 9

Diesseits und jenseits des dualen Systems

Der Strukturwandel der industriellen Beziehungen, dessen Darstellung und Analyse Gegenstand der voranstehenden Kapitel war, ist nicht abgeschlossen. Als deutliche Konturen zeichnen sich ab: Dezentralisierung, Flexibilisierung und Verbetrieblichung der nationalen kollektiven Regelungen. Durch die Zunahme von Formen direkter Partizipation verlängerte sich das System der dualen Interessenvertretung nach „unten" – gleichsam zu einer weiteren Arena – sowie nach „oben" durch die Etablierung einer europäischen Ebene der industriellen Beziehungen.

Nicht zu verkennen ist, dass zugleich die Problembereiche und interessenvertretungsfreien Zonen (Erosion der Verbands- und Tarifbindung; betriebsratsfreie Betriebe; konkurrierende Mitarbeitervertretungen) anwachsen. Damit geraten zentrale Säulen des dualen Systems der Interessenvertretung ins Wanken. Gleichwohl kann niemand voraussagen, ob und wann diese Veränderungen jene kritische Masse erreichen wird, die das duale System durch ein anderes ersetzen. Obwohl, als *distinktes Modell,* das duale System weiterhin die meisten Fälle unter sich subsumiert, werden die industriellen Beziehungen in beiden Teilen Deutschlands künftig wohl nicht mehr mit *einem* dominanten Systemmodell, sondern mit einem Nebeneinander bzw. einer Pluralität von Modellen der Arbeitsregulierung „diesseits und jenseits des dualen Systems" (Müller-Jentsch 2006) darzustellen sein. Die Rede von einer „Hybridisierung" der industriellen Beziehungen (vgl. Schmierl 2006) verschiebt dieses Problem durch die Konstruktion eines anderen, eben hybriden Modells, dessen Konturen eklatant unscharf bleiben. Unbestritten ist indes, dass der Kernbereich von großer Industrie und öffentlichem Dienst, der immerhin über die Hälfte der Beschäftigten umfasst, weiterhin unter die Regulierungsdomäne des dualen Systems fällt. Die weltweiten ökonomischen Verflechtungen („Globalisierung") und der Zugriff der internationalen Finanzmärkte auf die Unternehmensstrategien („Finanzialisierung") haben die nationalen Handlungsspielräume und Interventionsmöglichkeiten von Staat und Tarifparteien erheblich eingeschränkt und dem Management neue Leitbilder der Unternehmensführung vermittelt. Unter dem verschärften Kosten- und Qualitätswettbewerb der Unternehmen hat ein Wettlauf um kostengünstigere Modelle der Arbeitsregulierung eingesetzt, bei dem neoliberale Lösungen an Attraktivität gewinnen. Insbesondere neue und junge Unternehmen zählen die gewerkschaftlich vermittelte Sozialpartnerschaft nicht mehr zu ihren tragenden Säulen. In dieser Problemkonstellation bleibt den deutschen Gewerkschaften nur die Flucht nach vorn, das heißt zur Intensivierung der internationalen Zusammenarbeit, um die offene Flanke gegen Lohn- und Sozialdumping mit supranationalen sozialpolitischen Regelungen – zumindest und zunächst auf der europäischen Ebene – zu schließen. Denn der Globalisierung der Märkte und der unbeschränkten Mobilität des Kapitals ist weniger mit nationalstaatlichem Protektionismus als mit einer Internationalisierung der Sozial- und Tarifpolitik zu begegnen.

Ohne Erweiterung der europäischen Wirtschaftsunion zu einer Sozialunion sind die Überlebenschancen für das „deutsche Modell" kollektiver Interessenvertretung zweifellos geringer. Mit der Richtlinie zur Errichtung von Europäischen Betriebsräten wurde zwar ein wichtiger Schritt zur Europäisierung der industriellen Beziehungen getan, zumal die Institution der Euro-Betriebsräte für das deutsche Mitbestimmungssystem relativ problemlos anschlussfähig ist. Aber erst die Vertiefung der europaweiten Koordinationsbemühungen der Gewerkschaften auf dem Gebiet der Tarifpolitik wird zur Bildung einer stabilen surpranationalen Arena der industriellen Beziehungen beitragen können. Inwieweit die beobachtbaren Anfänge einer Vereinbarungspolitik auf transnationaler Konzernebene als funktionales Äquivalent an die Stelle fehlender europäischer Kollektivverhandlungen treten können, bleibt abzuwarten.

Das „deutsche Modell" wird auch in der nahen Zukunft weiterhin ernsthaften Belastungsproben ausgesetzt bleiben – ob es zu einem „Auslaufmodell" wird, bleibt indessen dahingestellt. Das in einer langen Geschichte herausgebildete Institutionensystem des rheinischen Kapitalismus, das der arbeitenden Bevölkerung nicht nur das Leben erleichtert, sondern ihr auch politische, soziale und industrielle Bürgerrechte einräumt, wird nicht ohne ernsthafte soziale und politische Konflikte zu schleifen sein. Diese Institutionen und Bürgerrechte sind – als „industrial citizenship" – ein Bestandteil der westlichen Demokratie und werden es

…auf absehbare Zeit auch bleiben, trotz der wohlfeilen Endzeit-Prognosen über die Demokratie und den Kapitalismus, über das deutsche Modell, den Euro und die EU. Totgesagte leben länger …

Literaturverzeichnis

Abelshauser, Werner (1983): Wirtschaftsgeschichte der Bundesrepublik Deutschland 1945-1980. Frankfurt/M.
Abelshauser, Werner (2009): Eigennutz verpflichtet. Die Verantwortung des Unternehmers in der korporativen Marktwirtschaft. In: Geschichte und Gesellschaft 35 (3): 458-471
Abelshauser, Werner (2011): Deutsche Wirtschaftsgeschichte. Von 1945 bis zur Gegenwart. 2. Auflage. München
Altmann, Norbert/Deiß, Manfred/Döhl, Volker/Sauer, Dieter (1986): Ein „Neuer Rationalisierungstyp" – neue Anforderungen an die Industriesoziologie. In: Soziale Welt 37: 191-206
Amlinger, Marc/Bispinck, Reinhard (2016): Dezentralisierung der Tarifpolitik – Ergebnisse der WSI-Betriebsrätebefragung 2015. In: WSI-Mitteilungen 69 (3): 211-223
Antoni, Conny (2006): Gruppen- und Teamarbeit. In: Wirtschaftslexikon. Das Wissen der Betriebswirtschaftslehre. Bd. 5. Stuttgart: 2256-2264
Arbeitskreis ‚Organisation' der Schmalenbach-Gesellschaft/Deutsche Gesellschaft für Betriebswirtschaft e.V. (1996): Organisation im Umbruch. In: Zeitschrift für betriebswirtschaftliche Forschung 48: 621-665
Armingeon, Klaus (1983): Neokorporatistische Einkommenspolitik im internationalen Vergleich. In: Journal für Sozialforschung 23 (4): 441-448
Artus, Ingrid/Sterkel, Gabriele (1998): Brüchige Tarifrealität – Ergebnisse einer empirischen Studie zur Tarifgestaltungspraxis in Betrieben der ostdeutschen Metall-, Bau- und Chemieindustrie. In: WSI-Mitteilungen 51: 431-441
Artus, Ingrid/Böhm, Sabine/Lücking, Stefan/Trinczek, Rainer (Hg.) (2006): Betriebe ohne Betriebsrat. Informelle Interessenvertretung in Unternehmen. Frankfurt/M.
Baethge, Martin/Oberbeck, Herbert (1986): Zukunft der Angestellten. Frankfurt/M.
Bahnmüller, Reinhard (1996): Konsens perdu? Gruppenarbeit zwischen Euphorie und Ernüchterung. In: Bahnmüller/Salm (1996): 19-30
Bahnmüller, Reinhard (2015a): Verschlungene Pfade der Tarifpolitik. Das Forum im Spannungsfeld der Tarifdebatten vor und nach Pforzheim. In: Dieter Knauß (Hg.): Debattenkultur jenseits von Gremien. 25 Jahre Mosaik-Linke in Beutelsbach: Das Walter Kuhn Forum. Hamburg: 44-48
Bahnmüller, Reinhard (2015b): Tarifvertragliche Weiterbildungsregulierung in Deutschland. Formen, Effekte und Perspektiven für überbetriebliche Weiterbildungsfonds. In:

K. Berger/R. Jaich/B. Mohr/S. Kretschmer/D. Moraal/U. Nordhaus (Hg.): Sozialpartnerschaftliches Handel in der betrieblichen Weiterbildung. Bonn: 61-78

Bahnmüller, Reinhard/Bispinck, Reinhard/Schmidt, Werner (1993): Betriebliche Weiterbildung und Tarifvertrag. München und Mering

Bahnmüller, Reinhard/Fischbach, Stefanie (2004): Der Qualifizierungstarifvertrag für die Metall- und Elektroindustrie in Baden-Württemberg. In: WSI-Mitteilungen 57 (4): 182-189

Bahnmüller, Reinhard/Salm, Rainer (Hg.) (1996): Intelligenter, nicht härter arbeiten. Gruppenarbeit und gewerkschaftliche Gestaltungspolitik. Hamburg

Bahnmüller, Reinhard/Schmidt, Werner (2009): Riskante Modernisierung. Die Reform der Entgeltrahmenabkommen am Beispiel der Metall- und Elektroindustrie Baden-Württembergs. Berlin.

Bamberg, Ulrich/Bürger, Michael/Mahnkopf, Birgit/Martens, Helmut/Tiemann, Jörg (1987): Aber ob die Karten voll ausgereizt sind... 10 Jahre Mitbestimmungsgesetz in der Bilanz. Köln

Baumann, Helge/Maschke, Manuela (2016): Betriebsvereinbarungen 2015 – Verbreitung und Themen. In: WSI-Mitteilungen 69 (3): 223-232

BDA/BDI (2004): Mitbestimmung modernisieren. Bericht der Kommission Mitbestimmung. Berlin

Beck, Ulrich (1999): Schöne neue Arbeitswelt. Vision: Weltbürgergesellschaft. Frankfurt/M.

Beck, Ulrich (Hg.) (2000): Die Zukunft von Arbeit und Demokratie. Frankfurt/M.

Bell, Daniel (1975): Die nachindustrielle Gesellschaft. Frankfurt/M.

Bell, Daniel (1990): Die dritte technologische Revolution und ihre möglichen sozioökonomischen Konsequenzen. In: Merkur 44: 28-47

Bellmann, Lutz/Ellguth, Peter/Seifert, Hartmut (1998): Weiße Flecken in der Tarif- und Mitbestimmungslandschaft. In: Die Mitbestimmung 44 (11): 61-62

Bender, Gerd/Möll, Gerd (2009): Kontroversen um die Arbeitsbewertung. Die ERA-Umsetzung zwischen Flächentarifvertrag und betrieblichen Handlungskonstellationen. Berlin.

Berggren, Christian (1991): Vorn Ford zu Volvo. Automobilherstellung in Schweden. Berlin

Bewernitz, Torsten/Dribbusch, Heiner (2014): „Kein Tag ohne Streik": Arbeitskampfentwicklung im Dienstleistungssektor. In: WSI-Mitteilungen 67 (5): 393-401

BfA (= Bundesagentur für Arbeit) 2016: Der Arbeitsmarkt in Deutschland – Zeitarbeit – Aktuelle Entwicklungen. Nürnberg, Januar 2016

Biebeler, Hendrik/Lesch, Hagen (2015): Organisationsdefizite der deutschen Gewerkschaften. In: Wirtschaftsdienst. Zeitschrift für Wirtschaftspolitik 95 (10): 710-715

Bispinck, Reinhard (2004): Kontrollierte Dezentralisierung der Tarifpolitik – Eine schwierige Balance. In: WSI-Mitteilungen 57 (5): 237-245

Bispinck, Reinhard (2005): Betriebsräte, Arbeitsbedingungen und Tarifpolitik. In: WSI-Mitteilungen 58 (6): 301-307

Bispinck, Reinhard/Schulten, Thorsten (1999): Flächentarifvertrag und betriebliche Interessenvertretung. In: Müller-Jentsch 1999: 185-212

Boes, Andreas/Baukrowitz, Andrea 2002: Arbeitsbeziehungen in der IT-Industrie. Erosion oder Innovation der Mitbestimmung. Berlin

Bosch, Aida (1997): Vom Interessenkonflikt zur Kultur der Rationalität. Neue Verhandlungsbeziehungen zwischen Management und Betriebsrat. München und Mering

Bosch, Aida/Ellguth, Peter/Schmidt, Rudi/Trinczek, Rainer (1999): Betriebliches Interessenhandeln. Bd. 1. Opladen
Bosch, Gerhard (Hg.) (1998): Zukunft der Erwerbsarbeit. Strategien für Arbeit und Umwelt. Frankfurt/M.
Bosch, Gerhard (2010): In Qualifizierung investieren – ein Weiterbildungsfonds für Deutschland. Bonn
Boxall, Peter/Purcell, John/Wright, Patrick (Hg.) (2007): The Oxford Handbook of Human Resource Management. Oxford
Boxall, Peter/Purcell, John/Wright, Patrick (2007): Human Resource Management: Scope, Analysis and Significance. In: Peter Boxall/John Purcell/Patrick Wright, Patrick (Hg.) (2007): The Oxford Handbook of Human Resource Management. Oxford: 1-16
Braczyk, Hans-Joachim (1997): Organisation in industriesoziologischer Perspektive. In: Günter Ortmann/Jörg Sydow/Klaus Türk (Hg.): Theorien der Organisation. Opladen: 530-575
Brandl, Sebastian/Wagner, Hilde (Hg.) (2011): Ein „Meilenstein der Tarifpolitik" wird besichtigt. Die Entgeltrahmentarifverträge in der Metall- und Elektroindustrie: Erfahrungen – Resultate – Auseinandersetzungen. Berlin
Brandt, Gerhardt/Jacobi, Otto/Müller-Jentsch, Walther (1982): Anpassung an die Krise: Gewerkschaften in den siebziger Jahren. Frankfurt/M.
Braudel, Fernand (1986): Sozialgeschichte des 15.-18. Jahrhunderts. 3 Bde. Bd. 2: Der Handel. München
Brentano, Lujo (1890): Arbeitseinstellungen und Fortbildung des Arbeitsvertrags. Leipzig
Briefs, Goetz (1926): Das gewerbliche Proletariat. In: Grundriß der Sozialökonomik. Das soziale System des Kapitalismus. 1. Teil. Tübingen
Briefs, Goetz (1927): Gewerkschaftswesen und Gewerkschaftspolitik. In: Handwörterbuch der Staatswissenschaften. Bd. IV. 4. Aufl.
Brinkmann, Ulrich/Dörre, Klaus 2006: Die neue Unternehmenskultur – Zum Leitbild des „Intrapreneurs" und seinen Implikationen. In: Ulrich Brinkmann/Karoline Krenn/Sebastian Schief (Hg.): Endspiel des kooperativen Kapitalismus? Institutioneller Wandel unter den Bedingungen des marktzentrierten Paradigmas. Wiesbaden: 136-168
Brinkmann, Ulrich/Dörre, Klaus/Röbenack, Silke (2006): Prekäre Arbeit. Ursachen, Ausmaß, soziale Folgen und subjektive Verarbeitungsfolgen unsicherer Beschäftigungsverhältnisse. Bonn
Bullinger, Hans-Jörg/Warnecke, Hans-Jürgen (1996): Neue Organisationsformen im Unternehmen. Ein Handbuch für das moderne Management. Berlin
Bungard, Walter/Antoni, Conny H. (1993): Gruppenorientierte Interventionstechniken. In: Heinz Schuler (Hg.): Lehrbuch Organisationspsychologie. Bern
Buss, Klaus-Peter/Wittke, Volker (2001): Wissen als Ware. In: Gerd Bender (Hg.). Neue Formen der Wissenserzeugung. Frankfurt/M.: 123-146
Coombs, Rod (1985:) Automation, Management Strategies, and Labour-Process Change. In: David Knights/Hugh Willmott/David Collinson (Hg.): Job Redesign: Critical Perspectives on the Labour Process. Aldershot: 141-170
Czada, Roland (1994): Konjunkturen des Korporatismus. Zur Geschichte eines Paradigmenwechsels in der Verbändeforschung. In: Streeck 1994: 37-64
Dahrendorf, Ralf (1972): Sozialstruktur des Betriebes. Wiesbaden
Dahrendorf, Ralf (1980): Im Entschwinden der Arbeitsgesellschaft. In: Merkur 24: 749-760

Däubler, Wolfgang (1995): Das Arbeitsrecht 1. 14. Aufl. Reinbek bei Hamburg

D'Alessio, Nestor/Oberbeck, Herbert/Seitz, Dieter (2000): „Rationalisierung in Eigenregie". Ansatzpunkte für den Bruch mit dem Taylorismus bei VW. Hamburg

De Spiegelaere, Dan/Jagodzinski, Romuald (2015): European Works Councils and SE works councils in 2015. Facts & Figures. Brussels: ETUI

Deutsche Bundesbank Eurosystem: Das Banken- und Finanzsystem / Die Finanz-, Wirtschafts- und Staatsschuldenkrise: Ein kurzer Überblick. https://www.bundesbank.de/ Redaktion/DE/Dossier/Service/schule_und_bildung_kapitel_4.html?notFirst=true&docId=147560 – Aufgerufen am 21.01.2016:

Deutschmann, Christoph/Faust, Michael/Jauch, Peter/Notz, Petra (1995): Veränderungen der Rolle des Managements im Prozess reflexiver Modernisierung. In: Zeitschrift für Soziologie 24: 436-450

Dombois, Rainer (1982): Die betriebliche Normenstruktur. Fallanalysen zur arbeitsrechtlichen und sozialwissenschaftlichen Bedeutung informeller Normen im Industriebetrieb. In: Knuth Dohse/Ulrich Jürgens/Harald Russig (Hg.): Statussicherung im Industriebetrieb. Alternative Regelungsansätze im internationalen Vergleich. Frankfurt/M.: 173-204

Dubiel, Helmut (1985): Was ist Neokonservatismus? Frankfurt/M.

Eberwein, Wilhelm/Tholen, Jochen (1990): Managermentalität. Industrielle Unternehmensleitung als Beruf und Politik. Frankfurt/M.

Eggebrecht, Arne/Flemming, Jens/Meyer, Gert/Müller, Achatz v./Oppolzer, Alfred/Paulinyi, Akos/Schneider, Helmut (1980): Geschichte der Arbeit. Köln

Ellguth, Peter (2005): Betriebe ohne Betriebsrat – welche Rolle spielen betriebsspezifische Formen der Mitarbeitervertretung? In: Industrielle Beziehungen 12 (2): 149-176

Ellguth, Peter (2006): Betriebe ohne Betriebsrat – Verbreitung, Entwicklung und Charakteristika – unter Berücksichtigung betriebsspezifischer Formen der Mitarbeitervertretung. In: Artus u.a. 2006: 43-80

Ellguth, Peter/Kohaut, Susanne (2014): Öffnungsklauseln – Instrument zur Krisenbewältigung oder Steigerung der Wettbewerbsfähigkeit? In: WSI-Mitteilungen 67 (6): 439-449

Ellguth, Peter/Kohaut, Susanne (2015): Tarifbindung und betriebliche Interessenvertretung: Ergebnisse aus dem IAB-Betriebspanel. In: WSI-Mitteilungen 68 (4): 290-297

Ellguth, Peter/Trinczek, Rainer 2016: Erosion der betrieblichen Mitbestimmung: Welche Rolle spielt der Strukturwandel? In: WSI-Mitteilungen 69 (3): 172-183

Engelhardt, Ulrich (1977): „Nur vereinigt sind wir stark". Die Anfänge der deutschen Gewerkschaftsbewegung 1862/63 bis 1869/70. 2 Bde. Stuttgart

Ettl, Wilfried/Heikenroth, André (1996): Strukturwandel, Verbandsabstinenz, Tarifflucht: Zur Lage der Unternehmen und Arbeitgeberverbände im ostdeutschen verarbeitenden Gewerbe. In: Industrielle Beziehungen 3 (2): 134-153

Europäische Kommission (2010): Der sektorale soziale Dialog in Europa. Aktuelle Entwicklungen. Ausgabe 2010. Brüssel

Europäische Kommission (2015): Industrial Relations in Europe 2014. Brüssel

Faust, Michael/Bahnmüller, Reinhard/Fisecker, Christiane (2011): Das kapitalmarktorientierte Unternehmen. Berlin

Fecht, Markus/Unbehend, Mark (2003): Gruppenarbeit in Produktionsbetrieben. Marburg

Fischer, Stephan (1998): Human Resource Management und Arbeitsbeziehungen im Betrieb. München und Mering

Franzpötter, Reiner (2000): Der „unternehmerische" Angestellte. Ein neuer Typus der Führungskraft in entgrenzten Interorganisationsbeziehungen. In: Heiner Minssen (Hg.): Begrenzte Entgrenzungen. Wandlungen von Organisation und Arbeit. Berlin: 163-176

Fürstenberg, Friedrich (1958): Der Betriebsrat – Strukturanalyse einer Grenzinstitution. In: Kölner Zeitschrift für Soziologie und Sozialpsychologie 10: 418-429. Wieder abgedruckt in: ders. (1964): Grundfragen der Betriebssoziologie. Köln und Opladen

Gerlach, Frank (2012): Innovation und Mitbestimmung. Empirische Untersuchungen und Literaturstudien. Düsseldorf (Hans-Böckler-Stiftung)

Giersch, Helmut (1986): Gegen Europessimismus. Stuttgart

Gorz, André (2000): Arbeit zwischen Misere und Utopie. Frankfurt/M.

Greifenstein, Ralf/Kißler, Leo/Lange, Hendrik (2014): Trendreport Betriebsrätewahlen 2014. Zwischenbericht. Marburg, August 2014

Gross, Peter (1992): Ein Betrieb ist kein Aquarium! Innere Kündigung als gesellschaftliches Problem. In: Martin Hilb (Hg.): Innere Kündigung. Ursachen und Lösungsansätze. Zürich: 87-97

Hall, Peter A./Soskice, David (2001): Varieties of Capitalism. The Institutional Foundations of Comparative Advantages. Oxford

Hauser-Ditz, Axel/Hertwig, Markus/Pries, Ludger (2008): Betriebliche Interessenregulierung in Deutschland. Arbeitnehmervertretung zwischen demokratischer Teilhabe und ökonomischer Effizienz. Frankfurt/M.

Heidenreich, Martin (2003): Die Debatte um die Wissensgesellschaft. In: Stefan Böschen/Ingo Schulz-Schaeffer (Hg.): Wissenschaft in der Wissensgesellschaft. Opladen

Hertwig, Markus/Kirsch, Johannes/Wirth, Carsten 2015: Onsite-Werkverträge: Verbreitung und Praktiken im Verarbeitenden Gewerbe. In: WSI-Mitteilungen 68 (6): 457-466

Hillmann, Günter (1970): Die Befreiung der Arbeit. Reinbek bei Hamburg

Hirsch-Kreinsen, Hartmut (2015): Einleitung: Digitalisierung industrieller Arbeit. In: Hartmut Hirsch-Kreinsen/Peter Ittermann/Jonathan Niehaus (Hg.): Digitalisierung industrieller Arbeit. Die Vision Industrie 4.0 und ihre sozialen Herausforderungen. Baden-Baden: 9-30

Hobsbawm, Eric (1964): Labouring Men. London

Höpner, Martin 2003: Wer beherrscht die Unternehmen? Shareholder Value, Managementherrschaft und Mitbestimmung in Deutschland. Frankfurt/M.

Hoffmann, Jürgen (2006): Arbeitsbeziehungen im Rheinischen Kapitalismus. Zwischen Modernisierung und Globalisierung. Münster

Huber, Bertold (2006): „ERA – Wir setzen es um". In: Christian Brunkhorst/Oliver Burkhard/Manfred Scherbaum (Hg.): Eine neue AERA. Tarifverträge für die Zukunft. Hamburg: 9-17

IAB (= Institut für Arbeitsmarkt- und Berufsforschung) (2016): Stellenangebot und Meldequote Deutschland [http://www.iab.de/de/informationsservice/presse/presseinformationen/os1401.aspx] Aufgerufen am 22.1.2016

IG Metall (2014): Beteiligungsorientierte Erfahrungen mit zehn Jahren Pforzheimer Abkommen. Mitbestimmungs- und Beteiligungskongress der IG Metall (FORUM 3.A.). Mannheim 6.11.2014

Imle, Fanny (1907): Die Tarifverträge zwischen Arbeitgebern und Arbeitnehmern in Deutschland. Jena

Ittermann, Peter/Niehaus, Jonathan (2015): Industrie 4.0 und Wandel von Industriearbeit. In: Hartmut Hirsch-Kreinsen/Peter Ittermann/Jonathan Niehaus (Hg.): Digitalisierung industrieller Arbeit. Die Vision Industrie 4.0 und ihre sozialen Herausforderungen. Baden-Baden: 33-51
iw (= Institut der deutschen Wirtschaft) (2006): Deutschland in Zahlen 2006. Köln
iw (2015): Deutschland in Zahlen 2015. Köln
Jäger, Wieland (1999): Reorganisation der Arbeit. Ein Überblick zu aktuellen Entwicklungen. Opladen/Wiesbaden
Jürgens, Ulrich (1984): Die Entwicklung von Macht, Herrschaft und Kontrolle im Betrieb als politischer Prozess – Eine Problemskizze zur Arbeitspolitik. In: Ulrich Jürgens/Frieder Naschold (Hg.): Arbeitspolitik. Leviathan, Sonderheft 5/1984: 58-91
Jürgens, Ulrich/Malsch, Thomas/Dohse, Knut (1989): Moderne Zeiten in der Automobilindustrie. Strategien der Produktionsmodernisierung im Länder- und Konzernvergleich. Berlin
Kädtler, Jürgen (2006): Sozialpartnerschaft im Umbruch. Industrielle Beziehungen unter den Bedingungen von Globalisierung und Finanzmarktkapitalismus. Frankfurt/M.
Kärcher, Bernd (2014): Alternative Wege in die Industrie 4.0 – Möglichkeiten und Grenzen. In: Bundesministerium für Wirtschaft und Energie (Hg.): Zukunft der Arbeit in Industrie 4.0. Berlin: 19-25
Keller, Berndt (1985): Schlichtung als autonomes Regelungsverfahren der Tarifvertragsparteien. In: Günter Endruweit/Eduard Gaugler/Wolfgang H. Staehle/Bernhard Wilpert (Hg.): Handbuch der Arbeitsbeziehungen. Berlin: 119-130
Keller, Berndt (1997): Einführung in die Arbeitspolitik. 5. Aufl. München
Keller, Berndt (1996): Sozialdialoge als Instrument europäischer Arbeits-und Sozialpolitik. In: Industrielle Beziehungen 3 (2): 207-228
Keller, Berndt (2006): Sektorale Sozialdialoge in der Europäischen Union – Zur aktuellen Situation und zukünftigen Entwicklung. In: Industrielle Beziehungen 13 (2): 150-175
Keller, Berndt (2015): Kooperation oder Konflikt? Berufsgewerkschaften im deutschen System der Arbeitsbeziehungen. Bonn
Keller, Berndt/Seifert, Hartmut (2006): Atypische Beschäftigungsverhältnisse: Flexibilität, soziale Sicherheit und Prekarität. In: WSI-Mitteilungen 59 (5): 235-240
Kern, Horst/Schumann, Michael (1984): Das Ende der Arbeitsteilung? München
Kern, Horst/Schumann, Michael (1998): Kontinuität oder Pfadwechsel. Das deutsche Produktionsmodell am Scheideweg. In: SOFI-Mitteilungen Nr. 26: 7-14
Kessler, Gerhard (1907): Die deutschen Arbeitgeberverbände. Leipzig
Kißler, Leo/Bogumil, Jörg/Greifenstein, Ralph/Wiechmann, Elke (1997): Moderne Zeiten im Rathaus? Reform der Kommunalverwaltungen auf dem Prüfstand der Praxis. Berlin
Kleinschmidt, Matthias/Pekruhl, Ulrich (1994): Kooperation, Partizipation und Autonomie: Gruppenarbeit in deutschen Betrieben. In: Arbeit 3: 150-172
Kluge, Norbert (2006): Mitbestimmung gewinnt Konturen. Die Europäische Aktiengesellschaft (SE) im Überblick. In: Die Mitbestimmung 52 (5): 40-43
Kocyba, Hermann (2004): Wissen. In: Ulrich Bröckling/Susanne Krasmann/ Thomas Lemke (Hg.): Glossar der Gegenwart. Frankfurt/M.: 300-306
Kohaut, Susanne/Schnabel, Claus (1999): Tarifbindung im Wandel. In: Institut der deutschen Wirtschaft (Hg.): iw-trends 26: 63-80

Kohaut, Susanne/Schnabel, Claus (2006): Tarifliche Öffnungsklauseln: Verbreitung, Inanspruchnahme und Bedeutung. Diskussionspapier Nr. 41 des Lehrstuhls für VWL, insbes. Arbeitsmarkt und Regionalpolitik. Nürnberg

Konietzka, Dirk/Sopp, Peter (2006): Arbeitsmarktstrukturen und Exklusionsprozesse. In: Heinz Bude/Andreas Willisch (Hg.) (2006): Das Problem der Exklusion. Ausgegrenzte, Entbehrliche, Überflüssige. Hamburg

Konrad, Wilfried/Schumm, Wilhelm (Hg.) (1999): Wissen und Arbeit. Neue Konturen von Arbeit. Münster

Kotthoff, Hermann (1981): Betriebsräte und betriebliche Herrschaft. Frankfurt/M.

Kotthoff, Hermann (1994): Betriebsräte und Bürgerstatus. München und Mering

Kotthoff, Hermann (1998): Mitbestimmung in Zeiten interessenpolitischer Rückschritte. Betriebsräte zwischen Beteiligungsofferten und „gnadenlosem Kostensenkungsdiktat". In: Industrielle Beziehungen 5 (1): 76-100

Kotthoff, Hermann (2006): Lehrjahres des Europäischen Betriebsrats. Zehn Jahre transnationale Arbeitnehmervertretung. Berlin

Krelle, Wilhelm/Schunck, Jürgen/Siebke, Jürgen (1968): Überbetriebliche Ertragsbeteiligung der Arbeitnehmer. 2 Bde. Tübingen

Kriegesmann, Bernd/Kley, Thomas (2012): Mitbestimmung als Innovationstreiber. Bestandsaufnahme, Konzepte und Handlungsperspektiven für Betriebsräte. Berlin

Kuhlmann, Martin/Sperling, Hans Joachim (2009): Der Niedersachsen-Weg – Tarifregelungen, Einführungsprozesse und Wirkungen des ERA. In: WSI-Mitteilungen 62 (3): 127-135

Kurz, Constanze (2015): Die nächste industrielle Revolution? Ein Gespräch mit Constanze Kurz (IG Metall) über Industrie 4.0. In: Mittelweg 36 24 (6): 85-98

Langer, Axel (1994): Arbeitgeberverbandsaustritte – Motive, Abläufe und Konsequenzen. In: Industrielle Beziehungen 1 (2): 132-154

Lecher, Wolfgang (1996): Europäische Betriebsräte – die vierte Ebene betrieblicher Interessenvertretung. In: WSI-Mitteilungen 49: 469 (Editorial)

Lecher, Wolfgang/Nagel, Bernhard/Platzer, Hans-Wolfgang (1998): Die Konstituierung Europäischer Betriebsräte – Vom Informationsforum zum Akteur? Baden-Baden

Lecher, Wolfgang/Platzer, Hans-Wolfgang/Rüb, Stefan/Weiner, Klaus-Peter (1999): Europäische Betriebsräte – Perspektiven ihrer Entwicklung und Vernetzung. Baden-Baden

Lederer, Emil/Marschak, Jakob (1927): Die Klassen auf dem Arbeitsmarkt und ihre Organisationen. In: Grundriß der Sozialökonomik IX. Abteilung, II. Teil. Tübingen

Lee, Horan (2014): Kapital – Weiterbildung – Arbeit. Der Tarifvertrag zur Qualifizierung in der chemischen Industrie als Beispiel der arbeitspolitischen Regulierung von Weiterbildung. Berlin

Leibfried, Stephan/Pierson, Paul (1998): Standort Europa. Sozialpolitik zwischen Nationalstaat und Europäischer Integration. Frankfurt/M.

Leminsky, Gerhardt (1996): Mitbestimmen – Wie wir in Zukunft arbeiten und leben durch Mitgestaltung und Management des Wandels. Düsseldorf

Lenz, Katrin/Voß, Anja (2009): Analyse und Praxiserfahrung zum Qualifizierungstarifvertrag der Metall- und Elektroindustrie NRW. Düsseldorf

Lesch, Hagen (2015): Spartengewerkschaften, Statuskonflikte und Gemeinwohl: Gesetzlicher Ordnungsrahmen statt Laissez-faire. In: Zeitschrift für Wirtschaftspolitik 64 (1): 111-134

Marx, Karl (1962/zuerst 1867): Das Kapital. Kritik der politischen Ökonomie. Erster Band. Berlin

Marginson, Paul (1999): EWC Agreements Under Review: Arrangements in Companies Based in Four Countries Compared. In: Transfer 5: 256-277

Marginson, Paul/Sisson, Keith (1996): European Works Councils – Opening the Door to European Bargaining? In: Industrielle Beziehungen 3 (3): 229-236

Marshall, Thomas H. (1992): Staatsbürgerrechte und soziale Klassen. In: ders.: Bürgerrechte und soziale Klassen. Frankfurt/M.: 33-94

Massa-Wirth, Heiko/Seifert, Hartmut (2004): Betriebliche Bündnisse für Arbeit nur mit begrenzter Reichweite? In: WSI-Mitteilungen 57 (5): 246-254

Mason, Tim (1977): Sozialpolitik im Dritten Reich. Opladen

Meine, Hartmut/Reusch, Thilo (2009): Integrations-Tarifvertrag Auto 5000. In: WSI-Mitteilungen 62 (3): 165-167

Metcalf, David (2007): Why Has the British National Minimum Wage Had Little or No Impact on Employment? London School of Economics: CEP (Centre for Economic Performance) Discussion Paper No. 781 (http://cep.lse.ac.uk/pubs/download/dp0781.pdf)

Michel, Ernst (1948): Sozialgeschichte der industriellen Arbeitswelt. Frankfurt/M.

Mickler, Otfried/Engelhard, Norbert/Lungwitz, Ralph/Walker, Bettina (1996): Nach der Trabi-Ära. Arbeiten in schlanken Fabriken. Berlin

Minssen, Heiner (1999): Direkte Partizipation contra Mitbestimmung? Herausforderung durch diskursive Koordinierung. In: Walther Müller-Jentsch (Hg.) 1999: Konfliktpartnerschaft. Akteure und Institutionen der industriellen Beziehungen. 3. Aufl. München und Mering: 129-156

Minssen, Heiner/Riese, Christian (2007): Professionalität der Interessenvertretung. Arbeitsbedingungen und Organisationspraxis von Betriebsräten. Berlin

Mückenberger, Ulrich (1985): Die Krise des Normalarbeitsverhältnisses. Hat das Arbeitsrecht noch Zukunft? In: Zeitschrift für Sozialreform 31: 415-434; 457-475

Müller, Hans-Peter/Wilke, Manfred 2003: Gewerkschaftsfusionen: Der Weg zu modernen Multibranchengewerkschaften. In: Schroeder/Weßels 2003: 122-143

Müller, Torsten/Platzer, Hans-Wolfgang (2003): European Works Councils. In: Berndt Keller/Hans-Wolfgang Platzer (Hg.): Industrial Relations and European Integration. Trans- and Supranational Developments and Prospects. Aldershot

Müller-Armack, Alfred (1956): Soziale Marktwirtschaft. In: Handwörterbuch der Sozialwissenschaften. Bd. 9. Stuttgart: 243-249

Müller-Jentsch, Walther (1994): Über Produktivkräfte und Bürgerrechte. In: Niels Beckenbach/Werner van Treeck (Hg.): Umbrüche gesellschaftlicher Arbeit. Soziale Welt. Sonderband 9: 643-661

Müller-Jentsch, Walther (1995): From Collective Voice to Co-management. In: Joel Rogers/Wolfgang Streeck (Hg.): Works Councils. Consultation, Representation, and Cooperation in Industrial Relations. Chicago: 53-78

Müller-Jentsch, Walther (1997): Soziologie der industriellen Beziehungen. 2. Aufl. Frankfurt/M.

Müller-Jentsch, Walther (1999): Vorwort des Herausgebers zur 3. Auflage. In: ders. (Hg): Konfliktpartnerschaft. Akteure und Institutionen der industriellen Beziehungen. 3. Aufl. München und Mering: 7-11

Müller-Jentsch, Walther (2003): Organisationssoziologie. Frankfurt/M.

Müller-Jentsch, Walther (2006): Diesseits und jenseits des dualen Systems. In: Artus u.a. 2006: 417-424

Müller-Jentsch, Walther (2007): Arbeitgeberverbände und Arbeitgeberpolitik in der Chemischen Industrie. In: Klaus Tenfelde/Karl-Otto Czikowsky/Jürgen Mittag/Stefan Moitra/Rolf Nietzard (Hg.): „Stimmt die Chemie?" Mitbestimmung und Sozialpolitik im Bayer-Konzern. Essen: 283-303

Müller-Jentsch, Walther (2008): Versuch über die Betriebsverfassung – Mitbestimmung als interaktiver Lernprozess. In: ders.: Arbeit und Bürgerstatus. Studien zur sozialen und industriellen Demokratie. München und Mering: 159-172

Müller-Jentsch, Walther (2013): Gewerkschaften und Korporatismus. Vom Klassenkampf zur Konfliktpartnerschaft. In: Karl Christian Führer/Jürgen Mittag/Axel Schildt/Klaus Tenfelde (Hg.): Revolution und Arbeiterbewegung in Deutschland 1918-1920. Essen: 81-96

Müller-Jentsch, Walther/Ittermann, Peter (2000): Industrielle Beziehungen, Daten, Zeitreihen 1950-1999. Frankfurt/M.

Müller-Jentsch, Walther/Seitz, Beate (1998): Betriebsräte gewinnen Konturen. Ergebnisse einer Betriebsräte-Befragung im Maschinenbau. In: Industrielle Beziehungen 5 (4): 363-387

Neumann, Franz L. (1978): Wirtschaft, Staat, Demokratie. Aufsätze 1930-1954. Frankfurt/M.

Niedenhoff, Horst-Udo (1994): Die Kosten der Anwendung des Betriebsverfassungsgesetzes. Köln

Niedenhoff, Horst-Udo (2002): Mitbestimmung in der Bundesrepublik Deutschland. Köln

Niedenhoff, Horst-Udo (2007): Betriebsratswahlen. Eine Analyse der Betriebsratswahlen von 1975 bis 2006. IW-Analysen Nr. 24. Köln

Olson, Mancur 1992: Die Logik des kollektiven Handelns. 3. Aufl. Tübingen

Pizzorno, Alessandro (1978): Political Exchange and Collective Identity in Industrial Conflict. In: Colin Crouch/Alessandro Pizzorno (Hg.): The Resurgence of Class Conflict in Western Europe. Vol. 2. London

Pfarr, Heide M. (2002): Frauenerwerbstätigkeit im europäischen Vergleich. In: Aus Politik und Zeitgeschichte (Beilage zur Wochenzeitung „Das Parlament") B 46-47: 32-35

Pfeiffer, Sabine (2014): Innovation und Mitbestimmung (Sammelbesprechung). In: Industrielle Beziehungen 21 (4): 390-405

Platzer, Hans-Wolfgang/Rüb, Stefan (1999): Europäische Betriebsräte: Genese, Formen und Dynamiken ihrer Entwicklung – Eine Typologie. In: Industrielle Beziehungen 6 (4): 393-426

Plumpe, Werner 2005: Das Ende des deutschen Kapitalismus. In: Westend 2 (2): 3-26

Pochet, Philippe (2005): Sectoral Social Dialogue? A Quantitative Analysis. In : Transfer 11 (3) : 313-332

Polanyi, Karl (1979): Ökonomie und Gesellschaft. Frankfurt/M.

Prott, Jürgen (2013): Zukunft für Betriebsräte – Perspektiven gewerkschaftlicher Betriebspolitik. Münster

Prott, Jürgen (2015): Nachhaltig im Ehrenamt. Gewerkschaftliche Vertrauensleute in der Bewährung. München und Mering

Rall, Wilhelm (1975): Zur Wirksamkeit der Einkommenspolitik. Tübingen

Rehder, Britta (2003): Betriebliche Bündnisse für Arbeit in Deutschland, Mitbestimmung und Flächentarif im Wandel. Frankfurt/M.
Rehder, Britta (2006): Legitimitätsdefizite des Co-Managements. In: Zeitschrift für Soziologie 35 (3): 227-242
Rifkin, Jeremy (1995): Das Ende der Arbeit und ihre Zukunft. Frankfurt/M.
Ritter, Gerhard A./Tenfelde, Klaus (1975): Der Durchbruch der Freien Gewerkschaften Deutschlands zur Massenbewegung im letzten Viertel des 19. Jahrhunderts. In: Heinz Oskar Vetter (Hg.): Vom Sozialistengesetz zur Mitbestimmung. Zum 100. Geburtstag von Hans Böckler. Köln: 61-120
Röbenack, Silke (1996): Betriebe und Belegschaftsvertretungen. In: Joachim Bergmann/ Rudi Schmidt (Hg.): Industrielle Beziehungen. Institutionalisierung und Praxis unter Krisenbedingungen. Opladen: 161-212
Rosdücher, Jörg (1997): Arbeitsplatzsicherheit durch Tarifvertrag. München und Mering
Rosdücher, Jörg/Stehle, Oliver (1996): Concession Bargaining in den USA und beschäftigungssichernde Tarifpolitik in Deutschland. In: Industrielle Beziehungen 3 (4): 307-331
Rudolph, Wolfgang/Wassermann, Wolfram (1996): Betriebsräte im Wandel. Münster
Rüb, Stefan/Platzer, Hans-Wolfgang/Müller, Torsten (2013): Europäische Vereinbarungspolitik auf Unternehmensebene. Entwicklungsdynamiken und Prozessmuster im Metallsektor. In: Industrielle Beziehungen 20 (3): 221-244
Sauer, Dieter/Döhl, Volker (1997): Die Auflösung des Unternehmens? – Entwicklungstendenzen der Unternehmensreorganisation in den 90er Jahren. In: Jahrbuch sozialwissenschaftliche Technikberichterstattung 1996. Berlin: 19-76
Schäfer, Claus (2005): Die WSI-Befragung von Betriebs- und Personalräten 2004/2005 – Ein Überblick. In: WSI-Mitteilungen 58 (6): 291-300
Scharpf, Fritz (2008): Der einzige Weg ist, dem EuGH nicht zu folgen. Interview mit Fritz Scharpf. In. Die Mitbestimmung 54 (7/8): 19
Schlecht, Otto (1968): Konzertierte Aktion als Instrument der Wirtschaftspolitik. Tübingen
Schlecht, Otto (1998): Leitbild oder Alibi? Zur Rolle der Konzeption der Sozialen Marktwirtschaft in der praktischen Wirtschaftspolitik. In: Dieter Cassel (Hg.): 50 Jahre soziale Marktwirtschaft. Stuttgart: 35-48
Schmidt, Rudi (1998): Mitbestimmung in Ostdeutschland. Expertise für das Projekt „Mitbestimmung und neue Unternehmenskulturen" der Bertelsmann Stiftung und der Hans-Böckler-Stiftung. Gütersloh (Bertelsmann Stiftung)
Schmierl, Klaus (2006): Neue Muster der Interessendurchsetzung in der Wissens- und Dienstleistungsökonomie – Elemente einer Hybridisierung industrieller Beziehungen. In: Artus u.a. 2006: 171-194
Schnabel, Claus/Wagner, Joachim (1996): Ausmaß und Bestimmungsgründe der Mitgliedschaft in Arbeitgeberverbänden. In: Industrielle Beziehungen 3 (4): 293-306
Schneider, Michael (1999): Unterm Hakenkreuz. Arbeiter und Arbeiterbewegung 1933 bis 1939. Bonn
Schroeder, Wolfgang/Ruppert, Burkhart (1996): Austritte aus Arbeitgeberverbänden: Eine Gefahr für das deutsche Modell? Marburg
Schroeder, Wolfgang/Weßels, Berndt (Hg.) (2003): Die Gewerkschaften in Politik und Gesellschaft der Bundesrepublik Deutschland. Ein Handbuch. Wiesbaden
Schulten, Thorsten (2004): Solidarische Lohnpolitik. Zur Politischen Ökonomie der Gewerkschaften. Hamburg

Schulten, Thorsten/Bispinck, Reinhard (Hg.) (1999): Tarifpolitik unter dem Euro. Hamburg

Schumann, Michael (1998): Frißt die Shareholder Value-Ökonomie die Modernisierung der Arbeit. In: Hartmut Hirsch-Kreinsen/Harald Wolf (Hg.): Arbeit, Gesellschaft, Kritik. Orientierungen wider den Zeitgeist. Berlin: 19-30

Schumann, Michael/Baethge-Kinsky, Volker/Kuhlmann, Martin/ Kurz, Constanze/Neumann, Uwe (1994): Trendreport Rationalisierung. Automobilindustrie – Werkzeugmaschinenbau – Chemische Industrie. Berlin

Schumann, Michael/Kuhlmann, Martin/Sanders, Frauke/Sperling, Hans Joachim (Hg.) (2006): Auto 5000: ein neues Produktionskonzept. Die deutsche Antwort auf den Toyota-Weg? Hamburg

Schwarz-Kocher, Martin/Kirner, Eva/Dispan, Jürgen/Jäger, Angela/Richter, Ursula/Seibold, Bettina/Weißfloch, Ute (2011): Interessenvertretungen im Innovationsprozess. Der Einfluß von Mitbestimmung und Beschäftigtenbeteiligung auf betriebliche Innovationen. Berlin

Seifert, Hartmut (1999): Betriebliche Vereinbarungen zur Beschäftigungssicherung. In: WSI-Mitteilungen 52 (3): 156-164

Seifert, Hartmut (2005): Was bringen die Hartz-Gesetze? In: Aus Politik und Zeitgeschichte 16/2005

Seifert, Hartmut (2006): Was hat die Flexibilisierung des Arbeitsmarktes gebracht? In: WSI-Mitteilungen 59 (11): 601-608

Seifert, Hartmut (2015): Anforderungen an eine innovative Arbeitszeitpolitik. In: Reiner Hoffmann/Claudia Bogedan (Hg.): Arbeit der Zukunft. Möglichkeiten nutzen – Grenzen setzen. Frankfurt/M.: 311-333

Seitz, Beate (1997): Tarifierung von Weiterbildung. Eine Problemanalyse in der deutschen Metallindustrie. Opladen

Sennet, Richard (1999): Der flexible Mensch. Die Kultur des neuen Kapitalismus. Berlin

Siebenhüter, Sandra 2014: Der Betrieb als Projekthaus – Wie Werkverträge die Arbeitswelt verändern. In: WSI-Mitteilungen 67 (4): 306-310

Sperling, Hans Joachim (1999): Verwaltungsmodernisierung und Partizipation. Konzepte und Erfahrungen der Kommunalverwaltungen. Trend-Report Partizipation und Organisation III. Marburg

Springer, Roland (1999): Rückkehr zum Taylorismus? Frankfurt/M.

St. Jb. = Statistisches Jahrbuch für die Bundesrepublik Deutschland

Stiglitz, Joseph (2002): Die Schatten der Globalisierung. München

Stiglitz, Joseph (2004): Die Roaring Nineties. München

Stiglitz, Joseph (2006): Die Chancen der Globalisierung. München

Streeck, Wolfgang (1979): Gewerkschaftsorganisation und Industrielle Beziehungen. In: Joachim Matthes (Hg.): Sozialer Wandel in Westeuropa. Verhandlungen des 19. Deutschen Soziologentages in Berlin 1979. Frankfurt/M.: 206-226

Streeck, Wolfgang (1992): Social Institutions and Economic Performance: Studies of Industrial Relations in Advanced Capitalist Economies. London

Streeck, Wolfgang (Hg.) (1994): Staat und Verbände. Politische Vierteljahresschrift, Sonderheft 25/1994. Opladen

Streeck, Wolfgang (1998): Gewerkschaften zwischen Nationalstaat und Europäischer Union. In: WSI-Mitteilungen 51: 1-14

Streeck, Wolfgang/Höpner, Martin (Hg.) (2003): Alle Macht dem Markt? Fallstudien zur Abwicklung der Deutschland AG. Frankfurt/M.

Streeck, Wolfgang/Vitols, Sigurt (1995): The European Community: Between Mandatory Consultation and Neoliberalism. In: Joel Rogers/Wolfgang Streeck (Hg.): Works Councils: Consultation, Representation, and Cooperation in Industrial Relations. Chicago: 243-281

Sydow, Jörg/Wirth, Carsten (1999): Von der Unternehmung zum Unternehmensnetzwerk – Interessenvertretungsfreie Zonen statt Mitbestimmung? In: Walther Müller-Jentsch (Hg.): Konfliktpartnerschaft. Akteure und Institutionen der industriellen Beziehungen. 3. Aufl. München und Mering: 157-184

Teuteberg, Hans-Jürgen (1961): Geschichte der industriellen Mitbestimmung in Deutschland. Tübingen

Traxler, Franz (2004): Employer Associations, Institutions and Economic Change: A Crossnational Comparison. In: Industrielle Beziehungen 11 (1/2): 42-60

Trinczek, Rainer (2005): Über Zeitautonomie, ihre Regulierung und warum es so selten funktioniert. In: Hartmut Seifert (Hg.): Flexible Zeiten in der Arbeitswelt. Frankfurt/M.: 375-397

Unger, Brigitte (Hg.) (2015): The German model. Seen by its neighbours. Düsseldorf

Visser, Jelle (2006): The Five Pillars of the European Social Model of Labor Relations. In: Jens Beckert/Bernhard Ebbinghaus/Anke Hassel/Philip Manow (Hg.): Transformationen des Kapitalismus. Festschrift für Wolfgang Streeck zum sechzigsten Geburtstag. Frankfurt/M.: 315-335

Völkl, Martin (2002): Der Mittelstand und die Tarifautonomie. Arbeitgeberverbände zwischen Sozialpartnerschaft und Dienstleistung. München und Mering

Voß, G. Günter/Pongratz, Hans J. (1998): Der Arbeitskraftunternehmer. In: Kölner Zeitschrift für Soziologie und Sozialpsychologie 50: 131-158

Waddington, Jeremy/Kerckhofs, Peter (2003): European Works Councils: What is the Current State of Play? In: Transfer 9 (2): 322-339

Waddington, Jeremy (2006a): Contesting the Development of Works Councils in the Chemicals Sector. In: European Journal of Industrial Relations 12 (3): 329-352

Waddington, Jeremy (2006b): Was leisten Europäische Betriebsräte? Die Perspektive der Arbeitnehmervertreter. In: WSI-Mitteilungen 59 (10): 560-567

Wassermann, Wolfram (2002): Die Betriebsräte. Akteure für Demokratie in der Arbeitswelt. Münster

Wassermann, Wolfram/Rudolph, Wolfgang (2006): Gestärkte Betriebsräte: In: Die Mitbestimmung 52 (12): 64-67

Webb, Sidney/Webb, Beatrice (1902/zuerst 1897): Industrial Democracy. 2. Aufl. London

Weber, Adolf (1910): Der Kampf zwischen Kapital und Arbeit. Tübingen

Weber, Sabrina (2008): Autonome Sozialdialoge auf EU-Ebene. Zur Problematik der Implementation von „Texten der neuen Generation". In: Industrielle Beziehungen 15 (1): 73-75

Weber, Sabrina (2013): Sektorale Sozialdialoge auf EU-Ebene. Supranationale und nationale Perspektiven. Baden-Baden

Weiss, Manfred (1994): Der soziale Dialog als Katalysator koordinierter Tarifpolitik in der EG. In: Meinhard Heinze/Alfred Söllner (Hg.): Festschrift für Otto Rudolf Kissel zum 65. Geburtstag. München: 1253-1267

Literaturverzeichnis

Weiss, Manfred (2006): Arbeitnehmermitwirkung. Kernelement des Europäischen Sozialmodells. In: Industrielle Beziehungen 13 (1): 5-20

Weitbrecht, Hansjörg (1998): Mitbestimmung, Human Resource Management und neue Beteiligungskonzepte. Expertise für das Projekt „Mitbestimmung und neue Unternehmenskulturen" der Bertelsmann Stiftung und der Hans-Böckler-Stiftung. Gütersloh (Bertelsmann Stiftung)

Wetzel, Detlef (Hg.) 2013: Organizing. Die Veränderung der gewerkschaftlichen Praxis durch das Prinzip Beteiligung. Hamburg

Wetzel, Detlef 2014a: Die Arbeit der Zukunft gestalten. In: Detlef Wetzel/Jörg Hofmann/Hans-Jürgen Urban (Hg.): Industriearbeit und Arbeitspolitik. Kooperationsfelder von Wissenschaft und Gewerkschaften. Hamburg: 15-19

Wetzel, Detlef (2014b): Eine Schicksalsfrage. Die Herausforderungen von Digitalisierung und Industrie 4.0 müssen angepackt werden. Gastkommentar in: Handelsblatt vom 26. November 2014, S. 13.

Wilkesmann, Uwe/Wilkesmann, Maximiliane/Virgilito, Alfredo/Bröcker, Tobias 2011: Erwartungen an Interessenvertretungen. Analysen anhand repräsentativer Umfragedaten. Berlin

Windeler, Arnold (2001): Unternehmensnetzwerke. Konstitution und Strukturation. Wiesbaden

Windolf, Paul (Hg.) (2005): Finanzmarkt-Kapitalismus. Analysen zum Wandel von Produktionsregimen. Kölner Zeitschrift für Soziologie und Sozialpsycholgie, Sonderheft 45/2005. Wiesbaden

Womack, James P./Jones, Daniel T./Roos, Daniel (1990): The Machine that Changed the World. New York. Dt. (1991): Die zweite Revolution in der Automobilindustrie, Frankfurt/M.

WSI (= Wirtschafts- und Sozialwissenschaftliches Institut in der Hans-Böckler-Stiftung) (Hg.) (2006): WSI-Tarifhandbuch 2006. Frankfurt/M.

WSI (2007): Tarifarchiv: Tarifbindung 2006 (pdf-Dateien)

WSI (2015): Statistisches Taschenbuch Tarifpoltik. Düsseldorf

WSI-Schwerpunkteft (2005): Die WSI-Befragung von Betriebs- und Personalräten 2004/05. In: WSI-Mitteilungen 58, Heft 6.

The manufacturer's authorised representative in the EU is Springer Nature Customer Service Centre GmbH, Europaplatz 3, 69115 Heidelberg, Germany. If you have any concerns regarding our products, please contact ProductSafety@springernature.com

Printed and bound by CPI Group (UK) Ltd, Croydon, CR0 4YY

23/03/2026

02076459-0012